vta

Grete J. Adrian

Spiel als Erziehung – Erziehung als Spiel

Ein Essay

vta

Impressum

Die Deutsche Nationalbibliothek verzeichnet diese Publikation in der Deutschen Nationalbiographie; detaillierte bibliographische Daten sind im Internet über http://dnb.dnb.de abrufbar.

Dr. Gerald Mackenthun, Eberbacher Str. 4, 14197 Berlin, 030 8227813

Email: verlagta@gmail.com

www.verlag-ta.de

Druck und Vertrieb: Books on Demand GmbH
In de Tarpen 42
22848 Norderstedt

Gesetzt aus der Baskerville Old Face und der Gill sans serif light.

Mit 17 Farbbildern, davon 12 aus dem Archiv der Autorin und 5 gemeinfreie Bilder aus Wikipedia.

Umschlaggestaltung: deblik Berlin

ISBN 978-3-946130-07-9

Inhalt

Vorwort

„Dieses Buch ist allen Kindern und interessierten Erziehern gewidmet. Sie sind unsere grösste Hoffnung."

Die meisten Menschen reagieren auf Kinder und übrigens auch auf junge Tiere ganz spontan mit Zuwendung. Auch mich haben Kinder schon immer sehr angesprochen, was mir den Zugang zu ihnen erleichterte. Ich selbst wurde in der Kindheit von allen geliebt, sie bezeichneten mich als ihr „Schnuggi-Putzerl", begleitet von gedrückt, geküsst und bewundert werden, was sich einerseits angenehm anfühlte, mir aber auch manchmal zu viel wurde. Idealerweise erhalten die meistens Kinder in den ersten Lebensjahren viel Liebe und Zuwendung, eine Mutter, die ihr Kind herzt, ein Vater, der es strahlend hochhebt und lachend wieder auf den Boden stellt. Ohne diese liebe- und gefühlsvolle Beziehung würde ein Kind weniger sicher aufwachsen. Obwohl die Geburt eines Kindes die Partnerschaft nicht selten auf den Kopf stellt, wenden sich Mutter und Vater in der Regel dem neuen Erdenbürger liebevoll zu. Dazu kommt, dass Eltern durch die Hilfeleistung und Opferbereitschaft in ihrer Persönlichkeit und ihrem Wissen auch selbst reifen.

Astrid Lindgren bekam 1978 den Friedensnobelpreis für ihren Einsatz gegen die Gewalt. Sie stellt die Frage, wo wir anfangen könnten, die Gewalt und den Krieg zu besiegen. Es könnte gelingen, wenn wir unsere Kinder durch einen gewaltfreien Umgang zu humanen Menschen erziehen würden. Der Krieg sei nur möglich „... durch den blinden Glauben an die Gewalt ... Entsprechend konnte ein einziger gut gesonnener Mensch hier und da Katastrophen verhindern, weil er auf Gewalt verzichtete ... Ob ein Kind zu einem barmherzigen, offenen und vertrauensvollen Menschen mit Sinn für das Gemeinwohl heranwächst oder zu einem gefühlskalten, destruktiven, egoistischen Menschen, das entscheiden die, denen das Kind anvertraut ist, je nachdem, ob sie ihm zeigen, was Liebe ist oder aber das nicht tun." Rufe man plötzlich wieder nach „härterer Zucht", nach „strafferen Zügeln" und glaube man dadurch alle kindlichen und jugendlichen Unarten unterbinden zu können, die angeblich auf zu viel Freiheit und zu wenig Strenge in der Erziehung beruhen, würde das bestimmt zu mehr Gewalt im Zusammenleben führen. Freie Erziehung bedeute nicht, dass man die Kinder sich selbst überlassen solle, sondern dass Erzieher die Kinder als ihresgleichen betrachten und ihre Persönlichkeit in einem Umfeld ohne Unterdrückung und Gewalt entfalten lassen. Vergangene Generationen, die durch Ernst, Druck und Gehorsam versuchten, den Willen des Kindes zu brechen, konnten wenig zur Humanisierung des Menschgeschlechts beitragen.

Eine positive Perspektive ergibt sich für den Erzieher, wenn sie die Kinder verstehen und mit ihnen gut umgehen. Erst wenn der Erzieher Kind und Kinderwelt achten kann, steht der Persönlichkeitsentfaltung des Kindes nichts mehr im Wege. Das Kind braucht vor allem Freiheit, Beziehung und Vertrauen. Durch das Erlebnis von Liebe und Freundlichkeit entstehen in früher Kindheit Mut, Selbstwert- und Gemeinschaftsgefühl. Jede gute Anregung der Erzieher fällt auf günstigen Boden, was sich beim Kind widerspiegelt. Jeden Tag können wir beim kindlichen Verhalten etwas Neues entdecken und wir können uns freuen, wenn es einen eigenen Weg einschlägt. Nur so ist Fortschritt möglich. Jean Paul trat für eine aktive Erziehung ein. Dabei sollte aber nie die Individualität des Kindes verkannt werden. Mit der Zeit entwickelt sich das Denken und Urteilen, was zu einer Veränderung der Beziehung beiträgt. Immanuel Kant sagt: „Die Entwicklung ist nur möglich zu zweit."

Mit diesem Buch wende ich mich an alle Menschen, die täglich mit Kindern zu tun haben und sich der schönen Aufgabe der Erziehung widmen. Indem ich hier meine Erfahrungen und die anderer Erzieher beschreibe, soll die Vielfältigkeit der Erziehungsarbeit zum Tragen kommen und wichtige Schwerpunkte im Umgang mit dem Kind erkannt werden. In unserer weitgehend naturwissenschaftlich orientierten Gesellschaft verlieren wir oft allzu schnell die emotionale Seite des Menschen aus den Augen. Das Kind ist aber ein Individuum, das wir auf keinen Fall in einen vorgefertigten Rahmen pressen können. Es ist daher von Nöten, dass der Erzieher sein Einfühlungsvermögen und Wissen schult.

Es war mir auch ein Anliegen, das Ganze in einem grösseren Rahmen zu sehen und dadurch einen Eindruck von den Bemühungen in Erziehung und Fortschritt vergangener und gegenwärtiger Zeiten zu bekommen. Oft sind wir uns nicht bewusst, dass die Erziehung ein Spiel von Grosszügigkeit und Kreativität ist. Dieses Buch soll als Versuch gesehen werden, einen Beitrag zu einem menschwürdigen Zusammenleben zu leisten und Anregung für weitere Auseinandersetzungen mit diesem wichtigen Thema zu liefern. Die Spielgruppe als praktisches Modell, meine psychologischen Studien und auch die Literatur über freiheitliche Gedanken in der Philosophie, Soziologie und Pädagogik beflügelten mich beim Verfassen dieser Arbeit und gestalteten das Entwerfen des Textes zu einem persönlichen Erlebnis.

Einige liebe Menschen haben durch ihre Anregungen und ihr Interesse sowie durch ihre Mithilfe beim Korrekturlesen dazu beigetragen, dass mein Buch entstehen konnte. Dafür bedanke ich mich bei Prof. Gerhard Danzer und seinem Diskussionskreis in Potsdam, bei Dr. Jutta Riester und Karl Bischofberger, bei meinen Kolleginnen, Eltern und Kindern und bei meinem Mann Friedhelm für seine geduldige, ermutigende und kritische Unterstützung ganz herzlich.

Grete J. Adrian

Zürich, Sommer 2017

1) Geschichte der Entstehung von Kindergruppen

Die Geschichte der Entwicklung von Spielgruppen für Drei- bis Fünfjährige in der Schweiz, geht bis in die 1960er Jahre zurück. Zuerst gab es Kinderhütedienste oder Spielnachmittage, die von initiativen Frauen gestaltet wurden. Die Treffen fanden in einem Raum der Kirchgemeinde oder auch privat statt und wurden meistens von den Gemeinden finanziell unterstützt. Der Leitgedanke war einerseits, den Müttern eine freie Zeit zu verschaffen und andererseits auch die Kinder miteinander zu befreunden, mit ihnen zu basteln, zu singen und Gesellschaftsspiele einzuüben. Natürlich war auch ein erzieherischer Nutzen damit verbunden. Je nach der Vorstellung und Anliegen der Leiterin baute sie Werte wie Hilfsbereitschaft, teilen und sprechen lernen, nicht zu streiten usw. in die Spiele mit ein.

Die Ansicht, man müsse Eltern in ihrer Erziehungsarbeit behilflich sein, nicht zuletzt auch wegen des gesellschaftlich relevanten Nutzens, wurde schon viel früher geboren. In dieser Arbeit möchte ich einige Persönlichkeiten in Erinnerung rufen, die für eine der Natur des Kindes entsprechende Erziehung eingetreten sind. Um jemanden entsprechend würdigen und verstehen zu können, wird hier auch das Biographische mitberücksichtigt, auch wenn viele von ihnen die Vorgeschichte kennen dürften, soll sie als Erinnerung aufgefrischt werden.

Johann Heinrich Pestalozzi

In seinem Erziehungsroman *Lienhard und Gertrud* bringt der Schweizer Pädagoge Johann Heinrich Pestalozzi die Idee eines Kinderhauses für bedürftige Kinder zur Sprache. Mit einfachem Bildungsangebot versucht er Eltern, die aus ökonomischen Gründen Geld verdienen müssen, zu entlasten. Er entwickelt sich zum Volkserzieher und Pädagogen im weitesten Sinne. Sein Motto: „Armes Volk, ich will dir aufhelfen!". Er setzt sich für eine Verbesserung der Erziehung und der Schulbildung ein und strebt gezielt eine Reform des ganzen gesellschaftlich-sittlichen Lebens an. Er kann also als ein Zeit- und

Kulturkritiker, philosophischer Denker und politisch Tätiger, Sozialethiker, Wirtschafts- und Sozialreformer gelten.

Johann Heinrich Pestalozzi (1746-1827) wurde in Zürich als Nachfahre einer aus Italien eingewanderten Familie geboren. Sein Leben fiel in die Zeit des Übergangs von der feudalistischen zur kapitalistischen Gesellschaftsordnung. Sein Grossvater war reformierter Pfarrer in Höngg, sein Vater Chirurg. Da sein Vater früh verstarb, wuchs Pestalozzi von seiner Mutter und einer treuen Magd umsorgt auf. Nach dem Besuch der Elementar-und Lateinschule studierte er zuerst Theologie und wechselte dann zur Jurisprudenz. Durch seinen Grossvater lernte er das wirtschaftliche, geistige und sittliche Elend der Bauern kennen, wodurch er schon früh ein ausgeprägtes Interesse für politische und soziale Fragen entwickelte. Er brach sein Studium ab und machte eine landwirtschaftliche Lehre.

1769 experimentierte er auf seinem landwirtschaftlichen Gut mit neuen Gewächsen und neuen Düngemethoden, um den armen Bauernfamilien zu helfen. Er heiratete Anna Schulthess, sie bekamen einen Sohn, Hans Jakob, den sie nach Jean-Jacques Rousseaus Pädagogik erzogen, was grundlegend schief ging. Besonders nachteilig wirkte sich aus, dass Rousseau die Rolle der Mutter für die Vertrauens- und Beziehungsbildung noch nicht erkannt hatte. Hans Jakob, zuerst Einzelkind, musste mit 50 zum Teil verwahrlosten Kindern seine Eltern teilen, was für ihn sicher nicht einfach war. Auf dem landwirtschaftlichen Betrieb im Neuhof bei Birr (1774) halfen die Kinder auf dem Felde, lernten Baumwolle verarbeiten und bekamen von Pestalozzi Unterricht in den Elementarfächern. 1779 musste das Projekt wegen Verschuldung aufgegeben werden. Trotz der Misserfolge gab Pestalozzi nicht auf. Durch die Erfahrungen mit den Kindern verbesserte er ständig seine Erziehungsmethoden und gab in seinen Schriften Anregung zur Verbesserung der gesellschaftlichen Zustände.

In Zürich schloss er sich der „Helvetischen Gesellschaft“ an. Hier lasen sie unter Leitung von Professor Johann Jakob Bodmer die Schriften von Platon, Montesquieu und Rousseau. Wahrscheinlich angeregt durch die Literatur und durch die Wirren der helvetischen Revolution 1798 sowie den Einmarsch der französischen Truppen, wandte sich Pestalozzi der Schriftstellerei zu.

Über seine Zeit in Stans, wo er 1799 ein Erziehungsinstitut gründete, in welches er etwa 80 durch Kriegshandlungen verwaiste Kinder aufnahm, schrieb er:

> „Ich musste am Anfang die armen Kinder wegen Mangel an Betten, des Nachts zum Theil heimschicken. Diese kamen am Morgen mit Ungeziefer beladen, mit Krätze, mit Augen voller Angst und Misstrauen, einige voll kühner Frechheit, des Bettelns, des Heuchelns und aller Falschheit gewöhnt, zurück... Meine Tränen flossen mit den ihrigen, und mein Lächeln begleitete das ihrige. Ihre Suppe war die meinige, ihr Trank war der meinige... Ich schlief in ihrer Mitte... Alle Augenblicke mit Gefahren einer gedoppelten Ansteckung umgeben, besorgte ich die beinahe unbesiegbare Unreinlichkeit ihrer Kleider und ihrer Personen."[1]

Durch seine Erfahrungen in Stans angeregt, entschloss sich Pestalozzi im Jahre 1800 auf Schloss Burgdorf im neu gegründeten helvetischen Lehrerseminar zu lehren und es zu leiten. Zuerst sollte dem Kind sein Körper nahe gebracht werden. Es soll alle Körperteile benennen und ihren Nutzen erfassen können: das Auge, die Nase, den Mund und die übrigen Körperteile. So sollen die Erzieher auch mit allen anderen Übungen schrittweise vorgehen, ganz gleich ob Kinder einen Text lernen, Sätze bilden oder Farben benennen und anwenden. Nie soll dies unter Eile geschehen, nur mit Geduld und Zuversicht würde jedes Kind durch die Gewohnheit alles lernen, behalten und wiedergeben können.

1804 verlegte Pestalozzi sein Institut nach Iferten (Yverdon-les-Bains) im Kanton Waadt, wo er, gemeinsam mit seinen Mitarbeitern, seine Methode weiterentwickelte. Die Schule wird hier zum Anziehungspunkt für pädagogisch interessierte Menschen aus der ganzen Welt, zu denen unter anderen auch Friedrich Fröbel, Karl Ritter und Karl August Zeller gehörten. Sein ganzheitlicher Ansatz, die körperlichen, intellektuellen, sittlichen und handwerklichen Kräfte der Kinder zu fördern, wurde von Johann Gottfried Herder, Jean Baptiste Girard, Johann Ramsauer und vielen anderen sehr geschätzt. Pestalozzis

[1] Geschichte der Erziehung, Volkseigener Verlag 1966, Berlin, S. 186.

Motto ist ähnlich wie das von Montessoris Pädagogik: „Hilf mir es selbst zu tun.“ Er beschreibt sehr eindrücklich eine Familie, die bemüht ist, durch Liebe und Unterweisung, ihre Kinder zu lebensfähigen Mitmenschen zu erziehen, so dass „Glüphi“, der Leutnant, der mit dem Vorsatz von ihnen heimging, Dorfschulmeister in Bonnal zu werden. Er hatte ein gutes Vorbild und wollte das Gesehene in die Schulstube tragen.[2]

Der freiheitliche Gedanke kommt sehr gut in folgendem Zitat zum Ausdruck:

> „Gedenke, dass alle Hemmungen Misstrauen zeugt; und deine Arbeit ist verloren, wenn dieses keimt. Versichere dich also des Herzens deines Kindes, mach dich ihm notwendig; es habe keinen gefälligeren, keinen muntereren Kameraden, keinen, den es lieber zu seinem Lustigmacher bei sich hat, als dich. Es soll dir trauen; wenn es oft etwas will, was du nicht gutheissen kannst, so sag ihm die Folgen und lass ihm Freiheit... Zeig ihm immer den rechten Weg; geht es seitwärts in Schlamm und steckt, trag es heraus.“[3]

Pestalozzis Pädagogik steht in engem Zusammenhang mit der wirtschaftlichen und politischen Problematik seiner Zeit und seines Landes, die sich aus dem Übergang von der feudalen zur kapitalistischen Produktionsweise ergab. Seine Hilfsbereitschaft und sein Mitleid galt den Armen, den Elenden, den Ausgebeuteten und Unterdrückten: Wie kann man den Armen dazu verhelfen, sich selbst ein menschenwürdiges Dasein zu verschaffen. Sein Bestreben war, mit Hilfe der Erziehung und Bildung des Volkes gesellschaftliche Zustände herbeizuführen, die auch den Armen die Entfaltung seiner Kräfte ermöglichen, zur wirtschaftlichen Nutzung und individueller sittlicher Vollkommenheit. In den sozialen Unterschieden der Menschen, dem Übergewicht des einen über den anderen sah er die Ursache für das wachsende Elend. Voraussetzung zur allgemeinen Kräftebildung sah Pestalozzi in der ursprünglichen Güte der menschlichen Natur.

Wenn wir auch heute in unseren Kreisen die grösste Armut überwunden haben, unsere Kinder keinen Hunger leiden müssen und eine gewisse Bildung und Ausbildung gewährleistet ist, so hat das Bild von Pestalozzis „Haus“ immer noch seine Gültigkeit, indem er sagt, dass der Schulunterricht nicht

---

[2] Pestalozzi, J.H.: Lienhard und Gertrud, J. Klinkhardts 1993, Bad Heilbrunn, S. 184.

[3] Rutschky, Katharina: Schwarze Pädagogik, Ullstein 1977, Frankfurt/M, S. 395.

viel taugt:

> „Der Schulunterricht kam mir wie ein grosses Haus vor, dessen oberstes Stockwerk zwar in hoher vollendeter Kunst strahlte, aber nur von wenigen Menschen bewohnt ist; in dem mittleren wohnen jedoch schon mehrere, aber es mangelt ihnen an Treppen, auf denen sie auf eine menschliche Weise in das obere hinauf steigen könnten; ... im dritten wohnt eine zahllose Menschenherde, die für Sonnenschein und gute Luft vollends mit den Obern das gleiche Recht haben, aber sie wird nicht nur im ekelhaften Dunkel fensterloser Löcher sich selbst überlassen, sondern man bohrt in demselben noch denen, die auch nur den Kopf aufzuheben wagen, um zu dem Glanze des obersten Stockwerkes hinaufzugucken, noch gewaltsam die Augen aus.“[4]

Wie Pestalozzi es auszudrücken pflegte, müsste mehr als ein tiefes Verstehen, ein “tiefes Fühlen“ sich beim Erzieher einstellen. Das soziale Lernen geschähe im unmittelbaren Kontakt mit anderen Menschen. Er erkannte das Verhältnis zwischen Mensch und Umwelt als eine Wechselbeziehung: Er sah, dass die Umstände den Menschen beeinflussen, aber auch, dass die Menschen die Umstände nach ihrem Willen gestalten können. Für die Erziehung sah Pestalozzi das Elternhaus als den geeigneten Ort, an dem Stärke, Vertrauen und Liebesfähigkeit im Kind wachsen, aber auch Neurosen entstehen können. Die Mutter sei dem Kind Vorbild für seine Beziehung zum Vater, zu den Geschwistern und zu anderen Menschen. Dabei komme es nicht allein auf ihr Können und ihre Technik an, sondern vor allem auf das, was sie selbst ist, wieweit sie ihr Menschsein erfüllt. Alles würde vom Kind früh eingeschätzt und verworfen, wenn es nur Fassade ist. Wenn die Mutter nur äusserlich freundlich ist, wenn sie ihr Kind zu etwas überreden will und sonst kein herzlicher Mitmensch ist, wird das Kind sie gefühlsmässig ablehnen. Pestalozzi meint, dass die Kinder schon gut sein wollen, wenn ihnen der Weg dazu nicht „verrammelt“ wird.

Rousseau hat noch in *Emile* die Erziehung des Kindes einem Hofmeister anvertraut, die Rolle der Mutter ist noch nicht entdeckt. Bei Pestalozzi ist die Mutter, die erste Lehrerin des Kindes. Sie stellt die Beziehung zum Kind her, sie fördert die Sprachbildung, indem sie das Lallen des Kindes in Worte um-

[4] Geschichte der Erziehung, Volkseigener Verlag 1966, Berlin, S. 189

setzt und dem Kind zurückgibt. Die Mutter muss auch bereit sein, die Töne, das Lächeln und vieles andere des Kindes aufzunehmen und zu erwidern, so dass eine Kommunikation entsteht. Ist die Mutter abwesend und gefühlsarm, geht vieles zugrunde. Das Kind kann nicht genügend Gefühlsfaktoren entwickeln, die es später braucht. Ein Glück kann darin bestehen, dass der Vater, die Grosseltern, die Geschwister und andere Mitmenschen in der Familie leben, die sich dem Kind liebevoll zuwenden. Das Kind bringt spontan Entwicklungsfreude mit und will die Welt erkunden, darum muss man den Mut des Kindes pflegen.

Der Vater kann sich nach aussen hin klug und erfolgreich geben, hat das Kind ihn aber schon oft unbeherrscht, zornig und nervös erlebt, so wird es seinem Vater das zwar nicht sagen, aber es wird ein Bild von ihm in sich tragen, das durchaus der Realität entspricht. Da hilft es nichts, wenn die Erzieher sich bemühen, den Anschein der Vollkommenheit vor den Kindern aufrecht zu erhalten. Der Erzieher muss sich seiner Hektik entledigen, sobald er sich dem Kind zuwendet. Was soll ein Kind mit einem mangelhaften Vorbild anfangen. Was soll es daraus lernen? Besser ist es, wenn Eltern und Erzieher sich bemühen, gütige Mitmenschen zu werden. Wächst ein Kind in einem vernachlässigenden, lieblosen, autoritären oder verwöhnenden Klima auf, so wird es später schwer sein, es mit anderen Menschen zu befreunden und es zur Mithilfe und zum Lernen zu gewinnen.

> Eine Nachbarin beobachtet, wie ein dreijähriges Kind vor ihrem Haus ihre Mohnblumen abzupft. Sie geht zu ihm und fragt es, was es da mache? Da kommt die Mutter, mit dem kleinen Bruder im Kinderwagen dazu, sofort wirft das Mädchen die Blumen weg und läuft davon. Die Mutter entschuldigt sich, sagt noch, dass ihr Kind in letzter Zeit öfters unverständliche Dinge tue. Die Nachbarin fragt, ob das Mädchen vielleicht eifersüchtig auf ihren kleinen Bruder sei und damit Aufmerksamkeit erlangen möchte. Die Mutter weist dies entschieden zurück und verabschiedet sich schnell.

Eifersucht, nein das darf nicht sein, ist vermutlich ihre Meinung. Auch wenn es nicht Eifersucht gewesen ist und das Kind sich nur von den schönen Blumen angezogen fühlte oder die Idee hatte, der Mutter eine Freude zu machen, indem sie ihr Blumen bringen will, ist eine gelassene nachfragende Haltung besser als eine ablehnende Geste. Wenn die Mutter mit Angst, Nervosität oder Misstrauen reagiert, wird im Kind das Gefühl geschürt, etwas Verbotenes getan zu haben.

Hat ein Mensch später Schwierigkeiten in der Partnerschaft, bei der Arbeit oder in der Gemeinschaft, dann sind diese auf Erwartungshaltungen aus der Kindheit zurückzuführen. Er sieht dann die Welt und die Menschen durch die Brille der Erfahrungen, was zu Missverständnissen und Beschuldigungen anderer führen kann. Der Erzieher sieht viele Dinge anders als das Kind. Tätigkeit und Wissen bedeuten eine Einheit, beides muss das Kind durch geschickte „Veranschaulichung" und „sprachliche Darstellung" erfahren können. Es genügt nicht, mit dem Kind nur Bilder anzusehen, es muss auch tätig werden können.

Die Bildung wird gerne mit wirtschaftlichen Überlegungen gekoppelt, indem zwischen praktischer Arbeit und Wissen getrennt wird: Die einen arbeiten und die anderen widmen sich der Wissenschaft und den Künsten. Diesen Dualismus sollten wir im 21. Jahrhundert zu überwinden suchen, denn wie Hans Aebli sagt: „Handeln und Arbeiten ohne Denken ist Routine und Plackerei, Denken ohne Handlung und Praxis ist ein Glasperlenspiel."[5] Die Arbeit soll dem Menschen nicht nur Erfolg und Gewinn, sondern auch Freude, Zufriedenheit, Beziehung und Selbstwertgefühl bringen.

Jean Paul (Johann Paul Friedrich Richter)

Der Pädagoge und Dichter Jean Paul (1763-1825) stellte das Kind und dessen Erziehung in den Mittelpunkt seiner Forschungen. Die Erziehung sei der Hebelarm der Kultur, denn wer die Kinder bewegt, der bewegt die ganze Kultur, die uns umgibt. Er wird vor allem von der jüngeren Jean-Paul-Forschung gerne zusammen mit Rousseau und Pestalozzi genannt. Die Biographie von Jean Paul zu kennen ist deshalb wichtig, damit der Leser nachvollziehen kann, warum er bestimmte Gedanken, Taten und Bücher kreieren konnte und welche Rolle der *Zufall, die Notwendigkeit* und *die eigene Entscheidung* gespielt haben.

Jean Paul wurde 1763 als Johann Paul Friedrich Richter und erster Sohn eines Hilfspfarrers in Wunsiedel (Fichtelgebirge) auf einem kleinen Bauernhof

[5] Aebli, Hans: Grundlage des Lehrens, Ernst Klett 1987, Stuttgart, S. 82.

geboren. Dass er der Älteste war und in eine spezielle Familie hinein geboren wurde, das kann man als Zufall betrachten; was daraus entstand ist Einfluss, Notwendigkeit und auch Teil seiner eigenen Entscheidung. Jean Paul hatte zunächst einen jüngeren Bruder, Heinrich. Der Vater prägte die Atmosphäre der Familie und wurde Jean Pauls Vorbild. Die Mutter, Sophia Rosina, geb. Kuhn, Tuchmachertochter, erwähnt Jean Paul kaum. Die zwei Knaben wurden vom Vater persönlich unterrichtet, indem er sie Sprüche, lateinische Wörter, Grammatikregeln etc. auswendig lernen liess. Jean Paul tat, im Gegensatz zu seinem Bruder, nichts lieber, als sich neues Wissen anzueignen. Er entschied sich fürs lernen, indem er alle Bücher las, die zur Verfügung standen, und er versuchte sich im Zeichnen und Musizieren. Das Leben im Dorf schildert Jean Paul später als wohltuend für die Entwicklung der kindlichen Seele. Das Kind würde nicht durch ein Übermass an Eindrücken belastet und lerne teilhaben an der Umgebung, an Menschen und der Natur. In guter Erinnerung hatte er die Spaziergänge zum Hof seiner Grosseltern.

Durch das Angebot einer besseren Pfarreistelle zog die Familie 1776 nach Schwarzenbach. Hier durfte der 12-jährige Jean Paul in die öffentliche Schule gehen, in der er die lateinischen und griechischen Klassiker kennen lernte. Durch aufgeklärte Lehrer wurde er mit dem Gedankengut der Aufklärung vertraut. Diese Gedanken standen im Gegensatz zu dem, was sein Vater vertrat. 1779 starb dieser und hinterliess eine Witwe mit fünf Kindern, deren finanzielle Lage wieder bedrohlich wurde. Die Mutter musste als Spinnerin arbeiten, um sich und die Kinder zu ernähren.

Wenn man die Kindheit eines Menschen ansieht, kann man bereits erste psychische, physische und anthropologische Fragestellungen entwickeln.

> Wer sind wir? Als was werden wir geboren?
> Was hat unser Leben beeinflusst und was haben wir daraus gemacht?
> Sind es die Eltern, Erzieher oder ist es die Kultur, der Zeitgeist in dem wir hineingeboren, hineinsozialisiert werden, die uns bestimmen?

Als 17-Jähriger begann Jean Paul Exzerpten-Hefte (handschriftliche Notitzhefte) zu führen, in denen er wichtige Texte von Goethe, Herder, Lessing, Wieland, Haller und Gellert sammelte. Sein Ziel, einmal „ein grosser Dichter" zu werden, rückte in die Nähe. Die anschliessende Studienzeit verbrachte Jean Paul in Leipzig. 1781 studierte er anfänglich Theologie, bald aber zogen ihn Dichtkunst, Literatur und Philosophie mehr an. Die Philosophie wurde für

Jean Paul die Wissenschaft, die nach Wahrheiten sucht und Fragen nach dem Menschen, dem Leben und der Welt behandelt. Aus Geldmangel musste er aber bald sein Studium wieder aufgeben. Er beugte sich der Notwendigkeit der Lebensumstände und verlegte seinen Wohnsitz zu seiner Mutter, die inzwischen in Hof bei Bayreuth lebte, wo er sich als freier Schriftsteller betätigte. Seine finanzielle Situation besserte sich, als ihn Schwarzenbacher Freunde als Hauslehrer ihrer Kinder engagierten. Die Kinder mochten ihren liebenswerten, geist- und humorvollen Pädagogen sehr. Einige Jahre später richtete er in Hof eine Privatschule ein.

Zu dieser Zeit bestand bei vielen Eltern ein lebhaftes Interesse an pädagogischen Fragen. Wie Pestalozzi und Rousseau machte sich Jean Paul auf den Weg, Faktoren aufzuzeigen, die das Kind von Geburt an beeinflussen. Er sieht die Förderung des Kindes nicht nur in der Erziehung, sondern auch in der Familienatmosphäre und in der Gemeinschaft von Kindern selbst. Seine Vorstellung ging dahin, die vorhandenen Fähigkeiten des Kindes zu kräftigen. Wenn andere Reformer die Kinder spielend lernen lassen wollten, führte er in seiner Privatschule einen Lernunterricht ein, im Bestreben, die Kinder ins irdische Leben und in das Glück der Menschen einzuführen. Jean Paul vertrat die Meinung, dass die „leichte Spielerei" dazu führen würde, den Ernst der Sache, nämlich das Tätig sein und das Forschen des Kindes, zu verderben. Wie Rousseau widmete er seine Aufmerksamkeit der leiblichen und geistigen Pflege der Kinder. Er machte keinen Unterschied zwischen Knaben und Mädchen. Es kam ihm vor allem auf die Vervollkommnung des Einzelnen an und weniger auf eine Erziehung zu Moral und Tugend. Die geistige Bildung könne mit Sprache oder Mathematik, durch Forschen oder durch Tätig sein entwickelt werden: zählen, rechnen, benennen der Aussenwelt, zerlegen einer Uhr, usw. Durch sein Interesse an Pädagogik und Erziehung schrieb Jean Paul 1807 ein Buch für Mütter, das man heute noch gerne liest: *Levana oder Erziehungslehre.* Darin schreibt er, dass Freude und Heiterkeit die Hauptkräfte der Pädagogik seien, denn unter ihrem Himmel gedeihe alles, nur nicht das Böse. Lachen und Humor erleichtere jede Erziehungsarbeit. Jede Art von Strafe verabscheute er. Das beste Erziehungsmittel sei die Liebe, und die Eltern sollen lieben lernen, wenn sie gesunde und glückliche Kinder haben wollen. In der *Vorschule der Ästhetik* versucht er, das Glück darzustellen und spiegelt in seinen Werken das gesamte weltanschauliche Spektrum seiner Zeit wieder.

> Die Menschen sollen sich einander bei den Händen fassen und nicht nur gut sein, sondern auch froh. Die Freude ist der Sommer, der die inneren Früchte färbt und schmilzt. (Aphorismen)

Jean Pauls Lebenserfahrungen hatten ihn Mitleid mit den Bedrängten empfinden gelehrt, sein Verstand ermöglichte es ihm, das Erziehungsgeschehen kritisch zu hinterfragen und einen humanistischen Weg einzuschlagen. Er lebte von 1798-1800 in Weimar, wo er Herder, Goethe und Schiller begegnete. Herder brachte ihn zu Ehren und stellte als Ziel der Weltentwicklung die Vollendung der Humanität auf.[6]

1800, auf einer Reise, lernte Jean Paul Karoline Mayer kennen, die er ein Jahr später heiratete. Sie hatten zwei Töchter, einen Sohn und lebten in Bayreuth. Den Tod seines Sohnes Max, den er als seinen Nachfolger ausersehen hatte, überwand er nicht. Jean Paul starb 1825, vier Jahre später.

Jean Paul entwarf ein dynamisches Menschenbild, wonach menschliche Schwächen durch missliche Umstände entstehen. Oft würden die menschlichen Möglichkeiten nicht genutzt. Die Liebe sei bei jedem Menschen von Natur aus gegeben, die besonders durch die Zuwendung der Mitmenschen geweckt wird. In seiner Schrift *Leben des Quintus Fixlein* sagt er: „Es gibt weder die eigennützige Liebe noch eine Selbstliebe, sondern nur eigennützige Handlungen.“[7] Er versucht zu beweisen, dass Liebe nicht durch minderwertige Motive und Gewalt zustande kommen könne, höchstens gespielte Liebe, die sich schnell in Hass umwandle. Darum:

> „Ihr Eltern, lehrt lieben, so braucht ihr keine zehn Gebote - lehrt lieben, so hat euer Kind ein reiches, gewinnendes Leben; denn der Mensch gewinnt ... nur durch Vermählen und büsset sie ein durch Kriege... Lehrt lieben, das heisst, liebt!“[8]

Durch den liebenden Menschen entstehen Heiterkeit und Glücksgefühl, die ihn dann durch sein ganzes Leben begleiten. Das macht den Menschen fähig, sich aktiv einer Tätigkeit zu widmen, und echte Tätigkeit ist vor allem das Spiel der Kinder. Der Mensch gewöhne sich an wiederholte Liebe, nicht an wiederholte Ungerechtigkeit. In den ersten Jahren würde das Wichtigste ent-

---

[6] Richter, J.P.: Levana oder Erziehungslehre, Velhagen & Klasing 1922, Bielefeld, S. IX.
[7] Richter, Jean Paul: Leben des Quintus Fixlein, SW 1796, 1.Abt., Bd.V, S. 208ff.
[8] Richter, J.P.: Levana oder Erziehlehre, Velhagen & Klasing 1922, Bielefeld, S. 110.

schieden. Alle ersten Fehler wären folglich die grössten, und die geistigen Krankheiten werden, ungleich den Pocken, desto gefährlicher, je jünger man sie bekommt.[9]

In Bezug zur Partnerschaft vertritt Jean Paul die Gleichwertigkeit von Mann und Frau. Die höchste Bestimmung sei für beide das Menschsein. Beide hätten gleichwertige Aufgaben zu erfüllen. Nur Mittel und Wege wären verschieden, und die gegenseitige Hochachtung und Anerkennung müsste zwischen den Partnern vorherrschen. Da die Frau sich vor allem um die Erziehung der Kinder bemühe, stellt sich für Jean Paul die Frage, was der Mann tun könne? „Zu allererst, seine Frau mehr lieben und belohnen, damit sie die schwerste Erziehung, die erste, durch doppelte Unterstützung leichter durchführe, durch Kindes- und durch Gattenliebe."[10]

Nach dem zweiten Weltkrieg war die Prügelstrafe noch nicht abgeschafft. Viele Kinder haben noch erlebt, wie aufmüpfige Buben und Mädchen in der Primarschule mit dem Stock geschlagen wurden. Erst im heutigen Jahrhundert hat man die Prügelstrafe in den westlichen Ländern abgeschafft. Der Europarat in Strassburg hat 2010 ein flächendeckendes Verbot der Prügelstrafe für Kinder gefordert: „Schon Ohrfeigen und leichte Schläge könne bei Kindern Schäden anrichten", sagte seinerzeit die Vize-Generalsekretärin des Europarates, Maud de Boer-Buchicchio. Wer Kinder schlägt, sende falsche Signale aus. Man vermittle damit bereits den Kleinsten, dass Konflikte nur mit Gewalt zu lösen seien. Schweden als Vorreiterland in dieser Sache untersagte 1957 den Lehrern, Schüler zu züchtigen. 1979 wurde auch die Prügelstrafe im Elternhaus verboten, was anfänglich zu Protesten von protestantischen Geistlichen geführt hat. „Wer die Rute schont, verdirbt den Knaben", heisst es schon im Alten Testament. Jean Paul war kein Anhänger der Erbsündenlehre, wenn er schreibt, dass die geistige Erziehung vom ersten Atemzug des Kindes anfängt, „aber nicht früher".

> „Alles Erste bleibt ewig im Kinde; die erste Farbe, die erste Musik, die erste Blume malen den Vordergrund seines Lebens aus; noch aber kennen wir kein Gesetz als dieses: beschirmt das Kind vor allem Heftigen und Starken, sogar süssen Empfindungen. Die so weiche, wehrlose und erregbare Natur kann von einem Missgriff verrenkt und zu einer

[9] Ebd., S. 6.
[10] Ebd., S. 76.

wachsenden Missgestalt verknöchert werden."[11]

Auch Lehrern fiel die Umstellung zunächst schwer, sie befürchteten den Verlust ihrer Autorität. Wenn die Eltern reklamierten und sich für ihre Kinder einsetzten, versetzte die Behörde die autoritären Lehrer in eine andere Schule. Allmählich wurde die Bestrafung als unwürdiges Erziehungsmittel in psychologischen und pädagogischen Schriften publik gemacht. Es wurde wichtig, den Erziehern zu empfehlen, der persönlichen Art jedes Menschen Sorge zu tragen und die Einmaligkeit eines jeden zu achten. Durch die psychologischen Forschungen von Sigmund Freud, Alfred Adler und C.G. Jung; sowie durch die Arbeit der Entwicklungspsychologen J. Bowlby, R. Spitz u.a. wurde die wissenschaftliche Grundlage einer Erziehungslehre geschaffen.

Schon Jean Paul entwickelte ein Konzept für einen Umgang mit dem Kinde in den ersten Kindheitsjahren, das Ruhe, Geborgenheit, Heiterkeit und Vertrauen beinhaltet. Das Kind soll in dieser Zeit viele positive Erlebnisse machen können, damit ein positives Gefühl zu sich und der Umwelt gedeihen kann. Die Vorstellung, dass das Kind abgehärtet werden muss, weil die Welt nun einmal nicht positiv ist, erzeuge mutlose und gefühlsmässig harte Menschen, die nichts zur positiven Veränderung beitragen können. Ein mutiger Mensch aber wird sich in der Welt einrichten und Vertrauen zum Mitmenschen ausbilden können. Jean Paul widmete dem Spiel des Kindes grosse Aufmerksamkeit. Im Spiel bilde sich seine geistige und körperliche Kraft:

> „Spiele, d.h. Tätigkeit, nicht Genüsse erhalten Kinder heiter. Unter Genuss versteh' ich jeden ersten angenehmen Eindruck, nicht nur des Geschmackes, auch des Ohres und Auges; ein Spielzeug gibt zuerst Genuss durch seine Erscheinung und erst Heiterkeit durch seinen Gebrauch."[12]

Neben dem Spielen mit Dingen braucht das Kind andere Kinder, mit denen es seine sozialen Kräfte entfalten kann. Es lernt das Geben und Nehmen, Kommunizieren, Geduld haben, Warten, im Mittelpunkt stehen, Anteilnehmen, Mitgefühl entwickeln usw. Jean Paul schlägt aus diesem Grunde vor, Spielschulen einzurichten, wie sie damals schon in den Niederlanden bestanden.

---

[11] Ebd., S. 38.
[12] Ebd., S. 42.

Jean Paul hatte Recht, wenn er sagt, dass nur der ein guter Erzieher ist, der seinen Charakter kennt. Dieser weiss um die menschlichen Eigenschaften und muss nur noch die individuellen Ausprägungen verstehen lernen. Das dürfte allerdings nach heutiger Sicht schwierig sein, da die eigenen persönlichen Charaktermerkmale teils im Unbewussten liegen und Übertragungen verdecken. Wünsche und Vorstellungen des Erziehers werden oft an das Kind unreflektiert herangetragen, die individuellen Bedürfnisse des Kindes bleiben unberücksichtigt. Nicht selten versucht der Erzieher mit allen Mitteln und mit seiner ganzen Kraft, das Kind auf seinen, wie er meint, einzig guten Weg des Lebens zu bringen und versteht nicht, weshalb das Kind Widerstand aufbaut.

Jean Paul führt die Schwierigkeiten eines Kindes auf eine misslungene Erziehung zurück und nicht auf schlechte Anlagen. Darum sollen Eltern, bevor sie ein Kind bekommen, sich über die Kunst der Erziehung informieren. Ansonsten werden Menschen heranwachsen, die zwischen den Forderungen der Eltern und ihren eigenen Zielen hin und her geworfen sind und sich nur immer halb für das eine oder das andere entscheiden können. Solche Menschen sind auch nicht fest in ihrem Charakter, wenn es darum gehen würde, zu Gewalt und Ausbeutung eine eigene Meinung einzunehmen. Das Kind lernt am meisten durch das gute Vorbild. Darum sollte man ihm von grossen humanistischen Menschen und ihren Idealen erzählen. Kriegshelden, Harry Potter, Märchen, rührselige und mystische Geschichten, die der Realität nicht entsprechen, können keine sittlich fördernde geistige Nahrung für den Heranwachsenden sein.

Um dem Kind seine Heiterkeit zu erhalten, muss man es tätig sein lassen. Im Spiel und im Mithelfen übt das Kind und bildet seine Kräfte und sein Selbstwertgefühl aus. Spielsachen und Bücher sollen Bekanntes wiedergeben, Zeichnungen müssen nicht Gemälde sein. Karton, Holz, Sand, Wasser, Saat oder Mehl werden zu Bausteinen und Füllwerk umfunktioniert.

Der Eintritt in die Spielgruppe ist für jedes Kind die Experimentierstube. Nirgends kann das Kind besser seine Kräfte, sein Können, sein Geben und Nehmen, seine Milde besser ausbilden, als unter Gleichen. Natürlich ist der Erzieher ständig gefordert, etwas zu machen. Lautes, heftiges „Halt, Lauf, Lass, Mach!“ soll unterbleiben. Eingreifen, wo keine Lebensgefahr besteht, ist, „wie wenn man einen Acker mit Samen voll säe. Daraus kann niemals ein lebendiges Erntefeld werden", sagt Jean Paul. Ein leises Verbieten, ein Kopfschütteln oder ihm auf nette Art die Gründe erklären, hilft dem Kind mehr beim Lernen, als das krasse Abschlagen von Haltungen.

Jean Paul stand für eine Erziehung zur Wahrhaftigkeit ein. Ein Lügner verstecke sich gerne hinter seiner Lüge, wodurch ein Dialog mit ihm nicht möglich sei. Er sei nicht frei, sondern ein gedämpfter und geplagter Mensch. Je mehr Verbote und Druck auf das Kind ausgeübt würden, desto eher greife es zur Lüge. Fehler machen dürfen, gehöre zur natürlichen Entwicklung des Menschen. Niemals solle man den Heranwachsenden als Lügner oder bösen Menschen beschuldigen, wodurch er „nichts mehr werden kann als höchstens ein Teufel mehr", meint Jean Paul. Kinder sagten in den ersten Jahren kein wahres Wort und kein lügendes, sondern sie redeten nur:

> „Ihr Reden ist ein lautes Denken; da aber oft die eine Hälfte des Gedankens ein Ja, die andere ein Nein ist, und ihnen (ungleich uns) beide entfahren, so scheinen sie zu lügen, indem sie bloss mit sich reden.- Ferner: sie spielen anfangs gern mit der ihnen neuen Kunst der Rede; so sprechen sie oft Unsinn, um nur ihrer eigenen Sprachkunde zuzuhören.- Oft verstehen sie ein Wort eurer Frage nicht (z.B. die Kleinen verwechseln heute, morgen, gestern, so die Zahlen und Vergleichsgrade) und geben mehr eine irrige, als lügenhafte Antwort."[13]

Das Kind solle alles sagen können ohne Strafen zu gewärtigen. Verheimliche es etwas, so zwinge man es nicht zu bekennen, „sondern seid allwissend, oder bleibt unwissend." Schweigen lernen kann der Mensch später, wenn er Einsicht und Vernunft gebrauchen kann.

Will ein Kind immer im Mittelpunkt stehen und seine eigenen Bedürfnisse vor den anderen durchdrücken, geht es in der Erziehung nicht darum, diese zu unterdrücken, sondern darum, ihm einen Weg aufzuzeigen, wie er auf positive Art zu Anerkennung kommen kann. Grenzen setzen ist noch kein humanistisches Erziehungsmittel, sondern eine einseitige Massnahme, es muss ihm ein Modell angeboten werden, an dem es etwas anderes einüben kann. Hier kommt es sehr darauf an, wie gemeinschaftsfähig der Erzieher ist. Wenn ein Kind beobachtet, wie ein anderes Kind für sein Verhalten Zustimmung oder Missbilligung erfährt, kann beim Ersteren genauso Zuversicht

---

[13] Paul, Jean: Levana oder Erziehlehre, Velhagen & Klasing 1922, Leipzig, S. 103.

oder Angst ausgelöst werden, wie beim direkt Betroffenen.

Wie Erwachsene haben auch Kinder unruhigere Tage. Der Alltag fordert vom Erzieher Reflexhandlungen, für die er seine Persönlichkeit zur Verfügung hat. Nicht selten lässt er sich dazu verleiten, nachzugeben oder abzuwehren. Aus Sorge operiert er schnell einmal mit Moral, anstatt mit Geduld und freundlicher Zuwendung. Eine klare ruhige Sprache könnte die Brücke zwischen Gefühlserleben und Verstehen bedeuten.

> „Bedenkt, dass sie ihre Sprache so gut, wie wir die griechische oder irgendeine fremde, früher verstehen als reden lernen... Wenn das achtjährige Kind mit seiner ausgebildeteren Sprache vom dreijährigen verstanden wird: warum wollt ihr eure zu seinem Lallen einengen? Sprecht immer einige Jahre voraus; ... Mit dem einjährigen sprecht, als sei es ein zweijähriges, mit diesem, als sei es ein sechsjähriges, da die Unterschiede des Wachstums im umgekehrten Verhältnis der Jahre abnehmen."[14]

Indem die Kinder ihre eigenen Gedanken formulieren können, wird ihr Denken stärker und präziser. Das Kind wird Aufmerksamkeit entwickeln, wenn der Erzieher das Interesse des Kindes in seine Überlegungen miteinbezieht. Das kann durch Fragen an das Kind oder über Spiele und Gegenstände hervorgerufen werden. Ein längerer Dialog entsteht, wenn der Erzieher zur Antwort des Kindes weitere Fragen hat. Korrekturen, Kritik und Besserwisserei oder Bedrängung durch vorgegebene Themen führen eher zu Unlust, Abwendung und Ablehnung. Durch Nacherzählung von Geschichten wird die Erinnerung angeregt und gestärkt, Angst und Druck aber können sie auslöschen. Viele Menschen kennen das Gefühl, wie noch vorher präsentes Wissen wie weggeblasen ist, wenn eine Prüfung bevorsteht.

Jean Paul forderte einen Schonraum für das Kleinkind, es soll vor negativen Einflüssen bewahrt werden, damit seine Persönlichkeit erstarken kann. Kämen Kinder zu früh mit der krankmachenden Umwelt in Berührung und müssten sich dieser anpassen, so würden sie nicht fähig werden, die Härten des Lebens zu ertragen. Früher schrieb und sprach man wenig über Erziehung, die „Schulen waren mehr für Jünglinge als für Kinder gedacht und in

[14] Ebd. S. 117.

Athens philosophischen Schulen war der Zuhörer oft so alt wie der Lehrer".[15] Wenn Kritiker von Jean Paul sagen, er idealisiere das Kind, dann deshalb, weil man lange Zeit die Kindheit gar nicht wahrgenommen hat. Damit vernachlässigte man vor allem die gefühlsmässige Seite beim Menschen. Die Menschen tun sich heute noch schwer, Liebe und Anerkennung zu geben und verletzen oft den anderen, ohne es zu merken. Jean Paul versucht in seinen Werken ein anderes Modell der Erziehung zu entwickeln.

Wenn wir zusammenfassend die Person Jean Paul betrachten, dann hat er in seinem Leben grossen Mut bewiesen, indem er nie aufgegeben hat, sich für alles in der Welt zu interessieren und durch seinen Ideenreichtum und seine Mitmenschlichkeit einen Beitrag zur Personwerdung zu leisten. Es war sein tiefstes Anliegen, das humane Gedankengut zu verbreiten, und daher wird man ihn auch nicht vergessen.

Friedrich Froebel

Der deutsche Pädagoge Friedrich Froebel, (1782-1852), Schüler von Pestalozzi, gilt als der Vater, des Kindergartens. Er löste 1840 mit seinem Anliegen, die Kinder „für Geist und Gemüt" zu bilden, eine Reformbewegung in Deutschland und in der Schweiz aus: Kinder sollen wie eine Pflanze gehegt und gepflegt werden. Die Vorstellung, besondere Aufmerksamkeit auf das Wachsen und Gedeihen der Kinder zu legen, könne nicht hoch genug eingestuft werden. In früheren Zeiten wurde das Kinderalter noch nicht als eine spezielle Zeit der Entwicklung wahrgenommen. Kinder galten als kleine Erwachsene, doch Fröbel erkannte die Wichtigkeit dieses Zeitabschnittes für die Entwicklung der Persönlichkeit des Kindes. So meinte er, dass die Spielarten und Beschäftigungen kindergerecht gestaltet sein sollten. In seinen Kindergruppen konnten Kinder von zwei bis sieben Jahre teilnehmen. Fröbels Kindergarten unterschied sich von den damaligen Kinderbewahranstalten durch eine durchdachte pädagogische Konzeption, die die Phantasie und geistige Regsamkeit bei Kindern fördern sollte. Der Mensch soll nicht als vollendet Gewordenes, sondern als stetig sich Entwickelndes, nach dem in der Unendlichkeit ruhendes Ziel, betrachtet werden. Spiel ist die höchste Form der Kindheitsentwicklung. Der Erzieher sollte aber nicht nur Neues vermit-

[15] Ebd., S. 11.

teln, sondern auch die eigene Aktivität der Kinder zulassen und sich beobachtend im Hintergrund halten. Das könnte denjenigen schwerfallen, die selbst, durch ihre unbewusste Charakterhaltung im Mittelpunkt stehen wollen. Es stellt sich die Frage, unter welchem Einfluss Fröbel sein Interesse für das Wohl des Kindes gewann.

Friedrich Fröbel kam 1782 als sechstes Kind einer Pfarrersfamilie in Oberweissbach, Thüringen, auf die Welt. Seine Mutter starb ein paar Monate nach seiner Geburt, vermutlich wurde er von seinen Geschwistern erzogen. Da sein Vater in rühriger Tätigkeit auch um das wirtschaftliche Wohl seiner Gemeinde besorgt war, hatte er wenig Zeit, sich um seine Kinder zu kümmern. Der Onkel von Fröbel mütterlicherseits holte Friedrich nach Stadtilm, wo er die Elementarschule besuchte. Nach zweijähriger Lehre bei einem Förster entschloss er sich 1799 für ein Studium an der philosophischen Fakultät der Universität Jena. Er widmete sich hier vor allem den Naturwissenschaften. Finanzielle Gründe zwangen ihn aber bald zur Aufgabe des Studiums. Er suchte sich eine Arbeit, die sein Überleben sicherte.1805 wurde er Lehrer in der Frankfurter Musterschule, in der vorher Pestalozzi gelehrt hatte. Noch im gleichen Jahr reiste Fröbel zu Pestalozzi nach Yverdon, um einen Einblick in dessen Schule und Lehre zu bekommen. Fröbel war sehr beeindruckt von den Erziehungsgedanken Pestalozzis und kam mit den neugewonnen Ideen voller Schaffenslust nach Frankfurt zurück. In der Folge führte er Lernspiele und Übungen zur körperlichen Gesundheit der Kinder in seiner Schule ein. 1809 bis 1810 folgte ein zweiter längerer Aufenthalt bei Pestalozzi, der Ausbildungszwecken diente. Danach war Fröbel bemüht, das Gedankengut von Pestalozzi in Elementarschulen in seinem Heimatland zu etablieren, scheiterte aber bald am Widerstand und Desinteresse der Behörde.

Fröbel entschloss sich, sein Betätigungsfeld in der Schweiz zu suchen, in der Hoffnung, dort Erziehungsanstalten im Sinne von Pestalozzi gründen zu können. Sein Versuch in Wartensee und Willisau scheiterte jedoch an der orthodoxen Geistlichkeit, die im religiös toleranten Pädagogen einen Gegner witterten und somit alles daransetzten zu verhindern, dass genügend Kinder an der Schule angemeldet wurden. Daraufhin nahm er eine leitende Stelle im Waisenhaus Burgdorf, einer Einrichtung Pestalozzis, an. Seine Tätigkeit bestand auch darin, Lehrer auszubilden.

In dieser Funktion und unter dem Eindruck der vielen Erlebnisse mit Lehrern und Kindern gedieh bei Fröbel der Wunsch, sich ganz der Kleinkinderziehung anzunehmen und die sich ergebenden Schwierigkeiten kindgerecht zu lösen. Damit trat die Notwendigkeit, die Mütter zu bilden und die Kinder in einer Gruppe zusammenzunehmen, in den Vordergrund. Die Motivationen der Erwachsenen, lassen sich zu einem nicht geringen Teil auch auf ihre kindlichen Erlebnisse und deren Verarbeitung zurückführen. So wissen wir aus der Kindheit Fröbels, dass es von Bedeutung für ihn gewesen sein muss, ohne Mutter aufzuwachsen und in der Geschwisterreihe der Jüngste gewesen zu sein. Vermutlich hat die liebevolle Fürsorge seiner Geschwister seine Neigung verstärkt, sich Kindern zuzuwenden. Auch mag die häufige Abwesenheit des Vaters bewirkt haben, den Kindern das angedeihen zu lassen, was er schmerzlich vermisste.

Zurück in Deutschland, begann Fröbel die Vorschulerziehung auszubauen. Er gründete mit den Kindern aus der Umgebung einen Spielkreis, in dem er seine Spielsachen und Bewegungsspiele erprobte und weiterentwickelte, ebenso widmete er sich der Ausbildung von Mädchen zu „Spielführerinnen" oder - wie er es später nannte - Kindergärtnerinnen. Durch die Veröffentlichung seiner Ideen in Zeitschriften und Prospekten entstanden auch an anderen Orten in Deutschland Spielkreise. 1826 erschien sein Buch *Menschenerziehung*, in dem er einen ganzheitlichen, naturwissenschaftlichen und ästhetischen Umgang mit den Kindern empfahl. Er schrieb für die Kinder Lieder und entwarf Fingerspiele, die ihn als Reformpädagogen auszeichnete. Die mathematische Ausrichtung kam in Form von Holzspielzeugen, Kugeln, Zylindern und Würfeln zur Geltung. Sein Eifer, Kindern Bildung zu vermitteln, wird auch aus der Aussage ersichtlich: „Der Mensch stirbt, aber die Menschen bleiben. Darum lasst uns den Samen legen, der Früchte bringen wird, die der Zukunft Segen bereiten."

Das Jahr 1840 gilt als das Gründungsjahr des Fröbelschen Kindergartens; dieser Begriff für die vorschulische Erziehung wurde von ihm geprägt. Zur Zeit der Gründung des Kindergartens gab es in Deutschland bereits Kleinkinderschulen, Spielschulen, Kinderbewahrungsanstalten oder Warteschulen. Sie entstanden durch den Zerfall der feudalen Familienform und der Entstehung der Produktionsgesellschaft; indem man die Frauen und die älteren Kinder in den Produktionsprozess einbezog, musste man die Kleinkinder in privaten oder öffentlichen Anstalten unterbringen. Viele dieser Kleinkinderschulen wurden durch Fröbels Spielmethoden reorganisiert. Fröbel ging davon aus, dass das Spiel das typische und wichtigste Mittel zur Entfaltung der geistigen, sittlichen und körperlichen Kräfte des Kleinkindes ist. Friedrich Diesterweg, ein fortschrittlicher Lehrer und begeisterter Anhänger der Ideen Pestalozzis, gab 1949 folgende Darstellung der Fröbelschen Spielmethode, nachdem er beobachtet hatte, mit welcher Liebe und Hingabe sich Fröbel der Erziehung der Kinder widmete:

> „Zuerst leitet er an zum Spiel mit dem Ball. Er reicht ihn den Kindern mit den Farben des Regenbogens. Dann folgen die Spiele, die bildende und zugleich freudige Beschäftigung mit der Kugel. Ihr folgen Beschäftigungen mit dem Würfel und mit der Walze... Hierauf kommen die Tätigkeiten mit Stäbchen, Hölzchen und ähnlichen Spielstoffen..."[16]

Es stellte sich heraus, dass Kinder selbst daraus hundert schöne Formen legen können und durch das Zusammenstellen von Tischen Häuser, Brücken und Treppen bauen, ganz nach dem Empfinden eines jeden Kindes. Nach Anleitung zum gemeinsamen Spiel hielt er sich zurück, wenn sich die Kinder selbständig und künstlerisch betätigten. Friedrich Fröbels Wirken war stark von dem Einfluss der Persönlichkeit und den pädagogischen Anschauungen Pestalozzis bestimmt:

> „Der Mensch aber, so wie er sich uns darstellt, ist ein Verein von drei Hauptkräften: Körper, Seele und Geist; diese harmonisch und zu einem Ganzen gleichmässig auszubilden, ist seine Bestimmung als Erscheinung... Der Mensch ist aber nicht allein auf der Welt, die ganze Aussenwelt ist Gegenstand seines Erkennens und Mittel zu seiner Entwicklung und Ausbildung."[17]

Wie bei Pestalozzi finden sich bei Fröbel Züge sozialen Denkens und Handelns. Es ist ihm ein Anliegen, die Lage armer, zerlumpter Dorfkinder zu verbessern und sie zu freien, selbständig denkenden Menschen zu erziehen. Sein pädagogisches Gedankengut und seine erzieherische Praxis dienten unter den gesellschaftlichen Bedingungen seiner Zeit dem Fortschritt. Die vielen Erfahrungen mit Kindern bewogen ihn, immer wieder Neues auszuprobieren und nicht bei Althergebrachtem stehen zu bleiben. Seine Absicht war, die

[16] Geschichte der Erziehung, Volkseigener Verlag 1966, Berlin, S. 267
[17] Ebd., S. 263.

Tatkraft, das Empfinden und das Denken des Kindes zu schulen. Wie ein Schüler berichtet, bestand Fröbels Bemühen darin, die Kinder so viel wie möglich selbst tun und selbst finden zu lassen, im Gegensatz zur jesuitischen Pädagogik, die davon ausging, dem Kind das eigene geistige Leben aufgeben zu lehren. Fröbel forderte Toleranz gegenüber andersartigen religiösen Bekenntnissen.

Nach der Niederlage der deutschen Revolution von 1848 folgte die Unterdrückung aller demokratischen Regungen des Volkes, 1850 das Verbot des Allgemeinen deutschen Lehrervereins und 1851 das preussische Kindergartenverbot:

> „Wie aus der Broschüre *Weibliche Hochschulen und Kindergärten* von Karl Fröbel (Neffe Friedrich Fröbels - die Verfasserin) erhellt, bilden die Kindergärten einen Teil des Fröbelschen sozialistischen Systems, das auf Heranbildung der Jugend zum Atheismus berechnet ist. Schulen usw., welche nach Fröbels oder ähnlichen Grundsätzen errichtet werden, können deshalb nicht im preussischen Staat geduldet werden."[18]

Weitere deutsche Staaten schlossen sich dem Verbot an, was die Lebenskraft des Pädagogen gehörig dämpfte. Bis zuletzt leitete er seine Ausbildungsstätte für Kindergärtnerinnen im Schlösschen Marienthal, in der Nähe von Blankenburg. Er starb 1852.

Obwohl die Frauen, die sich aus Idealismus der Kinder annahmen und oft selbst keine schulische Ausbildung genossen hatten, nur ihr spärliches Wissen weitergeben konnten, während reiche Familien studierte Lehrer für die Förderung ihrer Kinder einstellten, breiteten sich ihre Kindergärten aus. Als 1873 alle Kindergärtnerinnen eine pädagogische Ausbildung erhielten war der Durchbruch gelungen.

Bei der Begutachtung des Fröbelschen Lebenswerkes muss neben kritischen Einwänden hervorgehoben werden, dass er Wegbereiter einer sozialen und kinderfreundlichen Gesinnung war. Er kann damit neben Pestalozzi als Befürworter einer humanistischen Tradition gelten. Sein besonderes Augenmerk galt dem Entwicklungsgedanken in den ersten Kindheitsjahren, die ihn

[18] Ebd., S. 263.

veranlassten, auf professionelle Art in dieses Geschehen einzugreifen. Das Errichten von Kindergärten war eine logische Konsequenz dieses Bemühens.

Die Reformpädagogik

Die Reformpädagogik (1890-1933) entstand durch den Widerspruch zwischen den steigenden Anforderungen der Industrie an die Bildung des Menschen und den zaghaften Bemühungen der herrschenden Klassen, das Volk zu qualifizierten Arbeitern auszubilden: zu Aktivität, Selbsttätigkeit und Selbstständigkeit. Es zeichneten sich viele pädagogisch unterschiedliche Theorien ab; nicht alle schlugen den Weg des Humanismus ein, nämlich, die Bildungs-, Erziehungs- und die gesellschaftlichen Verhältnisse zu ändern.

Aus den Grundgedanken der humanistischen Pädagogik ergaben sich wissenschaftliche Ansätze zur Entwicklung des Kindes, neue pädagogische Theorien und neue Formen der Erziehung. Im Gegensatz zu den autoritären Bildungskonzepten ging es nun darum, das Individuum zu achten und seine kreativen Kräfte zu wecken und zu fördern. Durch positive Erlebnisse und interessantes Anschauungsmaterial lernt das Kind sich selbständiger zu bewegen. Der Erzieher gilt als Begleiter und Unterstützer.

Ellen Key

Ellen Key (1849-1926), schwedische Reformpädagogin, setzte sich bereits 1875 für Frauen- und Kinderrechte ein. Sie sagt: „Wer das Kind begreifen will, muss es als eigenes Wesen auffassen. Im Umgang mit ihm, muss auf jede Gewalt verzichtet werden."

„Schläge rufen die Tugenden des Sklaven, nicht die des freien Menschen hervor... Alle Kriege, gerechtfertigt oder ungerechtfertigt, ... sind Kriege gegen Kinder... Erst, wenn man im Kind die neuen Schicksale des Menschengeschlechtes ahnt, wird man behutsam mit den feinen Fäden der Seele des Kindes umgehen, weil man dann weiss, dass es diese Fäden sind, die einstmals das Gewebe der Weltgeschehnisse bilden werden." (Wikipedia)

Ellen Key wird als zweites von sieben Kindern des schwedischen Grossgrundbesitzers Emil Key und dessen Frau Sophie (geb. Posse) in Sundsholm

(Schweden) geboren. Die Familie ist schottischer Herkunft. Als Kind eignet sich Key durch selbständige Studien und durch Privatunterricht eine umfassende künstlerische und literarische Bildung an. 1869 wird Keys Vater Mitglied des schwedischen Reichstags. Die Familie zieht nach Stockholm. Durch den Verlust des väterlichen Vermögens nimmt Key die Tätigkeit als Lehrerin auf. Sie unterrichtet in der dörflichen Sonntagsschule Kinder in Geschichte und Poesie und 1878 an einer Privatschule für Mädchen. Als Dozentin am Arbeiterinstitut in Stockholm gibt sie Vorlesungen über Schwedische Literatur im Dienste der nationalen Volksaufklärung. Durch ihre starke persönliche Überzeugungskraft und Ausstrahlung wird sie zu einer begehrten Rednerin auf Veranstaltungen von Arbeiter-, Studenten- und Frauenvereinen.

Keys individualpädagogische und sozialreformerische Studie *Barnets Arhundrade* (Das Jahrhundert des Kindes) bedeutet für eine ganze Epoche ein Schlaglicht in Hinsicht auf ein besseres Verständnis des Kindes. Der Einfluss von Rousseau und der von ihm propagierten natürlichen Entwicklung des Kindes sowie die These von Nietzsches Übermenschen sind unverkennbar. Key gehört zum gemässigten Flügel der europäischen Frauenbewegung, indem sie einerseits das Berufsideal der unverheirateten Frau verteidigt und andererseits umfassende Schutzmassnahmen für die im Idealfall nicht erwerbstätige erziehende Frau (Mutterberuf) fordert. Sie trägt so wesentlich zur Bildung der Mutterschutzbewegung bei.

Key war vom Fortschrittsgedanken in der Pädagogik überzeugt und bemühte sich in ihrem Hauptwerk um eine Kultivierung der menschlichen Seinsform. In ihrer Untersuchung beschreibt sie das Problem der Mutterschaft in der bestehenden Gesellschaft. Kinderhorte etc. - „können mit all ihren schönen Bestrebungen nicht ein Hundertstel der Lebenskräfte ersetzen, die der neuen Generation mittelbar oder unmittelbar durch die Frauenarbeit ausser dem Hause geraubt werden.“[19] Ellen Key spricht von der Heimatlosigkeit ihrer Generation. In einer Gesellschaft, wo alle, Frauen wie Männer - ausser Kinder, Kranke und Greise -, genötigt sein werden, zu arbeiten, wird es wichtig sein, dass Eltern von der Gesellschaft für die Zeit der Pflege der Kinder einen Erziehungsbeitrag erhalten. Mutter und Vater müssten sich nicht mehr zwischen Arbeit und Pflege der Kinder abhetzen. Ideal wäre, wenn alle mässig arbeiten könnten, und das unter gesunden Verhältnissen, gegen hinlänglichen

---

[19] Key, Ellen: Das Jahrhundert des Kindes, Beltz TB 1992, Weinheim und Basel, S. 63.

Lohn, sagt Ellen Key. Heute, mehr als hundert Jahre später, ist dieses Anliegen immer noch hoch aktuell und in den meisten Fällen nicht ausreichend gelöst.

Das macht uns auf ein heutiges Übel aufmerksam, welches sich durch die bestehenden gesellschaftlichen Verhältnisse ergibt. Durch die Berufsarbeit der Mütter, das vermehrte Angebot an Vergnügungen und Weiterbildungen, Sport und Sitzungen für Väter und Mütter am Abend, fehlt den Kindern oft die ruhige Familienatmosphäre. Das Aussenleben hat zur Folge, dass die Kinder zu kurz kommen. Obwohl die heute schulgebildeten Eltern den Kindern viel vermitteln könnten, fehlt diesen die Zeit und die Ruhe. Mancher wird den Einwand bringen, dass noch nie so viel für die Kinder getan wurde wie heute, dass Eltern nie so viel Aufmerksamkeit auf die physischen und psychischen Bedürfnisse der Kinder gelegt haben. Trotzdem können die Angebote von Babygruppen, Spielgruppen und Kindergärten für Eltern, die zumeist in unserer hektischen Gesellschaft in einem hohen Masse physisch und psychisch gefordert sind, eine segensreiche Erleichterung in der Erziehungsarbeit sein.

Wenn die Kinder noch klein sind, bemühen sich Eltern normalerweise darum, ihnen viel Liebe und Geborgenheit zu vermitteln, sie geben ihr Wissen weiter, machen sie auf Gefahren aufmerksam, erklären ihnen die Welt, zeigen ihnen, wie man malt, bastelt oder mit Tieren umgeht usw. Sobald aber die Kinder einige Schwierigkeiten in der Anpassung zeigen, wissen die meisten Eltern nicht, wie sie damit umgehen sollen. Von Bedrängung, Forderung, Ärger, Enttäuschung bis zur absoluten Verwöhnung durch Versprechungen, Belohnung, Schonung und Rückzug versuchen sie ihre Kinder auf den „richtigen" Weg zu bringen. Sie erziehen noch immer, als glaubten sie noch an die natürliche Verderbtheit des Menschen, an die Erbsünde, die nur gezügelt, gezähmt und unterdrückt, aber nicht umgewandelt werden könne..., anstatt dem Heilmittel der Hygiene eine grössere Bedeutung zuzugestehen. Daraus entsteht oft heftiger Streit zwischen Vater und Mutter, Eltern und Kindern. Nicht wenige Kinder empfinden dann ihre Eltern als die grössten Feinde ihres Lebens und kommen dadurch in Konflikt zur Liebe und zum Gehorsam. Die Individualpsychologen Rudolf Dreikurs und Erik Blumenthal veröffentlichten ein Buch unter dem Titel *Eltern Kinder - Freunde Feinde,* in welchem solche Situationen dargestellt sind.

Ellen Key ist davon überzeugt, dass die Erziehung die individuelle Natur des Kindes ausbilden soll:

> „Erst wenn man die Erziehung des Kindes auf die Gewissheit gründet, dass Fehler nicht versöhnt und ausgelöscht werden können, sondern immer ihre Folge haben müssen, aber gleichzeitig auf die Gewissheit, dass sie in einer fortgesetzten Evolution umgewandelt werden können, durch langsame Anpassung an die umgebenden Verhältnisse, erst dann wird die Erziehung anfangen Wissenschaft, Kunst zu werden. Man wird dann allen Wunderglauben in Bezug auf die Wirkung plötzlicher Eingriffe aufgeben."[20]

Sie fordert vollständige gesellschaftliche Anerkennung der Erziehungsarbeit und die vollkommene ökonomische und soziale Absicherung der erziehenden Mutter. Zusätzlich sollten die Frauen Gelegenheit haben, sich auf ihre Aufgaben als Mutter durch Besuche von Erziehungskursen, vorzubereiten.

Oft wird in der ersten Zeit der Kindheit versäumt, das Kind in häusliche Aufgaben einzubeziehen, um ihm ein Gefühl der Zugehörigkeit und Verbundenheit zu geben. Dem Erzieher passieren Fehler, weil er an das Kind Anforderungen stellt, welchen es noch nicht gewachsen ist oder die es im Moment nicht interessieren. Kinder wollen nicht gestossen und gezogen werden. Es geht darum, ihm Grundlagen mitzugeben, auf denen es später aufbauen kann. Ältere Kinder können dabei sehr hilfsbereit sein und Eltern entlasten.

Das Kind mit Spielsachen zu überhäufen oder ihm vieles aus der Hand zu nehmen, geht in die gleiche Richtung. Andererseits verpassen die Eltern unter Umständen den Zeitpunkt, dem Kind etwas Neues anzubieten. Ein Kind, das sprechen gelernt hat, kann auch eine zweite Sprache leicht erlernen, ein Kind das gehen und laufen kann, ist auch fähig Schlittschuh zu laufen. Entwicklung wird zu Recht als Reifungsgeschehen betrachtet. Die Einflüsse der Umwelt dürfen dabei aber nicht ausseracht gelassen werden; sie sollten fördernd wirken und nicht hemmend.

Maria Montessori

Besonders im Tessin (Schweiz) lehnten sich die Kindergärten deutlich an die

[20] Ebd., S. 77.

Pädagogik der Ärztin Maria Montessori an. Diese entwickelte ihr pädagogisches Konzept 1907; sie stellte die Individualität des Kindes konsequent in den Mittelpunkt. Das Kind, so Montessori, soll „Baumeister seiner selbst werden.“ Durch offenen Unterricht und Freiarbeit soll die Erzieherin den Lernprozess beim Kind fördern. Didaktische Techniken und Beobachtungsgabe sind dabei Hilfsmittel, um das Kind in seiner Eigenart erfassen zu können. Belohnung und Strafe lehnt Montessori strikt ab, da diese das freie Lernen des Kindes behindern. Das Kind wolle nichts anderes, als am Leben teilnehmen, denn das sei seine Natur.

Maria Montessori (1870-1952) wuchs in Chiaravalle in der Provinz Ancona, Italien, auf. Da sie schon als Kind Interesse an Mathematik zeigte, zogen ihre Eltern wegen besserer Ausbildungsmöglichkeiten für ihre Tochter nach Rom. Ein mutiger Entschluss, der aufhorchen lässt. Die Annahme ist wohl nicht falsch, dass die Eltern Montessori ein dezidiertes Bild von Bildung und Entfaltung ihres Kindes besassen, was sich später auf die Tochter Maria in Bezug auf ihr pädagogisches Engagement günstig auswirken sollte. Wir gehen heute davon aus, dass die Anthropologie des Erziehers vor allem von seinem persönlichen Werdegang, seiner Erziehung, seiner Zeitepoche und seiner kulturellen Umgebung geprägt ist.

Maria sollte nach dem Wunsch ihrer Eltern Lehrerin werden. Sie entschloss sich aber stattdessen zu einem Ingenieurstudium. Ihr Interesse galt daneben der Biologie, und so entschloss sie sich schliesslich für Medizin. Sie erwarb 1896 als erste Frau Italiens den medizinischen Doktortitel. Sie arbeitete in der psychiatrischen Klinik der Universität Rom. Dort kam sie zur Auffassung, dass geistig zurückgebliebenen Kindern durch ein besonderes Behandlungsprogramm geholfen werden könnte. Auch das Problem des sogenannten Schwachsinns beurteilte sie aufgrund ihrer Beobachtungen an Patienten der Klinik nicht nur als ein medizinisches, sondern sie erkannte die dahinter verborgenen psychologischen Ursachen, die in der Beziehung des Patienten zu seinen Erziehern seine Wurzeln haben könnten.

Maria Montessori selbst hatte Eltern, die fähig waren, die Entwicklung ihres Kindes in den Mittelpunkt zu stellen, und das hat es ihr ermöglicht, mehr Gefühl auch für andere Kinder aufzubringen. In ihrer Arbeit mit geistig behinderten Kindern und denen, die in einem sozial niederen Milieu aufgewachsen sind, kam sie zum Schluss, dass es gar nicht nötig sei, bei der Erziehung Druck auszuüben. Was der Heranwachsende braucht, sei eine anregende Umgebung, in der er durch sehen, hören, sprechen, verstehen, wählen und ausprobieren seine Kräfte entwickeln könne.

Maria Montessoris Bild des Kindes „Baumeister seines Selbst" zu werden, veranlasste sie, ein Experiment des offenen Unterrichts und freiwilligen Arbeit zu statuieren, um durch didaktische Techniken den Lernprozess beim Kind zu fördern. Ihr Motto war: „Hilf mir, es selbst zu tun". Belohnung und Bestrafung lehnte sie als Erziehungsmethode ab, da ihrer Ansicht nach das Kind von sich aus lernen will. Sie war davon überzeugt, dass jeder Mensch von Natur aus am Leben teilnehmen will und Freude am Lernen entwickelt. Praktische Übungen, wie sich selbst anziehen und waschen, den Tisch decken oder sich selbst entscheiden, mit wem und was es spielen will, könne man dem Kind zutrauen. Ihre Beobachtung war, dass das Kind am meisten durch Nachahmung lernt.

Sie gründete 1907 in San Lorenzo, einem Armenviertel in Rom, die erste Casa dei Bambini, in dem zum Teil verwahrloste Kinder der sozialen Unterschicht betreut wurden. Ermutigt durch das grosse Interesse, welches das „Kinderhaus" auch in Deutschland, Österreich und Amerika fand, veröffentlichte sie 1909 die Schrift *Wissenschaftliche Pädagogik in ihrer Anwendung auf die Erziehung von Kindern in einem Kinderhaus.* Es gab aber auch Einwände: Der Individualpsychologe Erwin Wexberg gibt zu bedenken, dass Kinder in den Montessori-Schulen zwar daran gewöhnt werden, sich mit sich allein zu beschäftigen, dabei aber die Kindergemeinschaft zu wenig gefördert würde. Das spielerische Lernen sollte auch nicht ins spätere Kindesalter ausgedehnt werden, da sonst Bedenken bestünden, in die ernsthafte Arbeit der Schule hineinwachsen zu können.[21]

Montessori hatte Recht, wenn sie das Kind als ein von Natur aus intelligentes, aufnahmefähiges und lernbegieriges Wesen ansah, das vom ersten Tag seines Lebens mit Menschen zusammenkommen muss, die mit ihm sprechen und es in die Arme nehmen, welches ansonsten apathisch wird, wenn man es zu lange allein lässt oder wenn es keine Anregung bekommt. Sie war sich bewusst, dass die ersten Lebensjahre eines Kindes sowohl für die körperliche als auch für die seelische Entwicklung eine besondere Bedeutung haben.[22] Sie

---

[21] Wexberg, Erwin: Individualpsychologie, Hirzel 1987, Stuttgart, S. 304.
[22] Hainstock, E.: Montessori zu Hause, Hyperion 1971, Freiburg im Breisgau, S.7-17.

hat die Kinder geliebt und hat die Technik der Erziehung des Kleinkindes gefördert.

Auch in Bertrand Russels Schriften findet Maria Montessoris Einsatz für das Wohl der Kinder positive Erwähnung. Ihrem Protest gegen Wettbewerb und Strafen und ihrer Forderung nach Freiheit für individuelle Entwicklung und Eigeninitiative des Kindes stimmt er voll zu. Mit seiner Frau Dora gründete Russell in Südengland eine Versuchsschule *Beacon-Hill*, in welcher den Kindern Montessori-Materialien zur Verfügung standen.[23] Sein freiheitlicher Geist, seine Beziehung zur Menschheit, zur Humanität kommt in seinen zahlreichen Texten über die freiheitliche Erziehungskunst, die 1974 in *Erziehung ohne Dogma* in Deutsch erschienen ist, zum Ausdruck. Bei Bertrand Russel geht es darum, die Freiheit und die Rechte des Individuums nicht auf dem Altar irgendeines Allgemeininteresses zu opfern. „Wenn Individuen sich jenes Mass an Initiative und Flexibilität bewahren sollen, das ihnen zusteht, dann darf man sie nicht in eine starre Schablone zwingen, da die Mannigfaltigkeit von Meinungen und Ideen lebensnotwendig und fruchtbar sind."[24] Die Pädagogik bei ihm bezieht sich auf seine philosophische Anthropologie und Ethik. Sein Menschenbild macht sein Erziehungsziel aus.

Die Entwicklungspsychologie

Die Entwicklungspsychologie zeigt uns auf, welch eminente Rolle die Psychologie für das Leben jedes Einzelnen spielt. Sie ist die Grundlage der Selbsterkenntnis und des Werden des Menschen, der Wichtigkeit der Erziehung und der Hilfeleistung. Zu den wichtigsten Grundbedürfnissen des Kindes gehören eine verlässliche Bindung an eine Pflegeperson und die Befriedigung des Zärtlichkeitsbedürfnisses. Ein Mangel an Zuwendung löst beim Kind vom ersten Tag des Lebens an, Angst, Schmerz, Unlust und Enttäuschung aus und bleibt als Unsicherheitsgefühl in Erinnerung.

[23] Frick, J.: Menschenbild und Erziehungsziel, Haupt 1990, Bern und Stuttgart, S. 90.
[24] Ebd., S. 34.

Charlotte Bühler

Die bedeutende deutsche Entwicklungspsychologin, Charlotte Bühler (1893-1974) definiert Entwicklung an zwei Beispielen von Müttern, die sich über das Wachstum ihrer Kinder unterhielten:

> „*Maxel*", sagt die eine Mutter, „entwickelt sich viel rascher, als mein erster Sohn es tat. Wahrscheinlich liegt das daran, dass er sich von *Erwin* so viel abguckt. Alles, was Erwin kann, will Maxel auch können; so hat er viel rascher sprechen und gehen und klettern gelernt, und alles will er sich selber machen.
>
> „Ja, aber Kinder sind ja auch verschieden", sagt die andere Mutter. „Meine *Gretel* ist viel weniger selbständig, als unsere ersten zwei Kinder waren. Obwohl sie die anderen als Vorbilder hat, will sie, dass man ihr bei allem, was sie tun soll, hilft, beim Anziehen und Essen und sogar beim Spielen." „Vielleicht kommt das davon, dass sie als die Jüngste von den anderen verwöhnt wird", sagt Maxels Mutter. „Es macht ihr Spass, alle um sich herum zu haben und sich bedienen zu lassen."[25]

Charlotte Bühler weist den Leser mit diesen zwei Beispielen auf die Unterschiede zwischen den Kindern und den Eltern hin, die immer bestehen. Diese Mütter erahnen bereits die Einflüssen der Erziehung und Umwelt, und dass Kinder von Geburt an verschieden reagieren und individuelle Charakteristiken aufweisen können: Das Aussehen, die Körperbefindlichkeit oder auch die Reaktionseigenart ist verschieden. Bühler war fasziniert von der Entwicklung des Lebens. Sie schreibt: „Oft scheint sie (die Entwicklung) ans Wunderbare zu grenzen, besonders dann, wenn plötzlich aus einem Kinde ganz unerwartete Interessen oder Talente hervorbrechen." Bühler räumt der Entwicklung einen grösseren Platz ein, als der Vererbungs- und Anlagetheorie. Die Ableitung der Individualität eines Menschen aus der Erbmasse ist enorm fatalistisch. Oft haben Eltern Unarten ihrer Kinder auf Vorfahren zurückgeführt: Das hat er von seinem Onkel X. oder der Tante Y. Man hat nicht gesehen, dass eine Haltung geworden und auch wieder veränderbar ist.

Heute wissen wir, dass unter Einbezug der körperlichen Gegebenheiten Wachstum, Entwicklung, Reifung und Lernen beim Säugling Hand in Hand

---

[25] Bühler, Ch.: Psychologie im Leben unserer Zeit, Droemer Knaur 1962, Zürich, S. 141.

gehen. Innerhalb eines Jahres wachsen beispielsweise das Nervensystem, die Knochen und die Muskeln, was das Kind befähigt in diesem Zeitraum laufen zu lernen. Beobachtet man das Kind bei seinen Versuchen, so ist eine unermüdliche Energie und Freude am Ausprobieren nicht zu übersehen. Dabei unterstützen die Menschen um es herum durch angemessene Ernährung, Hilfe, Ermunterung und Vorbild seine Lernschritte. Entwicklung beginnt bereits im Mutterleib, indem das Kind Reize aufnimmt und verarbeitet. Der neurobiologisch interessierte Psychiater Manfred Spitzer führt aus, dass das Kind bereits ab der 20. Lebenswoche Töne hören und sich diese auch merken kann, sowie Tastempfindungen u.a. verarbeitet.[26] Die Ausbildung von Fähigkeiten und eines individuellen Verhaltens sind voneinander abhängig und entstehen durch die unermüdlichen Versuche und gewonnenen Erfahrungen.

Charlotte Bühler weist auf den Reformpädagogen und Schöpfer der Bindungstheorie, John Bowlby hin, der in seiner Arbeit *Mütterliche Fürsorge und seelische Gesundheit,* 1952 für die Weltgesundheitsorganisation WHO geschrieben, auf den grundlegenden Einfluss aufmerksam macht, der eine längere Abwesenheit der Mutter oder liebevollen Vertreterin auf das Gefühlsleben des Kleinkindes haben kann. Diese Kinder laufen Gefahr, die Fähigkeit zu fühlen und zu reifen zu verlieren.

John Bowlby

Dem britischen Kinderarzt und Psychoanalytiker John Bowlby (1907-1990) gehört das Verdienst, die emotionale Bindung des Kindes zur Mutter umfassend untersucht zu haben. Er meint, kleine Kinder empfinden ihre Eltern als vertrauensvoll oder als unsicher, manchmal sind sie lieb und manchmal wenden sie sich ab oder sind verwahrlost und chaotisch. Bowlby konnte noch nicht untersuchen, das Bindungsschicksale krank oder gesund machen können. Wenn Kinder, die sicher gebunden sind, in eine Situation geraten, wo sie etwas ängstlich werden, bekommen sie kurzzeitig eine Cortisolerhöhung (Stresshormon), was sich nach wenigen Minuten normalisiert. Unsicher gebundene Kinder geraten in eine permanente Anspannung.[27]

---

[26] Spitzer, Manfred: Lernen, Spektrum 2006, Heidelberg, S. 201.

[27] Vorlesung Danzer

Nur durch die Befriedigung der primären Bedürfnisse in körperlicher und seelischer Hinsicht, erfährt das Kind Sicherheit und Motivation zur Entwicklung. Der Vererbungsgedanke spielt bei der Entwicklung des Kindes in psychischer Hinsicht eine völlig untergeordnete Rolle. Vorstellungen und Verhalten bilden sich in den ersten Lebensjahren aus und kommen in späteren Interaktionen zum Ausdruck. In jedem Erwachsenen kann man das Kind erkennen - ein kindliches Verhalten in schwierigen Lebenssituationen: Zum Beispiel, wenn der Erwachsene schreit, weint, beleidigt ist, sich ärgert oder in Stresssituationen sich schnell wieder beruhigt. Nicht die Vererbung von einem Grossvater auf den Enkel ist die Ursache seines Verhaltens, sondern was er in seiner Kindheit eingeübt hat, wo er einen Mangel hatte, wo er aufgegeben hat zu hoffen oder womit er damals Erfolg hatte.

Bowlby führt ein Musterbeispiel an:

> „Ein achtjähriges Mädchen, das, unehelich geboren, von einer Hand in die andere gegeben wurde, bevor sie in Pflegefamilien kam, wo sie dann mit sechs Jahren auch adoptiert wurde, konnte keine tiefe Beziehung aufbauen. So sehr sich die Adoptiveltern bemühten, war es schwer, an das Kind heranzukommen. Sie beschreiben das Kind einerseits als lebhaft, liebenswürdig und anschmiegsam, aber andererseits als verschlossen und ausweichend. Es schliesse oberflächliche Freundschaften, lüge und stehle, ohne dass es für beides einen sichtbaren Grund gibt.“[28]

Das lässt erkennen, dass Gefühllosigkeit und andere emotionale Störungen sowie psychopatische Charakterzüge weitgehend auf den Mangel an Mutterliebe und Sicherheit am Anfang des Lebens zurückzuführen sind. Es ist bekannt, dass für den Aufbau einer sicheren Bindung eine einfühlsame, akzeptierende und auf Kooperation aufgebaute Interaktion der Eltern mit dem Kind nötig ist.

In letzter Zeit hat sich also die Vorstellung von der Entwicklung des Menschen gewandelt. Man hat erkannt, dass die Entwicklung des Kindes mit Erfahrungs- und Lernprozessen einhergeht, sie ist also von pädagogischen und sozialen Bedingungen abhängig. Auffällige Verhaltensformen treten nur unter bestimmten kulturellen und erzieherischen Einschränkungen oder verworre-

[28] Bühler, Ch.: Psychologie im Leben unserer Zeit, Droemer 1962, München S. 147.

nen und unruhigen Situationen auf: bei Abwesenheit gewohnter Beziehungspersonen, häufigem Streit, Scheidung der Eltern, Tod eines Elternteils, Kriegserlebnissen, schweren Krankheiten, Ängsten der Erzieher, etc.

Unter normalen Umständen entwickelt sich das Kind kontinuierlich weiter, aus Wörtern entstehen einfache Sätze und daraus werden allmählich kompliziertere Zusammenhänge formuliert. Je nach Stimmung in der Familie lernt das Kind auch ziemlich schnell die soziale Sprache seiner Umgebung, die ihm ebenfalls zur Gewohnheit wird. Reifung heisst körperliches und seelisches Wachstum: Wahrnehmung des Körpers, des Denkens und der Gefühle. Reifen und Lernen sind miteinander verknüpft.

Die ersten Lebensjahre sind demnach von grosser Bedeutung. Vorgeburtlich betrachtet, kann man weder von einem Selbst noch von einer Selbstbestimmung reden. Das Selbst als psychologischer Begriff wird unterschiedlich definiert. Der italienische Psychoanalytiker, Eugenio Gaddini spricht sowohl von einem pränatalen als auch postnatalen Ich: Das Ich sei vor allem ein körperliches, *totales Selbst,* d.h. dass das Baby kurz vor oder nach der Geburt noch kein Selbstempfinden habe.

Wir beobachten, dass sich das Selbst in den ersten Monaten durch eine liebevolle Zuwendung einer Pflegeperson (Mutter) entfaltet. Durch seine Sinne nimmt der Säugling wahr, was um ihn herum geschieht. Seine Bezugspersonen helfen ihm zu sehen, zu hören, zu schmecken, zu riechen, zu begreifen und eine Sprache zu erlernen. Im Dialog mit der Mutter, wo die Äusserungen des Babys von der Mutter gespiegelt werden und das Kind sie durch Zurücklächeln, Mimik, Nachahmung und später durch Festhalten, Annehmen und Zurückgeben beantwortet, entsteht allmählich das Ich und eine Beziehung zum Du.

Das Selbstbild beruht auf der Selbstwahrnehmung und dem Fremdbild, dieses kann positive und negative Elemente enthalten. Es steuert unser Denken, Fühlen und Handeln. Positive Selbstgefühle werden durch die Wertschätzung der Umgebung gefördert. Durch gemachte Erfahrungen bildet sich beim Kind ein spezielles Verhalten, das ganz individuelle Merkmale aufweist. Die Einflüsse sind tausendfältig und das Vorbild der Eltern einzigartig: Familienatmosphäre, dialogischer Umgang, Streit, Verwöhnung, Vernachlässigung oder Strenge, sowie Hilfsbereitschaft, Beziehungsfähigkeit und Gemeinschaftssinn.

Das Kind nimmt auch Beziehung zu Dingen auf, indem es Interesse zeigt, sie anfassen und begreifen will. Durch Wahrnehmung, Gefühl und Erfahrung lernt das Kind gehen, fallen, aufstehen und Elemente der Welt beherrschen. Durch den Austausch von Blicken, kann es seine Freude oder Abneigung zeigen und Nähe und Verbundenheit mit dem Gegenüber erleben. Kinder, die taube Eltern hatten, passten sich der Situation an, indem sie ihren Schmerz nicht durch Schreien zum Ausdruck brachten, denn das hätten die Eltern nicht gehört, dafür liefen ihnen die Tränen die Wangen herunter. Schon Babys lernen die Gebärdensprache ihrer Eltern verstehen und damit zu kommunizieren. Es ist ihre Muttersprache. Daneben lernen sie auch mit anderen Menschen zu sprechen. Empathie entsteht beim Kind durch die Beziehung zum Du, durch die Wahrnehmung und Verknüpfung von Empfindungen. Das intuitive Erkennen vollzieht sich ohne bewusstes Nachdenken, durch Erfahrung, Erinnerung und Wissen, wobei das körperliche und seelische Empfinden eine Ganzheit bildet, beides hat auf die Entwicklung des Selbst Einfluss.

2) Spiel als Erziehung – Erziehung als Spiel

Unter *Spiel als Erziehung* verstehen wir, dass das Kind, indem es spielt, gleichzeitig auch etwas lernt. Es erzieht sich gleichsam selbst, indem es Neugierde, Interesse, Ausdauer und Motivation entwickelt, alles günstige Eigenschaften, die der Mensch später im Leben gebrauchen kann. Das Spiel bedeutet Freiheit und ist zeitlich begrenzt. Im Spiel beschäftigt sich das Kind mit Objekten (Dingen und Menschen). Es entwickelt eine Vorliebe für gewisse Abläufe, die durch die Situation gegeben sind. Das Eine verläuft fliessend in das Andere.

In der *Erziehung als Spiel* können wir die Leichtigkeit empfinden, die nötig wäre, wenn wir mit dem Kind in Beziehung treten. Es ist ein gegenseitiges Lernen und Sich-Entwickeln. Das Kind reagiert auf die Mutter, die Mutter auf das Verhalten des Kindes und das Kind wiederum auf die Beziehungsaufnahme der Mutter. Wenn das Spiel etwas Schöpferisches ist, kann es die Grundlage für das Erziehungsgeschehen bedeuten, d.h. beide Akteure, Erzieher und Kind, befinden sich wie im Spiel in einer Situation, die dialogisch abläuft und wo der Ausgang für beide offen ist.

Spiel als Erziehung

Der Mensch entwickelt seine Fähigkeiten über das Spiel. Spiel setzt Handlungsfreiheit und eigenes Denken voraus. „Der Mensch brauche das Spiel als elementare Form der Sinnfindung!“ sagt Huizinga und leitet davon unsere kulturellen Systeme und spielerischen Verhaltensweisen ab: „Aus Spiel wird heiliger Ernst.“ Das Kinderspiel ist eine Tätigkeit des Kindes, bei der es mit angeborener Neugier und Lust dem Spieltrieb folgend sich selbst und seine Umgebung erforscht, wodurch sich allmählich sein Rollenverständnis in der Gesellschaft abzeichnet. Das Spiel fördert sein seelisches Wachstum durch die Reifung der Wahrnehmung, der motorischen Fähigkeiten, der Intelligenz und der Sozialisation. Schlecht wären Spielarten, die der Realitätsflucht dienten, wie Kriegs-, Killer- und Wettbewerbsspiele oder bei denen andere bekämpft, ausgelacht, verletzt oder ausgeschlossen würden.

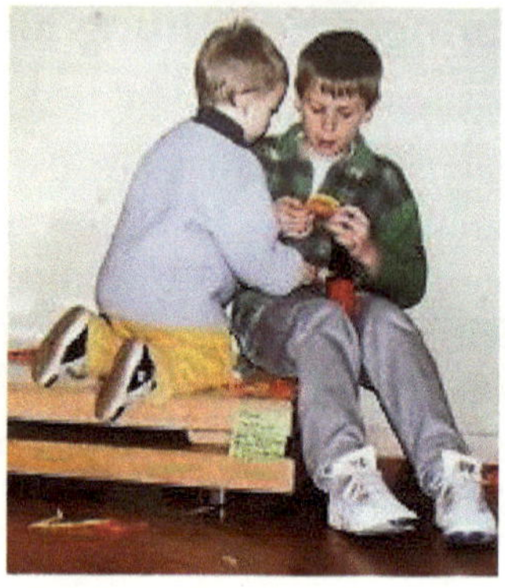

Beim Spiel mit Kindern ist übertriebenes Festhalten der Erwachsenen an aufgestellten Regeln kontraproduktiv. Es untergräbt leicht die Freiheit und Freiwilligkeit im Spiel; Spontanität, Kreativität und Freude am Spiel wird damit dem Kind leicht genommen.

> Eine Mutter spielt mit ihren zwei Kindern, sechs- und 10-jährig, „11er raus". Die Kinder haben es dabei sehr lustig, die Mutter macht aber ein strenges, verschlossenes Gesicht. Wahrscheinlich halten sich die Kinder nicht ganz an die Regeln, was der Mutter offensichtlich gar nicht passt. Sie fordert mehr Ersthaftigkeit von ihren Kindern. Aber je mehr sie erstarrt, desto mehr müssen die Kinder darüber lachen. Die Frage stellt sich: „Wer stört das Spiel mehr, die Kinder oder die Mutter?"

Das Spiel muss nicht komisch sein, trotzdem lachen wir oft, weil wir die Situationen und den Verlauf dabei lustig finden. Spiel ist freies Handeln und geistige Betätigung in der Gemeinschaft. Es ist keine Pflicht, keine Notwendigkeit und keine Aufgabe. Darum sagen wir oft: „Nimm es nicht so ernst, es ist ja nur ein Spiel." Beim Spiel sollen sich Kinder und Erwachsene erfreuen können. Die Erziehung aller Art sollte dabei bei Seite gelassen werden.

Das Spiel ist ein wichtiges Element in der Kulturgeschichte der Menschen. In Höhlenmalereien wurden Beziehungen der Menschen zur Natur und zum

Tierreich festgehalten. Bei den Römern spielten die Kinder auf der Strasse. Kleine Steine, ein Stock, ein Reifen oder eine Leine genügten ihnen, um ein Spiel daraus zu kreieren. Ein Kind mit ein paar Nüssen in der Hand, die es hinter dem Rücken versteckt und seine Spielkameraden erraten lässt, ob es eine gerade oder ungerade Zahl ist, macht ihnen viel Freude. Ebenso überlebten Gesellschaftsspiele „Mühle“ oder „Schach“ bis heute. Im 16. Jahrhundert waren Witz und Wortspiele gefragt. Glücksspiele dagegen waren lange Zeit verboten, führen sie doch zu Suchtverhalten, dem der Mensch total erliegen kann. Auftretende Verluste werden bagatellisiert, mit Gewinnen hingegen geprahlt. Der Spielsüchtige verliert den Bezug zur Realität, zu Arbeit, Familie und Freunden. 50 % der Straftaten in Deutschland stehen mit einem Suchtverhalten in Verbindung.

Spiel ist älter als Kultur, sagt Johan Huizinga in seinem Buch *Homo ludens*. Er weist darauf hin, dass schon bei Tieren Grundzüge des Spielens feststellbar sind. Zum Beispiel balgen sich junge Hunde ohne dass sie dem Bruder das Ohr durchbeissen. Es ist Aktivität, es ist Lebensbewältigung, es ist Spass, Spannung, Freude, Ernst, Selbstbeherrschung und Sich-Messen mit anderen.

Das Spiel ist an keine Kulturstufe und an keine Form von Weltanschauung gebunden, höchstens wird es beeinflusst durch die vorhandenen Gegenstände, Lieder, Riten und Bräuche. Das kindliche Spiel gehorcht der schöpferischen Kraft des Kindes und ist nicht determiniert, das Spiel hat eine sinnvolle Form und soziale Funktion.

In der Sprachbildung formt das Kind Wörter für Dinge, die es noch nicht versteht, aber mit dem es schon bald umzugehen und zu unterscheiden lernt. Das Spiel ist eine geistige und freie Handlung, indem eine weitgehende Selbständigkeit zu Tage tritt, es dient zur Entfaltung der körperlichen und seelischen Stärkung. Bei Dreijährigen nehmen die Spiele soziale Formen der Fröhlichkeit, der Anmut, des Rhythmus und der Harmonie an. Sie sind vielfältig und bezogen auf die Umwelt.

Beim Zugspielen weiss das Kind genau, dass es „bloss so tut“, als ob es eine richtige Bahn wäre. Trotzdem geht das Spiel mit grossen Ernst, Hingabe und Begeisterung vor sich. Es kann das Kind ganz in Beschlag nehmen, indem sie Umwelt und Zeit ganz vergisst. Ich erinnere mich an meine Kindheit, wo wir unsere Puppen auf die Stiege gesetzt haben, die den Zug darstellte, und wir Lokomotivführer oder Kondukteur waren.

Das Spiel erfährt manchmal nicht die Wertschätzung, die ihm gebührt, ganz im Gegenteil zu Huizinga, der dem Spiel eine grosse Bedeutung in Bezug auf die Persönlichkeitsentwicklung zuschreibt. Ausserhalb des Prozesses von Notwendigkeiten und Begierden könnte aber das Spiel das „gewöhnliche Leben" unterbrechen, erklärt Huizinga:

> „Es (das Spiel) schiebt sich zwischen ihn als eine zeitweilige Handlung ein. Diese läuft in sich selbst ab und wird um der Befriedigung willen verrichtet, die in der Verrichtung selbst liegt. Als Erholung... in seiner Eigenschaft als eine regelmässig wiederkehrende Abwechslung... wird es Begleitung, Ergänzung, ja Teil des Lebens im Allgemeinen. Es schmückt das Leben, es ergänzt es, es ist insofern unentbehrlich, unentbehrlich für die Einzelperson als biologische Funktion und unentbehrlich für die Gemeinschaft wegen des Sinnes, der in ihm enthalten ist, wegen seiner Bedeutung, wegen seines Ausdruckwertes und wegen der geistigen und sozialen Verbindungen, die es schafft: kurzum als Kulturfunktion."[29]

Die Frage drängt sich auf: Ist es Ernst oder Spiel? Jedes Spiel, das des Kindes wie des Erwachsenen, kann im vollen Ernst verrichtet werden. Der Ernst entsteht, wenn im Spiel die Empfindsamkeit das Ideal zu leben zum Ausdruck kommt. Im Spiel ist Bewegung - ein Auf und Ab, ein Abwechseln der Reihenfolge, eine Verknüpfung und eine Lösung. Es wird solange gespielt, bis man genug hat. Es bleibt aber in Erinnerung und kann jederzeit wiederholt werden, oft am gleichen Platz, mit gleichen Regeln und gleichem Spielverlauf. Bei Kindern kann man oft feststellen, dass sie protestieren, wenn das Spiel geändert wird. Sie geniessen die Ordnung, den Rhythmus und die Harmonie. Im Spiel geht es um die Anspannung und das Gelingen.

[29] Huizinga, Johan: Homo Ludens, Pantheon 2007, Köln, III. Auflage, S. 14.

Dem Kleinkind geht es darum, ob es das Spielzeug mit seinen Händen festhalten kann, dem Zweijährigen, ob er den Ball werfen, treffen oder fangen kann. Er beherrscht bereits die Gewandtheit im Spiel. Es ist erstaunlich welches Durchhaltevermögen und welche Kraft er dabei schon hat.

Huizinga weist darauf hin, dass der erwachsene Spieler, der sich den Regeln widersetzt oder sich ihnen entzieht, oft als Spielverderber angesehen wird:

> „Der Spielverderber ist etwas ganz anderes als der Falschspieler. Dieser stellt sich so, als spiele er das Spiel und erkennt dem Scheine nach den Zauberkreis des Spiels immer noch an. Ihm vergibt die Spielgemeinschaft seine Sünde leichter als dem Spielverderber, denn dieser zertrümmert ihre Welt selbst. Dadurch dass er sich dem Spiel entzieht, enthüllt er die Relativität... der Spielwelt... Er nimmt dem Spiel die Illusion...“[30]

In der Welt des hohen Ernstes hätten es die Falschspieler (Heuchler und Betrüger) immer leichter gehabt, als die Spielverderber (Apostaten, Ketzer, Neuerer, Revolutionäre), sie hat man geächtet, obwohl sie oft etwas Neues geschaffen haben.

Wirkliches Spielen gleiche den Kindern, ist es aber nur, wenn das Spiel aus dem Vergnügen entspringt, d.h. wenn es nicht befohlen wird; es ist keine Aufgabe, keine Pflicht und keine Notwendigkeit. Dazu gehörten sicher nicht Kriegsspiele, Spitzensport oder Lustspiele, wohl aber, wie Schiller es ausdrückt, das Spiel der Erotik in der Sexualität. In der Erotik spielen die Partner mit dem Begehren des anderen, beide geniessen und fühlen das Verliebtsein und die Freiheit. Spiel sei freies Handeln und könne der körperlichen, geistigen und sozialen Entwicklung dienen.

Nach Huizinga hätten sich im Laufe der Zeit unterschiedliche Formen des Menschenbildes herauskristallisiert:

> *Homo sapiens* - der vernünftige, optimistische Mensch, er kann die Welt im Gegensatz zum Tier besser erfassen, verstehen und ändern.
>
> *Homo faber* - der schaffende Mensch, sein Weltbild ist der Glaube an die Technik und an die Rationalität, wobei er die Natureinflüsse meistens ausschaltet. (Max Frisch)

---

[30] Ebd. S. 19.

> *Homo ludens* - der spielende Mensch, er findet über das selbstgenügsame, zweckfreie Spiel durch Zufälle und Möglichkeiten Selbsterkenntnis und Sinn im Leben.

Alle drei Erkenntnisse können wir in den Handlungen der Menschen, im Stellenwert nachweisen. Man kann Denken, Handeln und Spiel nicht voneinander trennen oder das eine dem anderen vorziehen. Friedrich Schiller hat in seinem Buch *Ästhetische Erziehung des Menschen* gegen die Spezialisierung und Mechanisierung des Menschen Stellung genommen. Das Spiel sei eine menschliche Leistung, die in der Lage ist, die Ganzheitlichkeit der menschlichen Fähigkeiten hervorzubringen. Der Soziologe Herbert Marcuse kritisiert in *Der eindimensionale Mensch* (1967) die instrumentelle Vernunft in der Industriegesellschaft, die durch die Beschränkung der Lebensweise und der Kultur keinen Platz für Ganzheit, Persönlichkeitsentfaltung und autonome Selbstwerdung gewährt. Nur die freiwillige Betätigung nach selbstgewählten Regeln könne menschliche Aktivität und Kreativität hervorbringen.

Im Wettkampf ist diese Freiheit und Freiwilligkeit nicht gegeben, das Individuum ist zu sehr an Regeln gebunden, es kann nichts Neues, Kreatives und Unbekanntes entstehen und bei Problemen werden keine sinnvollen Lösungen gefunden. Im Wettbewerb und Wettstreit geht es um die Herausforderung und das Gewinnen, nicht aber um Spiel, Freude, Ernst und Kreativität, wenn das auch nicht ganz ausgeschlossen werden kann.

Huizinga erwähnt das antike Rom, in dem die Kirche Spiele als Sünde bezeichnete und Ernst fälschlicherweise als Gegensatz zum Spiel sah. Die Römer förderten grausame Gladiatorenkämpfe zur Unterhaltung und Ruhestellung der unzufriedenen Bürger, in denen Protagonisten mit ihrem Leben bezahlten. Die Spiele gehörten zur Staatspolitik und dienten der Machterhaltung. Der Satiriker Juvenal (60 bis 130 n.Chr.) bezeichnete die Spiele *panem et circenses* (Brot und Spiele), was bedeutet, dass Kaiser Trajan glaubte, er könne das arme, römische Volk mit Verteilen von Getreide und durch Massenveranstaltungen (Wagenrennen, Zirkus, Schaukämpfen, Tierhetzen, Theateraufführungen) zufrieden stellen.

Schiller hat die These aufgestellt, dass nicht nur durch eine ästhetische Erziehung, also durch Verfeinerung und Veredelung der Empfindungen, sondern auch durch „Homo ludens“, die Krankheit der Kultur kuriert werden könne: (V 618)

> „Um es endlich auf einmal herauszusagen, der Mensch spielt nur, wo er in voller Bedeutung des Wortes Mensch ist, und er ist nur da ganz Mensch, wo er spielt."[31]

Ist aber der „spielende Mensch" in der heutigen Zeit nicht mehr gefragt? Unsere Kultur gleicht einer „Gesellschaftsmaschine" von Nützlichkeit und Schnelligkeit. Vielleicht könnte das freie Spiel des Denkens und des Empfindens die Wunden der Welt und des Scheins heilen, die durch gewalttätige und unmenschliche Fernsehsendungen, Spielkonsolen und Medien mitverursacht werden. Im Versuch einer Bestimmung des Spielelementes der Kulturen beschreibt Huizinga, wie in allen Völkern und in allen Lebensbereichen gespielt wurde.

Ursprung der Kultur im Spiel

Der niederländische Kunsthistoriker Johan *Huizinga,* (1872-1945) beschrieb in seinem Buch *Homo ludens* die Bedeutung des Spiels für die menschliche Entwicklung. Er wuchs in einer mennonitischen Predigerfamilie in Groningen auf. Sein Vater war Professor für Physiologie. Johan Huizinga interessierte sich schon früh für Sprachwissenschaften, Geschichte und philosophische Anthropologie. Er unterrichtete an verschiedenen Universitäten, war verheiratet und hatte fünf Kinder, die er nach dem frühen Tod seiner Frau 1914 allein erzog.

Die Universität in Leiden wurde 1942 wegen der deutschen Besatzung geschlossen. Huizinga wandte sich aktiv gegen den deutschen Antisemitismus. Aber in den Niederlanden gab es nicht nur Zustimmung für seine humanistische Haltung. Die Redaktion der *Historischen Zeitschrift* distanzierte sich von Huizinga, seine Artikel wurden nicht mehr gedruckt und in Deutschland bekam er Publikations- und Einreiseverbot. Er wurde auf die Fahndungsliste der Gestapo gesetzt. Huizingas Beispiel liess andere Professoren nicht kalt. Nach dem Einfall der Deutschen in die Niederlande 1940 hielten sie Vorträge gegen den Antisemitismus, worauf auch sie die Universität Leiden verlassen mussten. 1942 wurde Huizinga im Geisellager St. Michielsgestel interniert, jedoch aufgrund eines ärztlichen Gutachtens als nicht haftfähig wieder entlas-

---

[31] Safranski, Rüdiger: Schiller, dtv 2014, München, S. 413.

sen mit der Auflage, Leiden zu verlassen. Er war bereits zu bekannt und beliebt. Weltweiten Bekanntheitsgrad erreichte Huizinga durch sein Hauptwerk *Herbst des Mittelalters,* das 1919/1924 erschien.

Huizinga untersuchte in *Homo lundens* (1938) die Bedeutung des Spiels in allen kulturellen Schattierungen. Es geht ihm dabei nicht um eine psychologische Interpretation des Spiels, sondern um den kulturellen Anteil des Spiels. Unter Spiel versteht er:

- Eine freiwillige Handlung und Beschäftigung
- Innerhalb festgesetzter Grenzen von Zeit und Raum
- Durch Freiwilligkeit, aber bindende Regeln
- Hat es das Ziel in sich selbst
- Begleitet von Spannung und Freuden, anders als das gewöhnliche Leben.

Kultur entsteht in Form des Spiels, z.B. im Sport oder durch Verkleiden mit Masken. Verschiedene Völker und Lebensbereiche werden herangezogen, um Einblick zu gewinnen: Das Spiel bei den Indianern und Chinesen, bei den Griechen und Arabern, das Spiel in der Literatur, Philosophie, Dichtung und Kunst (Malerei, Mode, Baukunst, Theater, Musik, Tanz) und in verschiedenen Epochen (Altertum, Renaissance, Humanismus, Aufklärung, bis heute). So herrschten im Barock bunte Farben und üppiges Design vor, während in der darauf folgenden Periode des Rokokos feinere und zarte Zeichnungen (Meissner Porzellan) überwogen. Als im 19. Jahrhundert der Nützlichkeitsbegriff und die technischen Errungenschaften durch die industrielle Umwälzung in den Vordergrund rückten, schien das Spielerische weniger Platz zu haben.

> „Arbeit und Produktion wurden zum Ideal und bald zum Idol. Europa zieht das Arbeitskleid an. Gesellschaftssinn, Bildungsstreben und wissenschaftliche Beurteilung wurden die Dominanten des Kulturprozesses. (Dampfmaschine, Elektrizität)."[32]

Man erhoffte sich den Fortschritt durch technische Entwicklungen zu erreichen. Wirtschaftliche Kräfte werden die Kultur weiterbringen, wenn Realismus, Utilitarismus und Imperialismus die Vorherrschaft bekämen, was „...

---

[32] Huizinga, Johan: Homo Ludens, Pantheon 2007, Köln, S. 308.

der Idee des Spielens fremder ist als alles, was je zuvor in der Kultur zur Blüte gelangt war...", sagt Huizinga. Die Phantasie, das Ästhetische, das Vornehme, die Farbenvielfalt und das Geistige würden dadurch immer mehr verschwinden.

Natürlich kann man das Spielerische im Menschen nicht ganz unterdrücken. Je nach individuellem Erleben in der Kindheit und den Erfahrungen entwickeln sich Persönlichkeiten, die durchaus das Spielerische in ihr Leben und in ihre Handlungen einbauten.

Goethe schrieb z. B. in seinem lyrischem Gedicht *Maifest*:

> Wie herrlich leuchtet mir die Natur!
> Wie glänzt die Sonne! Wie lacht die Flur!
> Es dringen Blüten aus jedem Zweig,
> Und tausend Stimmen aus dem Gesträuch,
> Und Freud´ und Wonne aus jeder Brust.
> O Erd`, o Sonne! O Glück, o Lust!...

In den Gedichten merkt man deutlich, wie Spiel, Kultur und Kunst sich näher kommen. Bei Huizinga ist das Spiel ein Merkmal der sozialen Interaktion und eine freie Handlung der Beschäftigung. Er behauptet nicht, dass die Kultur aus dem Spiel hervorgeht, sondern „... dass Kultur in Form von Spiel entsteht,... dass Kultur anfänglich gespielt wird...",[33] und in manchen Fällen ihren Spielcharakter bewahre, wo man es nicht erwarten würde. Spiel und Ernst können ineinander übergehen: „Das Spicl schlägt in Ernst um und der Ernst in Spiel."[34]

Tätigkeiten in der Technik oder im Wettbewerb können nach Huizinga von spielerischen Elementen durchdrungen sein: Der Sportsmann spielt mit hingebendem Ernst und mit dem Mut der Begeisterung - der Schauspieler geht in seinem Spiel auf - der Geiger erlebt heiligste Erregung beim Spielen, der Keramikarbeiter bewundert sein gelungenes Werk. Es sind gefühlsmässige, kreative Elemente, die die Begeisterung auslösen.

Nur im Kriegsspiel kann man keine Freiheit, Freude, Kreativität oder Bildung entdecken. Da geht es ums Töten und Überleben. Selbst der Sieg ist nur auf

[33] Huizinga, Johan, Pantheon 2014, Köln, S. 75.
[34] Ebd., S. 13.

Kosten von unzähligen Menschenleben und Zerstörung zu haben. Von Kultur kann man dabei nicht sprechen, höchstens von Unkultur. Ebenso kann man die Fliessbandarbeit, Kinderarbeit oder Lohnarbeit kaum als kulturelle Beschäftigung ansehen und in ihr spielerische Elemente entdecken: „Um Lohn spielt man nicht, um Lohn arbeitet man!“, schreibt Huizinga. Pure Habsucht treibe nicht Handel und spiele nicht, meint Huizinga.

Aus Kindheitserinnerungen kennen wir den Spruch: Erst kommt die Arbeit, dann das Spiel. Bei einem Menschen, der in der Jugend einen idealen Beruf wählen konnte, den er mit viel Freude, Engagement und Interesse ausführt und damit auch Erfolg und Gewinn hat, kommt Vernunft (homo sapiens), Schaffenskraft (homo faber) und Spielerisches (homo ludens, zweckfreie Form) als Merkmal sozialer Interaktion und als Kulturschaffen zusammen. Menschen, die eingespannt sind in den täglichen Trott, beklagen sich häufig darüber, dass sie diese Möglichkeit nicht hatten und darum in ihrem Beruf nie ganz glücklich werden können.

Kreativität ist auch Kunstschaffen

Zwischen dem dritten und vierten Lebensjahr eines Kindes steigern sich die kreativen Fähigkeiten enorm. Es genügt dem Kind nicht mehr, um seiner selbst willen geliebt oder gelobt zu werden, es möchte wegen seiner Fertigkeiten und seinem Verhalten geschätzt sein. Es will andere beeindrucken und sucht nach einem Platz in der Gemeinschaft. Lebhafte Kinder fallen durch ihre Selbstverständlichkeit, ihren Mut, und ihre Hilfsbereitschaft auf. Sie haben ein starkes Selbstwertgefühl entwickelt, was ihnen ermöglicht, offen für Beziehungen zu anderen Kindern zu sein. Das Leben ist für sie nicht gefährlich, die Umwelt ist nicht feindlich, sie sind interessiert, stellen Fragen und erwarten Antworten. Mut ist der Glaube an sich selbst, Angst bedeutet das Gegenteil. Je mehr Mut das Kind erworben hat, je weniger muss es daran zweifeln, nicht anzukommen. Es verhält sich weder angeberisch noch schüchtern. Schwierigkeiten kann es leichter überwinden, weil es Zutrauen zu sich selbst hat und ist stolz, wenn ihm etwas gelingt. Es probiert immer wieder etwas aus. So erreicht es eine realistische Selbsteinschätzung. Kritik, Drängen und Ermahnungen können seine Persönlichkeit in Frage stellen, was sein Interesse trüben würde. Dagegen sollte die Anerkennung für seinen Einsatz und seine Ausdauer nicht ausbleiben. Im wohlwollenden Gespräch, in dem das Kind seine Ideen ohne Angst sagen kann, können zusätzliche Informationen von Erwachsenen eingebracht werden.

Beim Spiel des Kindes handelt es sich nicht um irgendeine aktive Tätigkeit, sondern um ein kreatives Tun, das gefühlsmässige und intellektuelle Bereiche miteinbezieht. Kinder drücken ihre Gedanken und Gefühle ganz spontan aus. Man sieht es an ihren Gesichtern, an ihren Gesten, an ihrem Verhalten im Spiel und ihren Worten, welche Bedürfnisse sie haben. Sie sind wie ein offenes Buch, in dem man lesen kann. Gefühle zeigen zu können, sind die Voraussetzungen für eine positive Freiheit.

> Der dreijährige *Bruno* schiebt sein Wägelchen zu einem Ahornbaum, der gerade viele Blätter verliert. Er sammelt die Blätter ein und bringt sie in eine Ecke des Gartens. Seine Ausdauer ist bemerkenswert, da gerade ein starker Wind weht und ihn in seinem Unterfangen behindert. Als der Haufen Laub immer grösser wird, legt er sich hinein und ist einfach glücklich.

Sein Bemühen, dieser Schwierigkeiten Herr zu werden, liess ihn erleben, dass Ausdauer zum Ziel führt. Bei diesem Prozess wächst die Geschicklichkeit und Kreativität des Kindes im Denken und im Handeln, und es lernt, durch Geduld und Hingabe Erfolg zu haben.

Über den Einfluss des Spiels auf die Kreativität des Menschen haben schon viele bedeutende Menschen geschrieben. Es sind Menschen, die auch als Erwachsene das Spielerische bei ihrer Arbeit nicht verloren haben. Wir denken da an die Künstler, die Forscher, Ingenieure, Lehrer, aber auch an die Bauern und Handwerker, die ihr Hobby zum Beruf gemacht haben und immer Neues kreieren.

Leider hat der moderne Mensch zu wenige Möglichkeiten, ein kreatives Leben zu führen. Er ist eingeengt in einen Beruf, der ihm wenig Freiheit lässt und nur knapp das Überleben sichert. Er muss sich anpassen und an Regeln halten, die andere für ihn aufgestellt haben. Selbst die Freizeit wird für ihn geplant. Manchmal kommen die Menschen erst in der Pensionszeit dazu, das zu machen, was sie schon immer machen wollten.

Spiel als Probehandeln

Wenn eine Spielgruppenleiterin ein ängstliches Kind in ihre Gruppe bekommt, stellt sich die Frage, wie sie ihm die Ängste nehmen kann. Sein Verhalten ist abweisend, es versteckt sich hinter der Mutter, beginnt zu weinen oder läuft durch den Raum, fasst dies oder jenes an, wie wenn es etwas suche, bis es eine Puppe findet, die es an sich drückt. Der gesamte Eindruck des Kindes vermittelt ein Gefühl der Unsicherheit gegenüber einer fremden Umgebung. Im Vergleich zur autoritären Erziehung, könnte die humanere Erziehung von heute Fortschritt bedeuten, wenn die Erzieher darauf verzichten würden, auf jeden Gedanken und Ausdruck des Kindes zu reagieren. Das ewige Erziehen erzeugt eine geistige Abhängigkeit, die die Persönlichkeit des Kindes nicht respektiert. Nicht das viele Reden erzieht es zur Rücksichtnahme und Selbstsicherheit, sondern eine ruhige Kommunikation und Anleitung zu einfachen Gewohnheiten. Wie *Montaigne* sagt: „Wir machen den Verstand sklavisch und feig, weil wir ihm nie die Freiheit lassen, etwas aus eigener Kraft zu tun... Man lehrt das Kind ein Musikinstrument handhaben, indem es sich darin übt! Aber man will die Kinder denken und sprechen lehren, ohne dass man sie denken oder sprechen lässt..." Die Ursache der Ängstlichkeit ist in den frühen Kindheitserlebnissen zu suchen; es ist die Art und Weise, wie die Eltern das Kind interpretiert oder gewisse Verhaltensweisen abgelehnt haben.

Ein Sohn aus gutem Hause drückte sich einmal so aus:

> „Wie sehr hätte ich eine Mutter gebraucht, die schweigen könnte, die mich eine Weile geduldig hätte gewähren lassen ..., die mir Ruhe und Stille geboten hätte - mit linder, guter Hand die Aussenwelt von mir abwehrend ... Ach, hätte ich eine Mutter, der ich den Kopf in den Schoss legen könnte und schweigen und träumen ..."[35]

Eltern sind oft überrascht, wenn ihre wohldurchdachten Erziehungsbemühungen scheitern. Ihre eigenen Ideale sind eben nicht unbedingt die der Kinder. Es ist eine andere Zeit, eine andere Situation und eine andere Wirklichkeit. Die Sorge ist das Unglück der Kinder, denn diese wollen wachsen und gedeihen in einer Atmosphäre des Vertrauens.

---

[35] Key, Ellen: Das Jahrhundert des Kindes, Beltz TB 1992, Weinheim und Basel, S. 117.

Das Spielen kann als Probehandeln gelten, welches Orientierung und Zuversicht geben kann. Das Kind erfährt so, dass unangenehme Situationen wie Hemmungen und Misstrauen überwunden werden können. Die Umwelt, die vorher als bedrohlich erlebt wurde, kann so realistischer wahrgenommen werden.

Ängstliche Kinder schicken gerne mutigere Kinder voraus, bewundern diese, versuchen aber nicht, es ihnen gleichzutun. Nur manchmal zeigen solche Kinder bei realer Gefahr mehr Mut als Angst, indem sie den Helden spielen, was ihnen aber nicht bewusst ist und darum auch gefährlich sein kann, weil sie zu wenig Erfahrung sammeln konnten. Bis ein Kind Verantwortung übernehmen kann, können viele kleinere Unfälle passieren. Mut ist gut, Ehrgeiz ist schlecht, weil dann oft Gefahren übersehen werden. Verständige Erzieher werden versuchen, einem ängstlichen Kind zu mehr Selbständigkeit zu verhelfen.

Wenn wir uns Gedanken darüber machen, wie Ängste entstehen, kommen weniger einmalige Traumata in Frage, sondern die gesamte emotionale Atmosphäre in einer Familie gibt den Ausschlag für die Bildung einer psychischen Grundstruktur beim Kind. Grundsätzlich kennen alle Menschen Angst, man spricht auch von Urangst. Diese sollte man aber nicht mit den Unzulänglichkeiten der Charakterhaltungen verwechseln. Die Urangst schützt vor lebensbedrohlichen Einflüssen: Es ist ratsam, die Gefahren des Autoverkehrs richtig einzuschätzen und einen Tiger in einem Zoo nicht zu streicheln. Das Kind muss also mit Hilfe der Erwachsenen lernen, zu unterscheiden und zu wählen.

Das Lernen beim Spielen

Es sollen verschiedene Situationen aufgezeigt werden, die für Spielgruppenleiter Anlass bieten, dem Kind zu helfen, gemeinschaftsverträgliche Lösungen einzuüben. Die Spielgruppenleiter brauchen psychologisches Verständnis, um bei Affekten und Gefühlsirritationen eine Vermittlerrolle einnehmen zu können. Dies wird ihnen umso besser gelingen, wenn sie mit Humor an die Sache herangehen. Optimismus soll die Grundstimmung in der Erziehung sein, was nicht heisst, dass sie die Fehlschläge des Kindes nicht ernst nehmen. Nur wenn der Erzieher weiss, dass auch er durch das Kind lernen kann, gerät er nicht in die „Bahnen des Autoritarismus" von früheren kulturellen Traditionen. Auch fortschrittlich denkende Pädagogen können in autoritäre Konzepte abgleiten, wenn sie Defizite in ihrer Selbsterkenntnis und Selbsterziehung aufweisen. Obwohl wir heute eine humanere Erziehung praktizieren, die Kinder nicht mehr mit Stock und Ablehnung bestrafen, theoretisch also für eine gewaltfreie Erziehung einstehen, wird in der Ausbildung zu wenig Wert auf die Selbsterkenntnis und Selbsterziehung des angehenden Pädagogen gelegt. Eine humane Erziehung heisst nichts anderes als: Mit den Kindern wachsen, lernen und sich entwickeln.

> Ein Kind bekommt zum Geburtstag einen kleinen Hund, den es sich schon lange gewünscht hat. Ein mutiges Kind wird sofort für den Hund einen geeigneten Platz in der Wohnung suchen, es wird wissen wollen, was er frisst, und ob es mit ihm spazieren gehen kann. Es wird Freunde einladen, um ihnen den Hund zu zeigen und um sich auszutauschen.

Das gesunde Kind hat immer einen Teil seines Interesses der Realität zugewandt. Seine Aufmerksamkeit richtet sich der unmittelbaren Umgebung und Gegenwart zu, den Mitmenschen, den Tieren oder den Pflanzen. Kommt jemand zu Besuch, begrüsst es den Ankömmling, beobachtet ihn und geht auf seine Fragen ein. Es steht mit seiner ganzen Persönlichkeit inmitten der neuen Situation. Es geht nicht darum, dass das Kind sich anständig benimmt und sich der Situation anpasst, sondern es geht um die Entwicklung seiner Persönlichkeit.

Damit kommen Lernprozesse in Gang: eine Aktivität, eine Beziehungsaufnahme und ein Dialog mit Gleichaltrigen und Erwachsenen. Im folgenden Beispiel erkennen wir wiederum, wie erfolgreich derjenige sein kann, der durch Zufall oder Anleitung einen Weg wählt, der das Gemeinschaftliche beinhaltet.

> Zwei Buben und ein Mädchen bauen mit Tisch und Stühlen ein Schiff. Sie einigen sich, dass alle drei Kapitäne sind. Da fällt ihnen plötzlich ein, dass sie auch Passagiere brauchen. Also rufen sie *Felix* und *Mauro* zu sich, diese spielen aber mit Autos und hören nichts. Da gehen die drei Kapitäne auf die zwei zu und versuchen, sie aufs „Schiff" zu zerren. Beide wehren sich, es wird immer lauter, sie drücken und stossen sich und sind zu einem Knäuel verwickelt. Da erinnert sich *Silvio* daran, dass man ein Problem auch anders lösen könnte. Auf jeden Fall ändert er seine Taktik, lässt von den beiden los und sagt ganz liebevoll: „Mauro, du kannst auf unser Schiff kommen." Mauro, der sich geschmeichelt fühlt, sagt ja und geht auf Silvio zu. Silvio legt seinen Arm um Mauros Schultern und führt ihn zum Schiff. Felix trottet hinterher und ist gar nicht glücklich. Nach einer Weile gemeinsamen Sitzens auf dem Schiff ergreift Felix die Initiative und sagt zu Mauro: „Komm wir gehen Autofahren." Und beide verschwinden wieder.

Mutige Menschen erkennen wir daran, dass sie sich für menschliche und ethische Werte einsetzen, indem sie für Fortschritt, Freiheit, Humanität, Fortbestand und Entwicklung der Menschheit eintreten.

Der ungarische Arzt, Ignaz Semmelweis (1818-1865) rettete viele Menschen durch seinen Einsatz für die Einführung besserer Hygienevorschriften in Spitälern. Durch Beobachtung entdeckte er das häufige Auftreten des Kindbettfiebers und brachte es in Zusammenhang mit dem misslichen Hygieneverhalten der Ärzte und des Krankhauspersonals. Hygiene galt zu jener Zeit als Zeitverschwendung. Ebenso wurden für das Entstehen von Kindbettfieber Witterungsverhältnisse und sonstige Erkrankungen verantwortlich gemacht. Nur wenige Ärzte unterstützten Semmelweis, trotzdem verbreiteten sich vernünftigerweise die Hygienemassnahmen insgeheim immer mehr. Leonhard Frank (1882-1961), deutscher Schriftsteller, hat nach dem Ausbruch des ersten Weltkrieges in der Schweiz das Buch *Der Mensch ist gut* geschrieben. Viele seiner deutschen Kollegen liessen sich von der Kriegspropaganda mitreissen, als ob Krieg ein Abenteuer wäre. Er empörte sich gegen diesen patriotischen Wahn und äusserte sich öffentlich dagegen, weshalb er in die Schweiz emigrieren musste. Nicht die sogenannten Kriegshelden sind die mutigen Menschen, sondern diejenigen, die trotz misslicher Zustände so mutig waren, sich gegen Gewalt zu wehren und andere aufzuklären.

Die Definition des Mutes lautet: „Mut, auch Wagemut und Beherztheit, bedeutet, sich in eine gefahrenhaltige, mit Unsicherheiten verbundene Situation zu begeben.“ Das kann die Bereitschaft sein, zu seinem Wissen zu stehen, sich für vernünftige Entscheide einzusetzen, sich einer schwierigen Prüfung zu stellen, oder sich aus der Bevormundung anderer zu befreien. Mut besteht aber auch in der Verweigerung einer unzumutbaren Tat, wenn Gefahr für sich und andere besteht: zu schnelles Autofahren, Drogenkonsum, Sachbeschädigung, Diebstahl usw. Beides erfordert eigenes Denken, Wertebewusstsein, charakterliche Stärke und Durchsetzungsvermögen. Immanuel Kant sagte einmal: „Habe Mut dich deines Verstandes zu bedienen.“ Verantwortliches Handeln erfordert Initiative und Tapferkeit, z.B. wenn jemand Menschen aus einer Notlage rettet, aus Feuer und Wasser ... oder bei Unfällen erste Hilfe leistet.

In der Erziehung bedeutet Mut, wenn Erwachsene sich für Kinder interessieren, sie zur Tat und zum Lernen ermutigen, ihre Geschicklichkeit fördern und ihnen ein positives Gefühl für andere Menschen vermitteln. Das Kind muss Vertrauen in die Mitmenschen und in seine eigenen Kräfte bekommen, es muss Erfahrungen sammeln können und sich Wissen, wie die Dinge funktionieren, aneignen: Sag‘ dem Kind, was es ist, und warum du der Meinung bist, dass man etwas so machen muss.

Die Erziehung zur Selbständigkeit ist sehr wichtig; das Kind muss selbst ausprobieren können, es muss aber auch Wissen vermittelt bekommen. Kooperationsfähigkeit ist nur denkbar mit einem gewissen Mass an Wissen und Mut, bei der die Lösung von Lebensfragen zu Tage tritt und sich für die menschliche Gemeinschaft wohltuend auswirkt. Mut hängt mit Intelligenz zusammen: Im richtigen Moment, das Richtige tun. Es ist kein soldatisches Heldentum, denn dazu braucht es eine Selbstmordtendenz.

Mut braucht es zum Kooperieren, zum Lernen und Lieben, zu Toleranz und Bescheidenheit, zu den Schwierigkeiten anpacken und Hindernisse überwinden, zu Menschlichkeit und sozialem Fortschritt, zur Wandlungsfähigkeit und Tüchtigkeit. Das Leben ist nicht nur Geldverdienen oder Streben nach Macht. Der Erzieher sollte nie vergessen, dass er Vorbild für die junge Generation ist. Er kann nicht dem Kind etwas vorspielen, sondern er sollte authentisch auftreten. Lügen und vertuschen sind Gift für das Kind und untergräbt das Vertrauen.

Freiwilligkeit und eigene Bedürfnisse

Nach Weihnachten waren nur fünf Kinder in der Spielgruppe, einige waren krank, andere noch in den Ferien. Auf die Frage, was die Kinder heute machen wollen, will *Heino* kneten, zwei andere mit den Puppen spielen. *Lenard* und *Peter* stehen gelangweilt herum, wollen aber nicht kneten. Die Spielgruppenleiterin schlägt vor, ein Buch anzuschauen. Lenard lehnt ab und geht zu Heino kneten. Peter holt ein Tierbuch, das er sehr gerne mag: Junge Mäuse, Schlangen, Fische, Vögel. Bei den Fischen fragt die Leiterin Peter, ob das Kaulquappen sind. Er bejaht. Da protestiert Lenard aus seiner Ecke. Er kommt und erklärt, dass aus Kaulquappen Frösche werden und nicht Fische. Die Pädagogin bedankt sich und sagt: „Danke Lenard, jetzt wissen wir es auch." Nun schauen sie das Buch zu dritt weiter an. Peter wird leicht nervös, will weiterblättern, nur die Bilder anschauen und nicht darüber reden wie Lenard, der jetzt ganz interessiert ist. Als dann auch noch die anderen Kinder kommen, geht Peter zum Knettisch.

Wir können annehmen, dass Peter nervös wird, wenn ein anderes Kind es besser weiss. Es scheint so zu sein, dass er sich alleine sicherer fühlt. Wir werden ihn also in eine Situation bringen, wo *er* was weiss, und wir ihm danken können, damit er die Erfahrung macht, dass die Gemeinschaft interessant sein kann und Nichtwissen nichts Schlimmes ist, da wir alle am Lernen sind.

Die Erforschung des Problems der Nervosität wird hauptsächlich durch Beobachtung und Kommunikation in unterschiedlichen natürlichen Situationen möglich.

> Nach der Pause spielt *Peter* mit zwei anderen Kindern mit der Holzeisenbahn. Plötzlich wird Peter laut, er erklärt *Sean,* warum man mit dem Zug immer eine Richtung einhalten muss. Dieser droht ihm mit seinem älteren Bruder. Peter lässt sich nicht beirren und erklärt seine Position noch einige Male. So streiten die beiden wortgewaltig die längste Zeit miteinander. Nach einiger Zeit tritt plötzlich Ruhe ein. Sean hat verstanden. Als Peter abgeholt wird, erzählt er der Mutter sofort, was er alles gemacht hat.

Das Verhalten eines nervösen Kindes besteht hauptsächlich in seiner Überempfindlichkeit und Ungeduld. Es gerät schnell in Affekt, wenn es etwas nicht sofort haben kann oder ihm etwas nicht gelingt, es hat wenig Selbstvertrauen, kann nicht warten, da es sonst eine Niederlage befürchtet. Durch einen Zornausbruch glaubt das Kind die Situation zu seinen Gunsten verändern zu können. Einen Kameraden zu beschuldigen, bloss zu stellen, anzugreifen scheint ihm der beste Weg zu sein. An andere Möglichkeiten, sich durchsetzen zu können, glaubt er nicht.

Der Psychologe Roland Wölfle, Psychotherapeut einer Drogenklinik, schildert aus seiner Praxis den Zustand von jungen Männern, die bei ihm Hilfe bekommen. Bis auf zwei vertraten alle die Meinung, dass „ein bisschen Schläge" für ein Kind gut sei. Vielleicht hätte man sie sogar zu wenig geschlagen, dann wären sie vielleicht nicht drogenabhängig geworden. Als Roland Wölfle die Eltern befragte, ob sie bei Strafen und Schlägen in der Kindererziehung ungute Gefühle gehabt hätten, sagten sie: „Was hätten wir denn tun sollen, wenn Kinder nicht gehorchen?" Die meisten Patienten hatten erfahren, unerwünscht zu sein... sie hatten Eltern, die überfordert und oft müde oder aggressiv waren, die keine Zeit hatten, die an alles Mögliche dachten, nur nicht an ihre Kinder.[36] Durch Drogenentzug, Aufklärung, Einüben neuer Lebensmodelle und besseren Beziehungen lernten die Jugendlichen allmählich, ihre Nervosität in den Griff zu bekommen und mehr Selbstwertgefühl zu entwickeln. Die Erzieher machten sich auf den Weg, sich Alternativen zu Lob und Strafe anzueignen.

„Wenn jemand dem Kind Schokolade verspricht, wenn es Flötenspielen üben soll, der muss sich nicht wundern, dass die Tage des Flötenunterrichts gezählt sind. Eltern, die so denken, halten ihre Kinder möglicherweise für eine Art Seehund, welcher einen Fisch bekommt, wenn er durch einen Reifen springt",[37] sagt Wölfle. Alles was unfrei mache, widerspreche den individualpsychologischen Grundsätzen der Erziehung. Beim Operieren mit Angst, Drohungen oder Geschenken erreiche man bestenfalls eine Anpassung. Beim Erlernen von etwas Neuem gehe es aber um etwas ganz anderes und viel Wertvolleres, z.B. um Selbständigkeit, Wachstum, Anerkennung, Unabhängigkeit und Freude.

Ein guter Mitspieler sein

Pierino ist ein hübscher Junge von mittlerer Grösse und kräftig, er spielt gerne auf der Geige. Kommt er nicht als erster dran, ist er beleidigt und stört das Spiel. Er spielt gern den Lehrer für jüngere Kinder, wodurch er seine negative Aktivität ins Positive kehren kann. Mit kleineren Kindern kann er gut umgehen, indem er ihnen mit viel Geduld und auf verschiedene Art und Weise einfache Regeln eines Spiels erklären kann. Er vereinfacht die Regeln soweit, bis die Kinder sie verstehen. Zum Beispiel „Mein rechter Platz ist leer, ich wünsche mir *Amina* her", kann *Werner* noch nicht sagen. Also erklärt Pierino dem Werner: „Du musst nur die Hand auf den leeren Stuhl legen und den Namen des Kindes sagen, dass du zu dir rufen willst."

Beim Spiel „Lueget nid ume, de Fuchs gaht ume ..." (schaut nicht herum, der Fuchs geht umher) macht Pierino es richtig vor, und die Kinder imitieren ihn. Die Lehr- und Lernsituation wird zu einem lustigen Spiel, als er das Tuch hinter ein Mädchen legt und dieses ihn fangen muss.

---

[36] Wölfle, R.: Wo ich war, soll Gemeinschaft werden, Waxmann 2015, Münster, S. 503.
[37] Ebd., S. 316.

Pierino hat jüngere Geschwister, er versucht also wie in seiner Familie, seine Rolle in der Gemeinschaft zu finden. Die Situation des Ältesten ist insofern günstig, als dass man ihm viel Kraft und Klugheit zumuten kann. Wenn seine Entwicklung günstig verläuft, dann werden wir Züge der Verantwortung bei ihm finden. Er kann aber auch ein Gefühl der Macht und Grösse gegenüber anderen ausspielen und im negativen Sinn Hüter der Ordnung werden, indem er über die anderen bestimmt und sie nicht aufkommen lässt. In der Gruppe, unter Anleitung der Erzieherin, kann er sich Rücksichtnahme und Hilfsbereitschaft aneignen. Wie Alfred Adler ausführt, kann ein Kind nur ein Überlegenheitsgefühl gegenüber anderen entwickeln, wenn es bei der Geburt eines Geschwisters das schmerzliche Gefühl der Entthronung in seiner Familie erlebt hat. Die Gefahr, in die Minderwertigkeit abzurutschen, die sich gegen das eigene Wohl richtet, löst das Streben nach Grösse und Überlegenheit aus, und sollte beim Kind im Rahmen einer fortschreitenden seelischen Entwicklung gesehen werden und als ein Verlangen nach Überwindung von Lebensschwierigkeiten.

Durch die Erfahrung in der Gruppengemeinschaft kann ein gesundes Selbstwert- und Verantwortungsgefühl entstehen. Die Spielgruppe bietet viele Möglichkeiten des „Feedbacks"; die Wirkung von Handlungen und Äusserungen der Kinder und der Erzieher kann verschiedene individuelle Reaktionen hervorrufen. Wer aufmerksam ist, kann erkennen, wie seine Haltung oder seine Worte beim anderen angekommen sind.

Im Spiel die Zeit vergessen

„Die Zeit, ist ein sonderbares Ding" schrieb einst der österreichische Schriftsteller Hugo von Hofmannsthal. Sie ist es, die den Menschen immer wieder in die Quere kommt. Wenn das Kind spielt, vergisst es die Zeit und die Umgebung und ist ganz in seine Tätigkeit vertieft. Plötzlich springen die Kinder auf, laufen herum, spüren Hunger oder haben Fragen nach dem Ende der Spielgruppe. Was ist passiert? Haben sie etwas fertig gemacht oder ist die Aufmerksamkeit verschwunden? Eines ist sicher, hätte man die Kinder vorher gestört, dann hätten sie sich gewehrt.

Ein Einzelkind konnte nicht alleine spielen, da immer die Grossmutter da war, um mit ihm etwas zu machen. Als diese nach einiger Zeit zurück in ihre Heimat ging, und die Eltern das dreijährige Mädchen in eine Kinderkrippe gaben, geschah mit dem Kind eine grosse Verwandlung. Zuhause war das Kind nicht mehr zu hören. Wo war *Judith*? Sie spielte hinter der Türe des Kinderzimmers ruhig und ganz vertieft. Sie hatte in der Krippe spielen gelernt, und es war ihr gar nicht mehr langweilig.

Wenn wir also später das Gefühl haben, wir hätten zu wenig Zeit, dann könnte das davon abhängen, dass wir als Kind beim Spielen gestört wurden: „Mach schneller, wir kommen zu spät. Du kannst es später fertig machen. Hör jetzt auf. Du siehst doch, dass ich jetzt keine Zeit habe!" Kinder brauchen Zuwendung und Zeit. Selbst wer vielbeschäftigt ist, soll sich wenigstens eine halbe Stunde voll und ganz dem Kind widmen, mit ihm spielen, sich unterhalten, das Kind anhören. Das Seelenleben des Kindes wird erst durch die Aufmerksamkeit der Erwachsenen angeregt. Fürsorglichkeit, Interesse und Liebe führen erst zu einem Wir-Erlebnis. Das Kind erzählt dann begeistert davon: Wir haben das und jenes zusammen gemacht, wir haben uns das überlegt, usw.

Schnelligkeit wird sich da schädlich auswirken, wo die natürliche Fähigkeit untergraben wird, sich in Ruhe auf Menschen, Dinge und Interessen einzulassen. Unter Stress werden dem Kind Erfolg und Freude am Ausprobieren genommen. Wenn wir glauben, wir müssten immer schneller werden, damit das Wachstum und die Entwicklung erhalten bleibt, dann sind wir auf dem Holzweg, denn wie es sich täglich zeigt, werden die Menschen durch Stress krank und das Zusammenleben wird gestört. Jede Generation, die genügend Zeit und Geld in die Ausbildung investiert, wird dafür belohnt werden. Im Spiel lebt das Kind in der Welt der Fiktion. Es ahmt Situationen nach, die es bei Erwachsenen beobachtet hat. Plötzlich will es spontan mit seinem Vater telefonieren, und weil das Telefon gerade von einem anderen Kind besetzt ist, reisst es an der Schnur des Hörers. Dieses wehrt sich, und es gibt Streit. Jeder fühlt sich auf seine Weise im Recht. Natürlich denken wir Erwachsene nicht immer im Voraus daran, was Kinder bewegen könnte, wenn sie streiten. Früher hätte man ohne weiteres mit dem Störenfried tüchtig geschimpft, ihn an den Ohren gezogen oder ihn weggewiesen. Doch das hat meistens nichts geholfen, im Gegenteil das Kind wurde störrischer und hatte überhaupt nicht begriffen, was ihm passiert ist.

Das Kind im Spielgruppenalter bewegt sich ganz spontan nach seinen Bedürfnissen:

> Als *Elena,* ein Ausländermädchen, in die Spielgruppe kommt, bittet die Spielgruppenleiterin sie, sich neben einen netten Buben zu setzen. Sie reagiert nicht. Vielleicht neben ein Mädchen? Sofort steht sie auf und geht dorthin. Da Elena fast kein Wort Deutsch versteht, spielen die zwei zusammen, ohne sich zu verständigen. Als Buben mitspielen wollen, drängt Elena sie aus der Puppenecke, und wenn diese sich wehren, schlägt und beisst sie.

Die Spielgruppenleiterin rät den Buben, sie vorläufig in Ruhe zu lassen. Ein Gespräch mit dem Vater ergibt, dass er schon befürchtet hatte, dass Elena Schwierigkeiten bekommen wird. Er will versuchen, mit Elena zu sprechen. Er sagt ihr, dass sie in der Spielgruppe lernen kann, in Frieden mit allen Kindern zu spielen, zu teilen und Rücksicht zu nehmen, und dass sie keine Angst vor den Buben haben muss, dass diese ihre Freunde sein wollen. Am nächsten Tag kommt Elena in die Spielgruppe, setzt sich zu einem Mädchen und macht ruhig beim Brötchenbacken mit. Plötzlich bricht es aus ihr heraus. Sie steigt auf eine Fensterbank und lamentiert von oben auf die Kinder herab. Dann springt sie herunter und sagt jedem Kind etwas ins Ohr. Mit einiger Zurückhaltung lassen die Kinder es geschehen. Elena lacht und ist glücklich. Es ist ein Anfang zur Versöhnung.

Später spielen einige Kinder mit ihr Arzt, da überwältigt es Elena wieder, sie reisst *Rolf* das Stethoskop aus der Hand und als dieser es nicht geben will, versucht sie zu beissen. Die Spielgruppenleiterin erklärt den Kindern, dass Elena nichts versteht und sie mit ihr Geduld haben müssen. Rolf gibt nach und nimmt eine Schere, um Bänder zu schneiden. Als Elena das sieht, gibt sie ihm das Stethoskop zurück und will dafür die Schere haben. Von da an wechseln sie öfters die Sachen, wobei sie sich jedes Mal anlachen.

In der Elterngruppe kommen diese Vorfälle zur Sprache und es wird über verschiedene Kulturen gesprochen: Dass z.B. in der Schweiz kein Unterschied zwischen Mädchen und Buben gemacht wird; dass Menschen voneinander durch Verstehen und Verzeihen lernen wollen. Rachegedanken werden nicht gezüchtet, denn, wenn das Opfer sich rächt, wird es wieder zum Täter, das kann so schlimm enden, dass keiner mehr dem anderen trauen kann.

Eine Mutter stellt die Frage, ob Kinder nicht auch streiten müssen. Dies ist sicher nicht zu vermeiden, wenn so viele verschiedene Persönlichkeiten zusammen kommen und jeder ein Problem auf seine eingeübte Weise zu lösen versucht. Es gibt sicher viele Missverständnisse, und es gibt in einer Gruppe vieles, was die Kinder erst lernen müssen. Aber dafür hat die Spielgruppenleiterin eine Ausbildung gemacht und ist dafür da, die Kinder zu verstehen und ihnen zu helfen. Gewisse Sachen sind nicht erlaubt, und das wissen viele Kinder auch vom Elternhaus her: Spielsachen dürfen nicht kaputt gemacht werden, ausser ein Kind zerlegt etwas, um zu forschen oder um etwas auszuprobieren; Kinder sollen ihre Stärken nicht an kleineren oder schwächeren Kindern ausprobieren; sie dürfen nicht anderen Kindern das Werk zerstören. So lernen Kinder, sich allmählich zu integrieren.

Jeder Mensch hat eine Individualität, die er sich im Laufe seines Lebens erworben hat. Sie ist nicht so sehr in der Erbmasse zu suchen, sie ist eine Schöpfung des Kindes. Eines Menschen sozialer Habitus und seine Identität manifestiert sich in der Haltung, im Benehmen, Auftreten, in der Sprache, im Denken, Fühlen, Handeln und ist verschieden vom anderen. Feine Unterschiede können sich bereits ergeben, wenn jemand in einem anderen Land aufgewachsen ist. Sie sind im ständigen Dialog mit allen biologischen, sozialen, familiären und gesellschaftlichen Einflüssen entstanden und Gewohnheit geworden. Eine Person ist z.B. in Syrien in ländlicher Umgebung aufgewachsen und lebt jetzt in Zürich. Seine Familie, Verwandte, Freunde und Kameraden sind weit weg, er ist das erste Mal allein und auf sich gestellt. Er wird sich Freunde suchen, zuerst unter gleicher Nationalität, dann unter Ausländern, die das gleiche Schicksal haben und dann langsam auch unter den Einheimischen. Selbst wenn er sich zurückzieht, ist er ausgerichtet auf den anderen, die Umwelt und die neue Umgebung und kann nur glücklich sein, wenn es ihm gelingt, dazu zu gehören. Trotzdem wird es ihm schwerfallen, die alten Gewohnheiten hinter sich zu lassen, er wird es zunächst als Identitätsverlust erleben. Die Angst, die dabei natürlicherweise entstehen kann, wird er ignorieren oder kompensieren, weil er die Abhängigkeit vom anderen empfindet. Erst wenn die Angleichung beiderseits gelingt, kann Integration funktionieren.

Erziehung als Spiel

Auch die Erziehung ist ein schöpferischer Akt. Wie das Kind, das die Welt erst erforschen muss, halten die Eltern das Neugeborene in ihren Armen und müssen erst lernen, mit ihm umzugehen. Kind wie Eltern stehen am Anfang einer Entwicklung: Beim Kind das spielerische Erkunden von Gegenständen und die Fähigkeit sein Gegenüber zu erkennen. Bei der Mutter die Fähigkeit dem Säugling kindgerecht als Du zu begegnen, ohne es zu verletzen. So wächst die keimende Persönlichkeit des Kindes an der mütterlichen Liebe und Zuwendung zu menschlicher Solidarität heran. Die Eltern haben sich meistens schon vorher Gedanken gemacht, gewisse Handgriffe gelernt, ein Buch gelesen oder Ratschläge entgegengenommen, trotzdem ist es für sie etwas Neues.

Jede starre Vorstellung über Erziehung ist von vorn herein zum Scheitern verurteilt, da wir es mit einem lebenden Wesen zu tun haben, das auf jede Haltung reagiert. Ruf und Echo, Gefühlsäusserung und Gefühlserwiderung sind das Lebenselement, in welchem das Kind atmen und wachsen kann. Nur eine kreative, liebevolle Art der Kommunikation kann Erfolg haben. Erziehung kann eine spielerische Komponente enthalten.

Wie der Künstler, der vor einer leeren Leinwand steht und sich schon vorher Gedanken über das Bild macht, das er aber dann je nach Intuition und Stimmung gestaltet, entstehen bei den zukünftigen Eltern Bilder vom zukünftigen Erdenbürger. Die Mütter gebären nicht nur die Kinder, sie machen aus ihnen Menschen, indem sie ihnen Liebe, Wärme und Glauben an das Leben vermitteln. Im mütterlichen Du formt sich das kindliche Ich. Es wird lebenslang jene Prägung behalten, die ihm sein erster Mitmensch gegeben hat.

Der mutige und sozial denkende Erzieher entfaltet ein lebhaftes Interesse am Kind und lehrt es Schwierigkeiten zu überwinden. Wie ein Maler, der unzufrieden ist mit seinem Bild, nicht aufhört zu malen, kann der Erzieher durch Zuversicht und neue Hoffnung das Kind ermutigen. Jedes Kind ist vielversprechend, auch wenn es im Moment Probleme hat. Diesen Optimismus sollten die Eltern haben und ihre vielleicht ängstliche Einstellung zu Gunsten kreativer Lösungen ändern. Eine Gefahr besteht darin, dass sich Eltern, die Schwierigkeiten mit Kindern haben, isolieren und damit aufgeben etwas zu lernen. Hilfreich ist für sie, sich mit anderen Eltern auszutauschen. Das Kind für sein Fehlverhalten verantwortlich zu machen, ist sinnlos. Es zeigt ja nur, wie sein Verständnis für etwas gediehen ist.

Man findet bei schwierigen Kindern immer auch gute Eigenschaften an die man ansetzen kann. Ein Kind meiner Spielgruppe konnte schon sehr gut malen, hatte aber beim Spielen mit anderen Kindern Mühe. Als ich es bat, einige seiner Zeichnungen von zu Hause in die Spielgruppe mitzubringen, fühlte es sich anerkannt und konnte dieses Erlebnis auf seine Kameraden übertragen.

Wie wird aus einem klugen Kind ein kluger Erwachsener?

> „Förderung der Intelligenz von Jugendlichen (und Kindern) bedarf der Intelligenz seitens der Erwachsenen... Darum sollten die Erzieher stets um ihre eigene Fortbildung bemüht sein, wenn sie gebildete Kinder heranziehen wollen... Man erzieht durch das, was man ist - nicht durch das was man intendiert (beabsichtigt)... Daher sollen in der Intelligenzerziehung die Ermutigung und der Sozialkontakt im Mittelpunkt stehen. Die Gefühlspädagogik ist Basis und Fundament der Pädagogik generell.“[38]

Das Ziel einer gelingenden Erziehung ist wie das Spiel des Kindes: Neugierde, Interesse, Begeisterung, Ausdauer, Motivation zu etwas Neuem, Altes sich abgewöhnen, ein guter Mitspieler sein, die Zeit vergessen.

---

[38] Rattner, J./ Mackenthun, G.: Kulturanalyse und Psychotherapie, 60 Fragen und Antworten, Tiefenpsychologie 2015, Berlin, S. 156.

3) Grundelemente der Persönlichkeitsbildung

Grundsätzliches zur Freiheit

Freiheit heisst, zwischen verschiedenen Möglichkeiten entscheiden und wählen zu können; es ist ein Zustand der Unabhängigkeit, des autonomen Handelns, der freien Meinungsäusserung, der Freiheit zu zweifeln, der Selbstbestimmung und der Selbstverwirklichung. Freiheit ist die Grundlage jeder guten Beziehung und jeder gelungenen Interaktion. Die Würde des Menschen kann nur in freiheitlicher Wechselbeziehung zwischen Menschen entstehen. Freiheit ist ein Bedürfnis des Menschen und gehört zur Persönlichkeitsbildung. Darum werden aufgeklärte Eltern und Erzieher auf die Eigenständigkeit des Individuums in der Erziehung achten und die Gemeinschaftsfähigkeit fördern, denn was dem anderen schadet, schadet auch dem Einzelnen. Damit das freiheitliche Denken in der Gesellschaft und in den Beziehungen zwischen Menschen Einzug halten kann, wäre es von Nutzen, Vorurteile abzubauen und humanistisches Wissen zu fördern. Auf der Basis der Freiwilligkeit des Einzelnen, der Jüngsten oder der Ältesten, der Schüler oder der Lehrer, des Kindes oder der Eltern, könnte eine gleichwertige Beziehung entstehen, wenn sich der Umgang ohne Zwang gestalten und alle hierarchischen Strukturen abgeschafft würden.

Die soziale Natur des Menschen

Es scheint mir sinnvoll zu sein, das Wissen über die Natur des Menschen in den Mittelpunkt der Betrachtung zu stellen, um zu schlüssigen Aussagen zu kommen. Besonders in der Frage der Erziehung müssen wir davon ausgehen, dass keine Aussage Gültigkeit erlangt, ohne die soziale Natur des Menschen miteinzubeziehen.

Schon bevor die wissenschaftliche Forschung der menschlichen Psyche ihre Erkenntnisse bekannt gab, haben sich viele bedeutende Philosophen (Aristoteles, Kropotkin, Stirner, Dilthey, Buber u.a.) mit dem Wesen Mensch beschäftigt. Sie können mit Recht als Vorläufer der Psychologie gelten, da ihre Beobachtung zum Teil Erstaunliches an den Tag brachte. So beschrieb Aristoteles den Menschen schon 384 v.Chr. als einen „zoon politikon“, was besagt, dass der Mensch ein geselliges Wesen ist.

So pflegen Menschen das hilflose Neugeborenen, das deutet auf die soziale Natur des Menschen hin. Würden die Pflegepersonen wegfallen, wäre ein Überleben nicht möglich. Andeutungsweise sei darauf hingewiesen, dass das Menschenkind von Anfang an bemüht ist, einen Weg in die familiäre Gemeinschaft zu finden, und das unterstützt wiederum die Erziehungsbemühungen der Eltern. Wenn Aristoteles den Menschen als geselliges Wesen beschreibt, können wir ihm zustimmen, denn ein Ich ist ohne ein Du nicht vorstellbar.

Martin Buber beschäftigt sich in seinen Schriften intensiv mit dem dialogischen Prinzip und kam zum Schluss, dass dieses einen entscheidenden Einfluss auf die Beziehungen ausübt. Das wurde schon von W. von Humboldt, J.G. Fichte und L. Feuerbach geahnt. Fichte sagte 1797: „Das Bewusstsein des Individuums ist notwendig von einem anderen, dem eines Du, begleitet und nur unter dieser Bedingung möglich.“[39] Das menschliche Beziehungsstreben führt das Kind zu vielen Begegnungen, wodurch sich das Ich des Menschen

[39] Wehr, Gerhard: Matin Buber, rororo 1986, Reinbek bei Hamburg, S. 7.

ständig erweitert. In seinem ganzen Leben befindet er sich in einer natürlichen Wechselbeziehung zu einem Du. „Der Mensch wird am Du zum Ich" (Buber). Deshalb darf die Erziehung nicht nur auf die Ausbildung reduziert werden. Wenn also die Begegnung für die Entwicklung des Menschen so bedeutend ist, so Buber, dann wäre das Entscheidende in der Erziehung der Kinder: „... sie zu lehren, nicht was ist und nicht was sein soll, sondern wie ... im Angesicht des Du gelebt wird." Und das bedeutet eine Erziehung zur Freiheit: „Der freie Mensch ist der ohne Willkür wollende... Er glaubt an die reale Verbundenheit der realen Zweiheit... er begegnet."[40]

Manche Eltern machen sicher instinktiv das Richtige, wenn sie das Kind zum Nachdenken anregen, indem sie z.B. auf das Ruhebedürfnis der Nachbarn aufmerksam machen. Gemeint ist nicht: Das darfst du, das darfst du nicht. Besser ist, wenn Eltern dem Kind erzählen können, wie sie selbst um eine Entscheidung gerungen haben, die das Wohl des anderen miteinbezog.

Bedauerlicherweise ist diese Erkenntnis noch nicht Allgemeingut geworden. Das ist vor allem deshalb, weil Eltern und Erzieher noch im alten autoritären Menschenbild erzogen wurden, und deshalb das soziale Streben des Kindes nicht sehen. Mit anderen Worten: Solche Eltern neigen dazu, ihre Unterstützung an Bedingungen zu knüpfen, was es dem Kind schwer macht, die Anregungen der Erzieher zu akzeptieren. Kinder haben von Natur aus die Neigung zu hinterfragen und zu forschen. Aus diesem Grunde ist es nicht nötig, das Kind zur Kooperation zu zwingen, das Kind kooperiert ohne Zwang. Zwang und Gewalt erstickt beim Kind das natürliche Bedürfnis zur Mitarbeit. Leistungsbereitschaft gedeiht nur, wenn es den Kindern Spass macht, etwas herausgefunden oder bewältigt zu haben. Zusammenarbeit kann nur auf freier Grundlage entstehen, in einer Beziehung, in der man miteinander spricht, keiner ausgeschlossen wird und niemand sich über den anderen stellt.

Eine Erzieherin erzählt, wie Kinder spontan ihre Solidarität zeigen können:

> Am Anfang der Stunde gesteht sie den Kindern, dass sie leider das Buch, das sie ihnen versprochen hat, zu Hause liegen gelassen habe. *Karin* meldet sich und sagt: „Hier, nehmen sie schnell dieses, das ist auch schön." Und der kleine *Karl* meint: „Ich habe auch schon Sachen vergessen, das macht nichts." *Lilly* sagt darauf: „Sie können es ja nächs-

[40] Ghaemmaghami, A.: Ganzheitl. Drogentherapiemodell, 1986, Zürich, S. 286.

tes Mal mitbringen.“ Die Kinder empfinden die Bedeutung, die die Spielgruppenleiterin für sie hat, und wie sie ihr helfen können. Und diese erkennt den Zusammenhang des Problems mit den Verhaltensweisen der Kinder. Kinder sind hilfsbereit und solidarisch, wenn sie dies als selbstverständliche Lebensform erfahren haben.

Der Mensch besitzt Anlagen, die ihn zum sozialen Wesen machen. So ist ihm die Voraussetzung, eine Sprache zu entwickeln, angeboren. Dasselbe gilt auch für alle anderen Gebiete. Astrid Lindgren sagte 1978 in Frankfurt:

> „'In keinem Kind schlummert ein Samenkorn, aus dem zwangsläufig Gutes oder Böses spriesst. Ob ein Kind zu einem warmherzigen, offenen und vertrauensvollen Menschen im Sinne des Gemeinwohls heranwächst oder aber zu einem gefühlskalten, destruktiven, egoistischen Menschen, das entscheiden die, denen das Kind in dieser Welt anvertraut ist, je nachdem, ob sie ihm zeigen, was Liebe ist oder aber dies nicht tun. Überall lernt man nur von dem, den man liebt!', hat Goethe einmal gesagt, und dann muss es wohl wahr sein.“

Ein Kind, das von seinen Eltern liebevoll behandelt wird und das seine Eltern liebt, gewinnt dadurch ein liebevolles Verhältnis zu seiner Umwelt und bewahrt diese Grundeinstellung sein Leben lang. Und das ist auch dann gut, wenn das Kind später nicht zu denen gehört, die das Schicksal der Welt lenken. Sollte das Kind aber wider Erwarten eines Tages doch zu den Mächtigen gehören, dann ist es für uns alle ein Glück, wenn seine Grundhaltung durch Liebe geprägt worden ist und nicht durch Gewalt.

Diese eindrücklichen Worte von Astrid Lindgren lassen erahnen, wie sozial denkende Menschen entstehen können. Der Mensch strebt naturgemäss nach dem Guten und sucht Wege, das Übel zu überwinden. Findet er solche Wege, dann ist er glücklich.

Der Mensch ist von Natur aus „gut“, ein Gemeinschaftswesen, kein Raubtier. Gute Bedingungen sorgten in der Geschichte der Menschheit, dass sich die Intelligenz im Laufe von einer Million Jahren entwickeln konnte. Als Gruppenwesen war der Einzelne noch kein Individuum; aber in der Familie, im Clan oder Stamm konnte er überleben. Er entwickelte sich zum klugen Handwerker (Verstand) und hatte ein reiches Phantasieleben, das sich später in Kunst, Religion und Mythen (Vernunft, Philosophie) manifestierte. Er musste sich selbst soziale Gesetze geben. In der gegenseitigen Hilfe und durch die Entwicklung der Sprache nahm die kulturelle Evolution seinen Anfang. Mit der Erfindung des Krieges, des Patriarchats, der Ausbeutung usw. verliess er den Weg der Naturgesetze, indem er einen falschen Weg einschlug und sich selbst zum Opfer wurde. Wenn wir Gesetze der Mitmenschlichkeit und Naturgesetze (wie Verschmutzung der Luft und des Wassers, Ausbeutung des Bodens, Kriege etc.) nicht beachten, tragen wir zum Untergang des Lebens auf der Erde selbst bei.

Die Freiwilligkeit

Rousseau hat die Freiheit folgendermassen formuliert: „Die Freiheit des Menschen liegt nicht darin, dass er tun kann was er will, sondern dass er nicht tun muss, was er nicht will." (Aphorismen)

Erst durch die Freiwilligkeit - damit ist nicht das „Laissez faire" gemeint - gelangen Kinder zu ihrer Spontanität und Solidarität. Wenn wir sie ins tägliche Geschehen einbeziehen, helfen sie gerne mit und leisten einen Beitrag zur Lösung eines Problems.

> „Ein Kind zu etwas zu zwingen, das es nicht wolle, sei immer ein schwerwiegender Eingriff in seine Freiheit... Das Individuum, das in seiner Kindheit Zwang erfahren habe, laufe immer Gefahr, die Freiheit anderer zu missachten oder aber seine eigene an sogenannte Autoritäten abzugeben."[41]

Damit wird der autoritären Erziehung eine Absage erteilt, die mit Angst operiert. Irrige Meinungen sind: Die Ohrfeige zur rechten Zeit, hat noch niemandem geschadet; es sei nicht möglich, ohne Strafe zu erziehen; man muss dem Kind Grenzen setzen. Diese Äusserungen sind dazu da, das Kind in eine Form zu pressen. Eine Erziehung zu Freiheit, Gleichheit, Solidarität (Brüderlichkeit) ist das nicht. „Natürlich müsse man dem Kind je nach seinem Alter zeigen, wie es sich benehmen kann. Aber wie kann das gehen? Sicher nicht wie auf dem Kasernenhof!" gibt Liebling zu bedenken.[42]

---

[41] Fellay, Gerda: Friedrich Liebling, Peter Lang 1997, Bern, Sitten, S. 150.
[42] Ebd., S. 143.

Menschen, die zu Gehorsam erzogen wurden, wissen bei Problemen oft nicht, was sie machen könnten. Sie sind verwurzelt in ihren mystischen und autoritären Vorstellungen. Sie sind nicht imstande, den anderen verstehen zu wollen, solange sie sich nicht vornehmen, mit ihren Ansichten und Empfindungen vorsichtig umzugehen. Der Mensch kann nur Verantwortung für seine Entscheidungen übernehmen und für die Konsequenzen einstehen, wenn er weitgehend autonom denken und empfinden kann. Erst wenn er sich selbst infrage stellen kann, wird er den Vorteil haben, die Menschen und die Welt realistischer wahrzunehmen. Er wird nicht mehr aus der Rolle fallen, dem Kind keine Ohrfeige mehr geben oder mit dem Partner streiten. Meinungsverschiedenheiten wird er haben, natürlich, es sind ja immer verschiedene Persönlichkeiten im Spiel. Beide werden versuchen ihren Standpunkt darzustellen und sich zu einigen, ohne Krieg zu machen.

Alfie *Kohn,* amerikanischer Autor und Dozent für Bildung, betrachtet Strafen als kontraproduktiv:

> „Bestrafung kann in keiner Weise ethisches Wachstum, Verantwortungsgefühl oder die Sorge um das Wohlergehen anderer befördern. Was sie allerdings befördert, sind Hassgefühle, das Bemühen, sich nicht erwischen zu lassen (statt Rechtes zu tun), die Überzeugung, dass Macht einem ermöglicht, sich im Leben durchzusetzen (indem man andere Leute leiden lässt) und schliesslich eine nahezu ausschliessliche Beschäftigung mit dem Eigeninteresse.“[43]

Erfahrungen des Scheiterns machen Kinder nicht erfolgreicher, wie man fälschlicherweise oft annimmt. Sie können sich nicht für das Gute entscheiden, da sie glauben, sich in einer bestimmten Weise verhalten zu müssen, sie können ihre eigenen Bedürfnisse nur schwer mitteilen, da sie Kritik und Ablehnung befürchten. Freiwilligkeit gibt es nur in einer Atmosphäre der Gewaltlosigkeit, in einem Angst machenden Klima kann niemals Solidarität aufkommen und keine soziale Kultur entstehen. Vernünftiges Denken kann sich nur in absoluter Freiheit entwickeln. „Wir können nicht das Prinzip der Autorität, des Zwanges einführen, um Freiheit und Selbständigkeit zu gründen“, sagt Liebling.[44]

---

[43] Kohn, A.: Der Mythos des verwöhnten Kindes, Beltz 2015, Weinheim, S.140.
[44] Fellay, Gerda: Friedrich Liebling, Peter Lang 1997, Bern, Sitten, S. 128.

Eine vernünftige Sicht über das Wesen Mensch kann sich nur derjenige aneignen, der sich verschiedenen Meinungen stellt. Mehrere Ansichten müssen erlaubt sein, ohne festgelegtes Ende und stets erneuerbar.

Friedrich Nietzsche sagte dazu: „*Ein* Mensch hat immer unrecht - mit *zweien* beginnt erst die Wahrheit." Machtkämpfe und blinder Glaube verhindern das Denken. Nur wenn der Mensch sich im Austausch befindet und Vorurteile durch besseres Wissen ersetzt, wird er fähig werden, sein Leben in Freiheit zu gestalten. Um den Widerspruch zwischen Wissenschaft und Religion aufdecken zu können, wäre das Studium der Kritiker des Idealismus und der mystischen Weltanschauung nötig. Nietzsches Zuversicht liess ihn sagen, dass eine Zeit kommen würde, die nichts Höheres kennt als die Erziehung. Aber die ersten, meint er, müssen sich noch selbst erziehen.

Das grosse Verdienst von August Aichhorn, österreichischer Pädagoge und Psychoanalytiker (1878-1949) war, dass er nach dem ersten Weltkrieg durch Verzicht auf Gewalt in der Pflege und Erziehung bei verwahrlosten und irritierten Jugendlichen ein Mittel für deren Heilung sah und mit Erfolg praktizierte. Verständnis und Einfühlung bedeutete für ihn der Weg zum Menschen. Menschen, die bisher Gewalt und Zwang erlebt hatten, brauchten eine Einführung in die freiheitliche Art des Zusammenlebens. Neben Aufklärung, Bildung und Therapie muss die Umgebung unbedingt ohne Hierarchie auskommen, damit der Mensch, der durch eine autoritäre Erziehung gegangen ist, den Glauben wieder findet, dass es auch ohne Gewalt geht. Jede Gewalt ist eine Verletzung der Freiheit.

Der „freie" Wille

In der Erziehung sagen wir oft: Das Kind hat einen eigenen Willen, einen starken Willen. Dieser kann den Eltern und Erziehern in ihrem Bemühen, das Kind in die Gesellschaft einzuführen, schon mal Mühe bereiten. Wenn Eltern mit dem Verhalten des Kindes nicht einverstanden sind, dann denken sie schnell, es *will* nicht. In früheren Zeiten, war man bemüht, diesen Willen des Kindes zu brechen, damit es später im Leben Erfolg hat. Die Meinung war, wer nicht gehorchen gelernt hat, der kann auch später nicht befehlen. Die Überbleibsel dieser autoritären Strukturen reichen noch heute weit in unsere Auffassungen hinein.

Die Frage, die sich jeder Erzieher deshalb stellen sollte, ist: Welchen Anteil habe ich an diesem Geschehen? Die Beurteilung eines kindlichen Verhaltens liegt bedauerlicher Weise nur allzu oft bei Schwierigkeiten ausserhalb adäquater psychologischer Erkenntnis. Zum Beispiel wenn ein Kind lügt, deutet der Erzieher das schnell einmal als sünd- und fehlerhaftes Verhalten, welches mit allen Mitteln dem Kind ausgetrieben werden muss. Nur selten sehen wir über die uns vermittelte Moral hinaus und fragen uns nach den Ursachen eines unangepassten Verhaltens. Zumeist haben wir bei einem Kind, welches bei einer Lüge ertappt wird, mit dessen Phantasie zu tun: „Als ich in den Ferien ins Wasser sprang, kam mir ein riesengrosser Haifisch entgegen, den ich aber mit einem Faustschlag vertreiben konnte." Nur selten ist ein Kind so ängstlich und entmutigt, dass es nicht mehr offen sagen kann, was es denkt. Die Lüge ist dann die Folge von Unverstandenem, von Irrtümern, von Vergessenem und von Furcht vor Benachteiligung und Mangel an Vertrauen.

Wird ein Kind dafür bestraft, weil es seine unbewusste oder bewusste Handlung leugnet, kann sich daraus eine Charakterhaltung der Heuchelei entwickeln, die zu einer berechtigten Notwehr wird. Die Niederlage wird es als

Unrecht empfinden und nicht den Mut haben, zum Fehler zu stehen. Die Lüge kann kaum in einer Familienatmosphäre der Offenheit und Freiheit gedeihen. Anstatt das Kind ins Kreuzverhör zu ziehen, wäre es sicher ratsamer, sein Erstaunen zum Ausdruck zu bringen und darüber in aller Ruhe zu sprechen.

Aus Ihrer Erziehung kennen Sie vielleicht den Gehorsam, die Überredung, die Strafe, die Belohnung, eine konsequente Haltung, Grenzen setzen oder bestenfalls die ruhige, verstandesmässige Unterweisung und den Dialog. Der Sinn ist meistens der, das Kind den gegebenen Vorstellungen anpassen zu wollen. Dabei fehlt die Erkenntnis, dass das Kind sich gerne den Erwachsenen anschliesst, wenn seine Bedürfnisse auch berücksichtigt werden, wenn positive Ansätze bestätigt werden, wenn es Wohlwollen und Ermutigung spürt und ernst genommen wird. Bei der Korrektur eines „fehlerhaften" Verhaltens fehlt nicht selten das Bemühen, zuerst eine gute Beziehung zum Kind aufzubauen. Darum fruchten Ratschläge, welche die Eltern in Erziehungsbüchern erhalten mögen, selten. Ebenso entspricht eine „Laissez-faire"-Erziehung nicht dem Grundbedürfnis des Kindes, da es den Austausch mit einem Mitmenschen zu seiner Entwicklung braucht.

Bei Friedrich Schiller war der Wille das Organ der Freiheit:

> „Wie sollte er nicht frei sein dieser Wille, da jeder Augenblick einen Horizont von ergreifbaren Möglichkeiten eröffnet... Entscheidend ist „der schöpferische Aspekt der Freiheit... nach Massgabe von Ideen, Absichten, Konsequenzen. Die schöpferische Freiheit bringt etwas in die Welt, das es ohne sie nicht geben würde.“[45]

Schillers Idealismus besteht in der Überzeugung, dass es möglich ist, die Dinge zu beherrschen, statt sich von ihnen beherrschen zu lassen. Im Spiel und in der Kunst lebe der Mensch seine Freiheit. Bei Schiller drückt sich die Freiheit im Spiel und in der Autonomie des Kunstwerkes aus, nicht zweckgebunden, sondern dem eigenen Gesetz folgend. Schiller sieht das Spiel frei von Zwang und gegensätzlichem, nützlichen Handeln.

Um der Frage nach dem „freien Willen“ beim Menschen gerecht zu werden, ist es sinnvoll, die soziale Natur des Menschen und seine Erziehung einzubeziehen. Die Gründe des Handelns liegen zu meist im Unbewussten oder Unverstandenem. Bei der Frage nach den Gründen einer Handlung oder einer Meinung hört man oft die Antwort wie: „Ich hatte keine Zeit“. „Ich war im Stress“. „Ich habe das so gemacht, weil ich dachte, das sei das Beste“. „Mein Partner hat mich in diese Lage gebracht“. „Die Situation war ungünstig“. Entschuldigung für ein Versagen hört man selten und die wirklichen Gründe des Akteurs bleiben meistens verborgen. Der Entschluss zur Wahl hängt unseres Erachtens von den Möglichkeiten ab, die eine Situation übrig lässt. Die Selbsterkenntnis bietet dabei sicherlich am ehesten Gewähr für eine vernünftige Entscheidung. Wählen tun wir immer, auch wenn wir nichts tun.

Die Entscheidungsfreiheit des Menschen ist Thema eines jeden Philosophen und Psychologen. Je mehr Selbsterkenntnis einen Menschen auszeichnet, desto eher kann er wählen. Wir denken leichter und erfolgreicher über etwas nach, wenn damit positive Gefühle erweckt werden. Da wir immer dazulernen, können wir in neuen Situationen auch unterschiedliche Schlüsse ziehen oder einmal zu unserer Meinung stehen.

Der Schweizer Philosoph und Schriftsteller Peter Bieri sagt: „Das Wollen ist eine innere Kraft, die durch die Natur und die jeweilige Vorgeschichte des

---

[45] Safranski, Rüdiger: Schiller, dtv 2014, München, S. 11.

Menschen beeinflusst ist.“ Während der Mensch nachdenkt, mögliche Konsequenzen miteinbezieht und sich durch seine Überlegungen und sein Urteilsvermögen für die eine oder andere Sache entscheidet, so nutzt er den Spielraum der Freiheit, wobei er offen lässt, sich umbesinnen zu können, d.h. er korrigiert selbst seine anfängliche Wahl. Nagelt man einen Menschen an seinem Tun fest, wehrt er sich dagegen, und er wird versuchen, den Kopf aus der Schlinge zu ziehen, denn der Mensch ist von seiner Natur her ein schöpferisches Wesen, das nie seinen Selbstwert aus den Augen verliert. Wenn er an eine Grenze kommt, wird er einen neuen Weg einschlagen.

Insofern hat der Mensch einen eigenen Willen, den er aber nur durch Autonomie, Kompetenz und soziale Eingebundenheit anwenden kann. Ein Spieler, ein Süchtiger, ein Mensch, der von zwanghaften Handlungen bestimmt ist, ist nicht frei. Der Drogensüchtige unterliegt einem inneren Zwang, einer Gewohnheit, ohne die er glaubt, nicht leben zu können. Das Verlangen nach dem Gift ist stärker als sein Wunsch, von den Drogen zu lassen.

Erst wenn er sich von der Abhängigkeit befreien konnte, was - wie wir wissen - nicht so einfach ist, wird er wieder zu einem Menschen, der Entscheidungen treffen kann. Unfrei nennen wir Personen, die eingesperrt, gefesselt oder gelähmt sind, die also nicht tun können, was sie wollen, aber auch Menschen, die psychisch in Abhängigkeit von Autoritäten geraten sind, wie Arbeiter, Frauen und Sklaven. Diese Menschen können nicht nach ihrer Natur leben, die wahrnehmen und fühlen, die nachdenken und überlegen und die aufgrund ihrer Überlegungen entscheiden und handeln können.

> „In dem Masse, in dem die Aneignung des Willens auf Artikulation und Verstehen beruht, handelt es sich um einen Erkennungsprozess. Wachsen der Erkenntnis bedeutet wachsende Freiheit. So gesehen ist Selbsterkenntnis ein Mass für Willensfreiheit.“ (Bieri)

Ein Beispiel aus der Spielgruppe:

> An einem sonnigen Frühlingstag besucht die Spielgruppe einen Bauernhof. Die Kinder gehen Hand in Hand den Feldweg entlang auf das Haus zu. Zwei Freundinnen bekommen plötzlich Streit. *Renate* hat sich von *Priska* losgemacht und will alleine gehen. Priska will das aber nicht akzeptieren und zwingt Renate, ihr die Hand zu geben. Priska beschwert sich bei der Spielgruppenleiterin. Diese macht den Vor-

schlag mit ihr zugehen, was Priska ablehnt.

Nach einiger Zeit gehen die zwei Mädchen wieder miteinander und Priska sagt: „Schau, jetzt will sie wieder." Worauf Renate sofort ihre Hand loslässt. Priska erstaunt: „Jetzt will sie wieder nicht." Darauf nimmt Renate wieder Priskas Hand. Diese sagt: „Jetzt will sie wieder." Es ist schön zu beobachten, wie Priska allmählich erkannt hat, wann der andere will und wann nicht und dass man ihn nicht zu etwas zwingen muss.

Später, wieder in der Spielgruppe, wird das Spiel um Freiheit und eigene Entscheidung zwischen den zwei Mädchen wieder aufgenommen. Diesmal geht es um den freien Platz am offenen Fenster. Wer darf ihn einnehmen? Die Leiterin fragt die Kinder, was man da machen kann? Priska macht den Vorschlag, den zweiten Flügel auch aufzumachen. Eine gute Lösung, die Priska selbst gesucht hat. Der Streit war behoben.

Ein deutsches Sprichwort sagt: „Des Menschen Wille ist sein Himmelreich". Das ist nicht ohne Logik, denn wo immer wir Menschen begegnen, stossen wir auf ihre eigenen Meinungen und Entscheidungen. Kommt man an eine Wegkreuzung, dann hat man vier Möglichkeiten sich zu entscheiden: man geht nach links oder rechts, man bleibt einfach stehen oder man geht zurück. So verläuft es auch im Leben. In der heutigen Zeit, wo es um Leistung geht, gibt es immer Menschen, die sagen: „Du musst dich entscheiden. Du musst dich anstrengen. Wenn du nur willst, dann kannst du es schon, aber leider fehlt es dir am Willen." Da aber offensichtlich Druck und Zwang nicht den Erfolg bringen können, ist man auf die Idee gekommen, den unsicheren Menschen in eine Willens- und Motivationsschulung zu schicken, leider meistens mit enttäuschendem Resultat.

Anscheinend kann der Mensch sich nur da frei entscheiden, wo er keine Angst haben muss, abgelehnt zu werden. Der freie Wille hängt auch vom Lebensmut eines Menschen ab. Bevor er zur Tat schreitet, entsteht eine Gefühlsregung, die von seinen Erfahrungen und Meinungen abhängt und nicht von vernunftmässigen Überlegungen. Wie oft beteuert ein Schüler, von jetzt an fleissig zu lernen und Durchhaltevermögen zu zeigen, jedoch wenn seine Selbstsicherheit und Selbständigkeit nicht ausreichen, bleiben das leere Worte. Oft werden ganze Volksschichten irrtümlicherweise als „willenlos" und „faul" abgestempelt. Sie hätten es nicht fertiggebracht, sich ein angenehmeres

Leben einzurichten. Der sogenannte willensschwache Mensch, welcher Aufgaben als fast unlösbar empfindet, ist im Grunde genommen eine zutiefst mutlose Persönlichkeit. Er übersieht den oft winzigen Spielraum der Freiheit. Erst wenn er einem Menschen begegnet, der durch Einfühlungsvermögen und Taktgefühl eine vertrauensvolle Beziehung herzustellen vermag, kann ihm so viel Mut eingeflösst werden, dass er sich für eine bestimmte Sache einsetzt kann.

Spielende Kinder entscheiden sich frei für dieses oder jenes Spielzeug. Wenn man sagt: „Du kannst nur ein Spiel wählen, das andere später“, dann wählen sie. Das zeigt aber auch, wie eingeschränkt wir als erwachsene Menschen leben, da uns viele Schritte vorgegeben sind, einmal in Bezug zu konventionell geltenden Auffassungen und zu unserer subjektiven psychischen Ausrichtung.

Der Freiheitsgedanke bei Friedrich Schiller

Schiller wurde aufgrund seiner persönlichen Erlebnisse und unter dem Einfluss gesellschaftlicher Bewegungen in seiner Zeit zu einem Gegner feudaler Intrigenwirtschaft und Tyrannei: Er stand für eine freie, soziale Entwicklung in privaten wie in gesellschaftlichen Belangen ein. In seinem pädagogischen Werk „Briefe über die Entstehung der ästhetischen Entwicklung des Menschen“ versucht er, seine pädagogischen Ansichten zu erklären. Alle Verbesserungen im politischen Geschehen sollen von der Veredelung des Charakters ausgehen. Jeder sollte immer das für sich und die Zeitgenossen leisten, was gut tut. Die Aufteilung der Bürger in Intellektuelle, handwerklich begabte, Spezialisten und Laien, Führer und Geführte verfinstern den Verstand des

Menschen und schränken ihn ein, sich auszudehnen, weiter zu lernen, mitzudenken und sich verantwortlich zu fühlen. Dabei denkt dann jeder, der andere wird es machen, und er fühlt sich dafür nicht zuständig. „Darf es uns da nicht wundern, dass die übrigen Anlagen des Gemüts vernachlässigt werden", gibt Schiller zu bedenken.

> „Die Nachteile dieser Geistesrichtung schränken sich nicht bloss auf das Wissen und Hervorbringen ein; es erstrecke sich nicht weniger auf das Empfinden und Handeln."[46]

Schiller sieht die Entfaltung des Menschen allein in der allseitigen Entwicklung der menschlichen Kräfte und in einer harmonischen Ausformung der Persönlichkeit. Nur sie könne die Selbstentfremdung des Menschen durch die Arbeitsteilung aufheben.

Da das kulturelle Umfeld des Menschen immer noch von Macht, Herrschaft, Gewalt und Autorität geprägt ist, verwundert es nicht, dass die Menschen noch mit dem Bazillus des Machtstrebens infiziert sind. Es ist aber sicher falsch, dass wir beim Symptom der Machtgier die menschliche Natur als Ursache erblicken. Diese Schlussfolgerung ist der Grund, weshalb wir heute in Bezug zu einer humanistischen Ethik noch nicht weiter sind, obwohl wir beobachten können, wie die Gewalt entsteht und die menschliche Freiheit dabei eliminiert wird. Es wäre also dringend nötig, die kulturellen Bedingungen und Institutionen im individuellen und sozialen Leben skeptisch zu untersuchen.

Friedrich Schiller, deutscher Dichter, Philosoph und Historiker wurde 1759 in Marbach am Neckar geboren. Wir lassen einmal unsere Phantasie spielen und versuchen, uns in die familiäre Situation von Friedrich Schiller zu versetzen. In der Geschwisterreihe war er der einzige Sohn und Stammhalter unter vier Schwestern. Der Vater war sicher stolz auf ihn, verlangte aber auch viel. Da er wenig zu Hause anwesend war (Leutnant im württembergischen Heer), musste sein Erscheinen den täglichen und üblichen Alltag gehörig stören. Einerseits bewunderte Friedrich seinen Vater, andererseits empfand er auch Angst vor ihm. Seinen Vater schildert er als Patriarch, pflichtbewusst, fleissig und bescheiden, dem die Welt als gerecht eingerichtet erschien und der an einen treu sorgenden Gott glaubte, wenn sie den Mut haben, für sich selber zu sorgen. Der Herr im Himmel, die Fürsten in der Welt und die Väter im

[46] Geschichte der Erziehung: Volkseigener Verlag 1966, Berlin, S. 227.

Haus - das war die natürliche Ordnung der Dinge... pflichtschuldiges Verhalten erwarte er auch von Frau und Kindern. Das Kind hatte gelernt, dass man den Stock, mit dem man geschlagen wird, notfalls selbst herbeiholt.[47] Die Mutter von Schiller hat mehr zum Gedeihen des Sohnes beigetragen als aus den Schilderungen einiger Autoren hervorgeht. Wenn auch Vater von Friedrich Schiller mit seiner robusten und autoritären Art den Jungen beeinflusst hat, so kam die Liebe doch von der Mutter. Man kann verstehen, dass Schiller später dem freiheitlichen Gedanken zugeneigt war (Wunschvorstellung) und diesen mit Nachdruck vertrat. Liebe ist aber nicht nur betreuen, pflegen, hätscheln, es müssen auch Ideale eingepflanzt werden, die auf Mitmenschlichkeit beruhen.

Schiller besuchte 1776 die Militärakademie Karlsschule (Kaserne, Kloster und Universität) und geriet in die Gewalt eines tyrannischen Herzogs, den er fürchtete und gegen den er rebellierte. Unter dem strengen Regiment des Herzogs waren liberale Erziehungsprinzipien eines Rousseaus ausgeschlossen. Wettbewerb, Leistung und Ehrgeiz wurden angestachelt. „Freigeistige und religionswidrige Prinzipia" durften aus politischen Gründen nicht offen verbreitet werden, obwohl der Herzog dem nicht abgeneigt war. Durch seine verschiedenen Studien (Rechtswissenschaft, Medizin, Philosophie) und unter Anleitung eines hervorragenden Professor (Friedrich Abel) lernte er die englischen Aufklärungsphilosophie (Hume, Shaftesbury, Ferguson, Shakespeare) kennen. Selbstdenken, Herzens- und Verstandesbildung galt dabei mehr als Gehorsam: „Der Mensch ... ist von unendlicher Bildsamkeit, man muss nur seine individuellen Anlagen entdecken und entfalten und darf ihn nicht kommandieren. Vielmehr gilt es, die Neugier zu wecken, ... (die) etwas in Erfahrung bringen will."[48] Schiller war begeistert von Abel und entwickelte eine Philosophie der Liebe, der Freundschaft und der Freiheit.

Das väterliche Weltbild kommt in seiner Schrift *Die Räuber* zum Ausdruck, welche als Freiheitskampf gegen die Tyrannei und die Selbstzerstörung einer Familie verstanden wird. Er beschreibt darin, wie gerade diese Erziehung manche Menschen zu Oppositionellen und politischen Gegner mache und wie Gefühle von Unverständnis, Eifersucht und Rache, sowie Gesetze und Moral das Denken und die Umkehr zu einem besseren Leben verhindern.

---

[47] Safranski, Rüdiger: Schiller, dtv. 2014, München, S. 18/23.
[48] Ebd., S. 46.

Wenn wir Schillers Werke, Balladen, Dramen und Gedichte lesen, stossen wir überall auf eine gesellschaftskritische Haltung, die sich gegen jede Art von Unterdrückung ausspricht. Der freiheitliche Gedanke und die Würde des Individuums stehen bei Schiller immer im Vordergrund. Im Studium interessierte sich Schiller für Plutarch, Voltaires, Rousseau und Goethe. Seine Dissertation handelt vom *Versuch über den Zusammenhang zwischen der entstehenden Erfahrungsseelenkunde und einer somatisch orientierten Arzneiwissenschaft.* Darin kommt bereits sein Interesse am Menschen in philosophisch anthropologischer Hinsicht zum Ausdruck. In seiner Danksagung an den Herzog heisst es:

> „Ein Arzt, dessen Horizont sich einzig und allein um die historische Kenntnis der Maschine dreht, die die gröbern Räder des seelenvollsten Uhrwerks nur terminologisch und örtlich weiss, kann vielleicht vor dem Krankenbette Wunder tun, und vom Pöbel vergöttert werden; - aber Euer Herzogliche Durchlaucht haben die Hippokratische Kunst aus der engen Sphäre einer mechanischen Brotwissenschaft in den höheren Rang einer philosophischen Lehre erhoben.“[49]

Schiller lebte in der Zeit einer absolutistischen und bürgerlichen Gesellschaftsordnung bis hin zur französischen Revolution. Seine Werke wurden begeistert aufgenommen, in ihnen brachte er seinen Lesern Vernunft-, Humanitäts- und Freiheitsideale näher. In der Erziehung versucht er Verstand und Gefühl zu verbinden, indem er den „Bau einer wahren politischen Freiheit“ anstrebte. Die Aufführung von Wilhelm Tell wurde 1941 vom Nationalsozialismus verboten. Schillers Freiheitsbegriff bedeutet: Der Mensch soll der Idee der Vernunft entsprechend frei von Fremdbestimmung sein und damit sein eigener Gesetzgeber.

Der Geist der Sturm-und-Drang-Zeit um 1770

Schiller hatte Glück, in Jakob Friedrich Abel einen Philosophielehrer zu bekommen, der vom französischen Materialismus (d'Holbach, Helvétius), dem englischen Imperialismus (Locke, Hume) sowie von der Sicht Shaftesburys, Rousseaus und Herders begeistert war, die nicht so sehr den moralischen,

[49] Ebd., S. 83.

sondern den ästhetischen Menschen als Vorbild sahen. Zur Jahresabschlussfeier 1776 hielt Abel eine Rede über das „Genie“. Er stellte die Frage: „Werden grosse Geister geboren oder erzogen und welche sind die Merkmale derselben?“[50] Seine Antwort zusammenfassend dargestellt, lautet: Ein Genie sei etwas Neues und Originelles. Ein Genie findet nicht nur, sondern erfindet (z.B. Kolumbus und Amerika), es halte sich nicht an Regeln, sondern gebe sich Regeln, die der eigenen schöpferischen Natur entstammten. Im Genie komme das neuerwachte Selbstbewusstsein einer Generation zum Ausdruck, das gegen die hierarchische, starre und kleinbürgerliche Welt anträte, in der der Mensch ein Rädchen im gesellschaftlichen Mechanismus sei. Ein sich frei fühlender Mensch beziehe sich auf die Tradition, wolle aber die Lebensumstände mutig und frei erneuern.

Beim Dichter Johann Gottfried Herder (1744-1803) beruht der schöpferische Vorgang nicht auf Ursache und Wirkung: Die Entwicklung sei nicht vorhersehbar und darum durch vielfältige Bereiche wie Erfahrung, Wissen, Tätigkeit, Beziehung, Situation und gegenseitiger Hilfe vom Individuum entwickelt worden: „In jedem steckt ein Genie, aber in der Regel wird es erstickt, es wird ...“ wie später Schopenhauer sagte, „eine `Fabrikware Mensch` daraus.“[51] Herder ist von den Fehlern in den üblichen Erziehungsmethoden überzeugt. Man müsse lernen, das Verhindern zu verhindern und die „natura naturans“ nicht zu stören. In Deutschland galt der Künstler und Literat als Genie, in England waren es Naturwissenschaftler wie Newton und Bacon.

Abel, der Lehrer von Schiller, wandte sich in seiner Rede gegen jede Einschränkung:

> „Er ermahnte die Erziehungspersonen und Autoritäten, die Keime nicht durch Routine und phantasielose Verteidigung der Normalität zu zertreten. Abel spricht für das Recht der Jugend, sich selbst zu erproben, auch wenn es dabei zu Irrtümern, Ungehörigkeiten und Regelverstössen kommen sollte. Abel, selbst noch ein junger Mann, will das Selbstgefühl seiner Schüler stärken.“[52]

Ein Genie entwickle sich nur in einer günstigen Umgebung. Die schlechtesten

---

[50] Ebd., S. 47.
[51] Ebd., S. 51.
[52] Ebd., S. 56.

Voraussetzungen wären Aberglaube und Despotismus. Rein physiologische Dispositionen reichten nicht aus, sondern Erziehung, Umwelt, Übung und vor allem freier Entschluss müssen dazu kommen. Abel sagt, dass die Erzieher die Anzeichen eines Genies oft nicht einschätzen können, die dieser durch Hingabe zu gewissen Gegenständen zeige. Durch vertrauliche Winke gab Abel dem Schüler zu verstehen, dass er ihn verstehe und erläuterte ihm „den Konflikt zwischen Pflicht und Leidenschaft", indem er ihm dazu Stellen aus der Dichtung vorlas.[53] Ermutigt und motiviert verlangte der Schüler danach, das ganze Buch lesen zu dürfen; sein Interesse für das Fach Philosophie war damit geweckt.

Wir fragen uns immer, wie wir die Kinder zum Lernen, Mithelfen und Mitdenken motivieren könnten. Das Gefühl des Mittuns und Lernen-Wollens ist aber zu einem gewissen Grad beim Kind immer gegenwärtig und findet seinen Ausdruck in der Beziehungsaufnahme. Aber was ist Beziehung? Der Neurobiologe Joachim Bauer sieht die Beziehung als Resonanz zwischen zwei Menschen, respektive deren Gehirne, d.h. beobachtete Gefühle werden vom Kind ebenso gespiegelt wie beobachtete Handlungen. Die Spiegelneuronen machen also aus einer Beobachtung ein inneres Miterleben und ermöglichen intuitives Verstehen.

> In einem Schwimmbad cremt der Vater seinen vierjährigen Sohn mit einer Sonnencreme ein. Dieser steht mit dem Rücken zum Vater. Die zweijährige Schwester beobachtet die Handlung und stellt sich ebenfalls mit dem Rücken zum Vater hin, das alles ohne dass ein Wort gesprochen wurde.

Daraus geht hervor, wie ungemein wichtig eine gute Beziehung zwischen Kind und Bezugsperson ist, damit sein Selbstwert- und Gemeinschaftsgefühl wachsen kann. Wenn Kinder heute weniger geschlagen werden als früher, heisst das nicht, dass die „schwarze Pädagogik" der Vergangenheit angehört. Gefühllosigkeit, Unverständnis und Vernachlässigung haben immer noch verheerende Auswirkungen. Nur wenn der Mensch seine eigene Meinung sagen, seine Gefühle äussern darf und Beachtung findet, ergibt das ein gutes Gefühl. Ist das nicht der Fall, erziehen wir „schwierige, beziehungsverweigernde" Kinder. Wir sind schnell dabei, eine Diagnose abzugeben, anstatt anzuhalten und aus

---

[53] Ebd., S. 59.

den Äusserungen des Kindes ein Bedürfnis nachzuempfinden. Was will es? Was braucht es?

Bei einer kurzen Auseinandersetzung zwischen einer Mutter und ihrem zehnjährigen Sohn *Robert,* sagt dieser: „Mit dir kann man nicht reden."

Auf die Frage, wie sie darauf reagiert habe, antwortet die Mutter: Sie sei traurig gewesen, weil Robert ihr Vorwürfe gemacht habe. Sie hätte sich gedacht, dass sie früher viele Erziehungsfehler gemacht habe. Aus dem Schuldgefühl wurde eine Interpretation: Mit mir kann man nicht reden. Er will nicht mit mir reden. Damit hat sie ganz vergessen, sich dem Buben zuzuwenden. Vorteilhaft wäre, wenn die Mutter das Beispiel so übersetzen könnte, dass das Bedürfnis des Knaben sichtbar wird: Ich würde gerne mit ihr reden, aber so, dass ich dabei die Wertschätzung erleben kann.

Anstatt sich Vorwürfe zu machen, steht im Vordergrund, die Kommunikation so zu verbessern, dass der andere sich als Person angenommen fühlt und Gleichwertigkeit empfindet. Die Regel ist leider, dass Menschen Bedürfnisse haben, diese aber nicht als solche erkennen können, was oft bei Auseinandersetzungen zu Streit führt. Gerichte können davon ein Lied singen. Zwischenmenschliche Probleme zu lösen, setzt Einfühlung und Bewusstsein in die Bedürfnisse voraus.

> Eine Mutter sagt ihren zwei Buben, sie sollen ihre schmutzige Wäsche jeweils in den Wäschekorb legen und dann den gefüllten Korb in die Waschküche stellen. Als das nicht befolgt wird, ermahnt sie die Buben nicht, sondern wäscht einfach nicht. Nach einiger Zeit beklagen sich die Buben, dass sie keine saubere Wäsche mehr hätten. Sie sprechen zusammen, wie sie dieses Problem lösen könnten, so dass es beiden Teilen passt.

Mehrere interessante Beispiele vermittelt uns auch der amerikanische Kommunikations-Fachmann und Psychologe Marshall Rosenberg. Eine gewaltfreie Kommunikation schaffe mehr Vertrauen und Freude am Leben. Sie könnte in persönlichen, beruflichen und politischen Beziehungen zu mehr gemeinsamer Kreativität im Zusammenleben führen. Rosenbergs Menschenbild geht davon aus, dass jeder Mensch gerne bereit ist, mit anderen Menschen zu kooperieren, wenn die Anfrage als Bitte und nicht als Forderung formuliert wird. Sein Menschenbild entspricht der humanistischen Psychologie.

> Einen Vater ärgert sich darüber, dass der Sohn sein Zimmer nicht aufräumt. Als er ihn darauf anspricht, wehrt dieser barsch ab: „Ich mache das später." Der Vater ist erbost und wendet sich ab. Er ist der Meinung, mit dem Sohn könne man nicht reden. Das sind die „Kleinigkeiten", die zu einer gestörten Beziehung führen können, wenn sie sich öfter wiederholen.

Rosenberg zeigt in seiner Kommunikationslehre verschiedene erfolglose Versuche der Erzieher auf und warum diese von vornherein zum Scheitern verurteilt sind. Wenn wir beobachten, dass unser Kind etwas nicht erledigt, sollten wir nicht mit einer Bewertung oder Interpretation agieren. Eine blockierende Kommunikation entstehe immer dann, so Rosenberg, wenn eine Person eine negative Bewertung über den anderen ausspricht oder ihn diese fühlen lässt. Bewertungen auf moralischer Ebene könnten sein: gut/böse, faul/fleissig, minimal/masslos, usw. Ebenso sind Vergleiche mit anderen Personen eine Form der Beurteilung oder der Verurteilung. Jeder Mensch ist angewiesen auf Sicherheit, Verständnis, Sinn und Kontakt. Um uns in das Kind einfühlen zu können, sollten wir das Bedürfnis, das einer Aussage zugrunde liegt, erkennen lernen, um dann gemeinsam eine kreative Lösung zu finden. Eine Bitte bezieht sich auf jetzt, ein Wunsch auf später. Eine ablehnende Haltung vom Kind gehe nicht auf sein inneres Wesen zurück, sondern auf unerfüllte Bedürfnisse, sagt Rosenberg. So kann Kritik sofort Verteidigung oder Gegenangriff auslösen und somit die Kommunikation verunmöglichen.

Christian Thomasius (1655-1728), ein Aufklärer der ersten Generation, legt auf das „Selbstdenken" grossen Wert, wobei vernünftiges Denken und Handeln nur durch Bildung und Auseinandersetzung mit anderen in Freiheit möglich sei.

Gefühl und Verstand können nicht getrennt werden. Sie beeinflussen sich gegenseitig und das menschliche Verhalten hängt darum von vernünftigen Erklärungen und von positiv sinnlichen Erfahrungen ab. Vorurteile können durch besseres Wissen ersetzt werden, und dies geschieht am besten in der freien Auseinandersetzung mit anderen Meinungen. Da das Verhalten des Menschen ein Produkt seiner Gefühlserlebnisse und seiner Meinungen ist, die er in der Kindheit aufgenommen hat, müssen positive sowie negative Charakterhaltungen auf diese Wirkfaktoren zurückgeführt werden. Fehlhaltungen dienen dem Individuum zum Schutz vor neuen Verletzungen. Darum dürfen wir den Menschen für seine Verfehlungen nicht verurteilen. Wir sollten ihm eine Alternative bieten, um daraus herauszuwachsen zu können. Er verliert dann seine Angst unterzugehen. Wir sollten uns von der überlieferten Meinung, dass der Mensch sich für das Gute oder Schlechte entscheide könne, trennen.

Bevor das Kind sich eine Sprache aneignet, entsteht die Fähigkeit des Fühlens und Denkens auf Grund der frühkindlichen, ihm unbewussten Erfahrungen. Das Verhalten des Kindes ist anfänglich weniger ein schöpferischer Akt, als eine Antwort auf die bestehende Umwelt. Oft fehlt dem Kind die freie Wahlmöglichkeit, es sieht keinen Ausweg, weil Angst vor Ablehnung das verhindern. Sein Selbstwertgefühl kann sich nicht frei entwickeln, es kann sich nicht spüren. Das Individuum kann sich selbst nur positiv wahrnehmen, wenn der andere ihn achtet. In der Gemeinschaft erfährt sich der heranwachsende Mensch als Einzelner und als Gesellschaftswesen.

Die Idee der Freiheit lässt Schiller nicht mehr los, und er stellt sich die Frage, ob man „...die Freiheit des tugendhaften Lebens entscheiden soll ..." festhalten kann. Im Gefühl und im Verstand, in deren Wechselwirkung, drücke sich die Erfahrung aus.[54]

In jenen Jahren war die Medizin eng mit der Philosophie verbunden, begünstigt durch die Aufklärung und das empirische Denken (Erfahrung). Die Wechselwirkung von Körper und Geist war durch die aufkommende Neurophysiologie unbestritten. In Schillers Anthropologie des Menschen beeinflusst das körperliche und seelische Wohlbefinden das Glück, die Freundschaft und die Liebe: „Sofern wir lieben, sind wir wahrheitsfähig."

Das Kind empfinde Hunger, Durst, Schmerz, Schlaf und Zärtlichkeit und gebe seinem Gefühl Ausdruck durch Bewegung, Mimik, Schreien, Lächeln, etc. Werden die Bedürfnisse befriedigt, beruhige sich das Kind schnell, andererseits kann es seelisch und körperlich erkranken. An einem Beispiel seines Kommilitonen Grammont, der unter Suizidgedanken litt, versucht Schiller aufzuzeigen, wie dessen Depression, sich erst durch die Entlassung aus der Akademie besserte.

Jugendliche suchen die Verbindung zur Gesellschaft, sie wollen sich aber

[54] Ebd., S. 75.

auch vom anderen unterscheiden und frei sein in ihrer Wahl. Wird die Vielfalt eingeschränkt, entstehen Phantasien, die nicht immer gemeinschaftlich sind. Hier stösst der Mensch an die Grenzen seiner Freiheit, er wird Opfer der Gesetze und Regeln und sucht einen Ausweg, wo er Ich sein kann und auch bereit ist, Verantwortung zu übernehmen. Safranski berichtet, dass Schiller in seinem Stück mit der Freiheit gespielt, experimentiert und ihre Wirkung getestet hat. Das Theater sollte eine moralische Anstalt werden und im Geist der Aufklärung wirken. Es sollte Anregung geben, Sitten, Sprache und gesellschaftliche Einrichtungen zu verbessern. Schillers Verleger Göschen beschreibt ihn folgendermassen:

> „Mit hinreisender Beredsamkeit (...) spornte er wieder und wieder die Freunde an, ja alle Kräfte anzuwenden, ein jeder in seinem Fach, um Menschen zu werden, die die Welt einmal ungern verlieren möchten."[55]

Schiller galt als hilfsbereite, freundschaftliche und gemeinschaftliche, mutige Persönlichkeit, die das Geben und Nehmen zwischen Menschen so formulierte: „Der Liebende erkennt, und der Erkennende kann sich geliebt fühlen."[56]

Skepsis ist auch da angebracht, wo Freiheit gepredigt, aber nicht verwirklicht wird. Dem Menschen ist dies nicht unbedingt bewusst, er glaubt sich fortschrittlich, handelt aber gegen die Vernunft, weil er durch seine Vorurteile in seinem Denken und seiner mangelnden Selbsterkenntnis eingeschränkt ist. Die Leichtgläubigkeit führt nicht selten zur persönlichen und politischen Katastrophe. Behauptungen müssen also nicht unbedingt geglaubt werden, vielmehr zählt das, was der Mensch macht.

Die Freiheit bei Erich Fromm

Erich Fromm (1900-1980), Philosoph und Sozialpsychologe, engagierte sich für eine menschliche und ethische Erziehung und Gesellschaftsform. Der Mensch entwickle sich aus der Natur und würde sich seiner Selbst und seiner Mitmenschen bewusst, er begreife sich als unabhängiges Wesen. (S. 24, Indi-

---

[55] Ebd., S. 216.
[56] Ebd., S. 223.

viduation, Erich Fromm).

Ein Kind wird geboren und wächst allmählich zu einer von der Mutter getrennten individuellen Persönlichkeit heran. Trotzdem bleibt es noch ziemlich lange mit seinen Beziehungspersonen verbunden und ist nur teilweise frei. Diese Bindungen verleihen ihm auch Sicherheit und die nötige Anregung und Orientierung. Es lernt Gegenstände körperlich und geistig erfassen und mit ihnen umzugehen. Durch die eigene Aktivität lernt das Kind die Welt kennen. In dieser Zeit lehnt es sich noch an einen Erwachsenen an, es ist Teil dieser Welt. Dabei ist es wichtig, dass die Eltern dem Kind Freiräume schaffen, in denen das Kind ungestört expandieren kann.

Je mehr der Mensch heranwächst und sich von den primären Bindungen löst, umso mehr entwickelt sich bei ihm ein Suchen nach Freiheit und Unabhängigkeit. Dem Wachstum des Selbst sind durch persönliche und gesellschaftliche Umstände oft Grenzen gesetzt, und wenn auch das einzelne Individuum unterschiedlich ist, bietet jede Familie und jede Gesellschaft ein gewisses Entwicklungsniveau und gewisse Grenzen. Die Eltern selbst sind Kinder ihrer Erziehung, ihrer Familie, ihrer Kultur und ihrer Zeit. Je weiter sie sich entwickeln konnten, je grösser ist auch der Spielraum für ihr Kind. Ebenso erweitern Begegnungen mit anderen Menschen den Horizont des Kindes und fördern sein Wachstum und seine Freiheit.

Erich Fromm sagt:

> „Menschliche Existenz und Freiheit sind von Anfang an nicht zu trennen. Freiheit ist hier nicht in ihrem positiven Sinne als *Freiheit zu etwas*, sondern in ihrem negativen Sinne als *Freiheit von etwas* zu verstehen."[57]

Die Freiheit *von etwas* besteht in der Loslösung von Bindungen natürlicher und sozialer Art, indem sich der Mensch seiner selbst bewusst wird. Da er aber nicht ohne den anderen leben kann, hat die Befreiung nur einen Sinn, wenn sie zugleich auch Freiheit *zu etwas* ist, d.h. er wendet sich anderen Menschen zu. Freunde, Liebespartner, eine Stellung in der Gesellschaft werden wichtig.

In der Tierwelt, sind soziale Organisationen gewisser Insektenarten völlig

---

[57] Fromm, Erich: Die Furcht vor der Freiheit, dtv 1998, München, S. 30.

instinktbedingt, während die höher entwickelten Säugetiere eine grössere Flexibilität und Anpassungsfähigkeit aufweisen. Wenn wir Mütter von höher entwickelten Tierarten beobachten, sind wir davon ergriffen, wie sie ihre Jungen grossziehen.

> „Diese Entwicklung erreicht beim Menschen ihren Höhepunkt. Er ist bei seiner Geburt das hilfloseste Lebewesen. Seine Anpassung an die Natur beruht im Wesentlichen auf einem Lernprozess und nicht auf instinktbedingter Determination."[58]

Erich Fromm stellt die Frage:

> „Gibt es einen Zustand der positiven Freiheit, in dem der einzelne Mensch als unabhängiges Selbst existiert und trotzdem nicht isoliert ist, sondern mit der Welt, mit den anderen Menschen und mit der Natur vereint ist? Wir glauben ..., dass der Mensch frei und trotzdem nicht allein, kritisch und doch nicht voller Zweifel, unabhängig und doch ein integraler Teil der Menschheit sein kann. Diese Freiheit kann der Mensch dadurch erlangen, dass er sein Selbst verwirklicht, dass er, er selbst ist... Wir glauben, dass die Verwirklichung des Selbst nicht nur durch einen Akt des Denkens, sondern auch durch die Verwirklichung der gesamten Persönlichkeit zustande kommt, wenn der Mensch alle seine emotionalen und intellektuellen Möglichkeiten tätig zum Ausdruck bringt..., was wörtlich so viel bedeutet wie `aus freien Stücken`."[59]

Die Erziehung kann diese Entwicklung fördern oder hemmen. Nicht immer erlebt das Kind die Zustimmung der Erwachsenen, es erlebt Verbote und Misserfolge. So lernt es zwischen seinen Wünschen und die der anderen zu unterscheiden. Durch die vielfältigen Situationen ist der Mensch gefordert, immer neu zu wählen, sonst wäre sein Organismus tot. Das Denken erwächst aus den Gefühlserlebnissen. Erlebnis reiht sich an Erlebnis und so bastelt er sich seinen Sinn des Lebens. Aufgrund seiner Kindheit (Ort der Geburt, Familie, Sprache, Geschlecht, Zeit) hat er dann eine eigene personelle Identität und doch ist er immer auch ein anderer, weil immer neue Erfahrungen dazukommen.

---

[58] Ebd., S. 29.

[59] Ebd., S. 186.

Die Anpassung an die Gemeinschaft und ein natürlicher Lerntrieb sind jedem Menschen von Natur aus gegeben und ausser einigen wenigen Reflexen (Saug- und Schmerzreflex) nicht durch erbmässige Mechanismen festgelegt. Die kindlichen Anstrengungen, sprechen und gehen zu lernen, werden von seinen Eltern unterstützt und werden durch die körperlichen Empfindungen des Wohlwollens, der Freude und des Gelingens aktiviert. Die Befriedigung seiner Bedürfnisse ist demnach nach aussen „offen", das heisst, seine Entwicklung und seine Fähigkeiten können auch von negativen Vorgaben eingeschränkt werden. Das Kind empfindet, was ihm gut tut und entwickelt Verhaltensweisen, die ihm dazu verhelfen. In gewissem Sinne besteht die Erziehungskunst darin, seelisches und körperliches Wachstum nicht zu stören. Durch positive Einflussnahme erlebt das Kind im günstigen Fall Sicherheit, Integration und Solidarität, wodurch Stärke und Unabhängigkeit seiner Person entsteht.

Die Voraussetzungen für eine günstige Entwicklung des Menschen müssen nicht nur in der Familie verwirklicht sein. Auch in der Gesellschaft sollten Voraussetzungen bestehen, die eine humane Entwicklung des Menschen zulassen. Seit dem Ende des Mittelalters, während der Renaissance bis heute, hat sich die Menschheit geistig und emotional weiterentwickelt, sich in den kulturellen Leistungen manifestiert. Immer sind aber auch in den nachfolgenden Epochen, wie Fromm ausführt, Elemente der vorhergehenden Gesellschaftsordnung enthalten, welche oft fälschlicherweise als naturgegeben betrachtet werden. Das Problem besteht darin, wie die Menschen sich von einer christlich-moralischen Selbstverneinung befreien und zu autonomen eigenständigen Persönlichkeiten heranreifen können. Der Weg zum eigenen Selbst führt durch alle Institutionen und es braucht viel Mut, seinen Weg zu finden und zu gehen. Viele Menschen geben ihr Streben nach Freiheit und Unabhängigkeit frühzeitig auf und passen sich der Umwelt an, verlieren aber dabei die eigene Individualität.[60]

Schon mit drei Jahren haben wir einen kleinen Menschen vor uns, der vieles wissen will und von den Erziehern viel Zeit und Geduld fordert. Kommt man diesem Bedürfnis nicht nach, verschiebt man die Antwort auf später, wird das Fragen und Staunen aufhören und die Entwicklung gestoppt. Nur durch unser Interesse wird das Kind zu einem freien, denkenden Menschen und Kul-

[60] Rattner, J.: Lebensphil. und Tiefenpsych., Tiefenpsychologie 2012, Berlin, S.55.

turwesen heranwachsen. Es bedeutet den Anfang der menschlichen Freiheit und der Vernunft.

1941 entstand sein Buch *Die Furcht vor der Freiheit.* In diesem Buch skizziert Fromm die psychologische Entwicklung des modernen Menschen von der Renaissance bis zur Gegenwart. Das Mittelalter mit den Freiheitsbeschränkungen durch Adel und Klerus bot noch wenig Raum für freie und autonome Persönlichkeiten. Pflichtbewusstsein und Sparsamkeit, eingespannt in den Produktionsprozess, kennzeichneten den bürgerlichen Menschen. Das menschliche Wesen habe aber nicht nur ein physiologisches Bedürfnis, meint Fromm, sondern auch das Verlangen nach Freiheit und Selbstgestaltung, nach sozialer Verbundenheit und Kommunikation, nach einem schöpferischen, sinnvollen Leben. Der Glaube an den Menschen beruht auf der eigenen Erfahrung, auf dem Vertrauen zur eigenen Denkkraft und Urteilsfähigkeit und auf der Erfahrung von Würde, Freundschaft und Liebe in der mitmenschlichen Beziehung. Der Glaube der Mutter, dass ihr Neugeborenes leben, wachsen, gehen und sprechen wird, gibt dem Kind das Vertrauen und die Sicherheit, dass es das schaffen wird, während Angst und Misstrauen des Erziehers zur Unterwerfung des Kindes tendiert. Mit der Unterwerfung verliert der Mensch die Kraft, alle seine Fähigkeiten zu gebrauchen, seine Vernunft arbeitet nicht mehr, er verliert seine Liebesfähigkeit, da seine Gefühle an die gebunden sind, von denen er abhängig ist. Freiheit ist deshalb die unerlässliche Voraussetzung im Zusammenleben der Menschen. In seinem weiteren Buch *Psychoanalyse und Ethik* weist Erich Fromm darauf hin, dass wir die Natur des Menschen kennen müssen, um zu wissen, was für den Menschen gut ist.

> „Der Mensch kann sich der Sklaverei anpassen, doch reagiert er darauf durch Nachlassen seiner intellektuellen und moralischen Fähigkeiten... der Mensch kann sich auch kulturellen Fähigkeiten anpassen, die von ihm eine Unterdrückung seiner sexuellen Triebe verlangen, aber seine Anpassung hat die Entwicklung der von Freud aufgewiesenen neurotischen Symptome zur Folge.“[61]

Stehen die sozialen Voraussetzungen in Widerspruch zur Natur des Menschen, dann stellen sich geistige und emotionale Störungen ein, die den Men-

[61] Fromm, Erich: Psychoanalyse und Ethik, Diana 1954, Stuttgart, S. 37.

schen allmählich zwingen, diese Verhältnisse zu ändern, da er seine Natur nicht ändern kann. Wäre seine Natur wie beim Tier durch Instinkte festgelegt, gäbe es auch keine Geschichte. Bei Erich Fromm ist die menschliche Natur auf die Freiheit hin ausgelegt, aber wie die Freiheit verwirklicht wird, hänge von den individuellen und gesellschaftlichen Gegebenheiten ab. Die Psychologie und Anthropologie analysierte die Reaktionen des Kindes auf verschiedene Situationen in der Familie und der Gesellschaft, in der es aufwuchs und kam zum Schluss, dass nur der freie, liebende und gemeinschaftsfähige Mensch ein glücklicher Mensch werden kann.

In der autoritären Gesellschaft gab es einen Mangel an individueller Freiheit. Die Menschen mussten um ihr Überleben kämpfen. Auch der heutige Mensch kann die Freiheit oft nicht vernünftig nützen, trotz vieler Wahlmöglichkeiten in Bezug auf Ausbildung, Beruf, Familien- und Freizeitgestaltung. Überdimensionierte Angebote, Kapital und Wettbewerb spielen zumeist auch heute eine grosse Rolle, und seine Würde hängt noch von Abstammung und Besitz ab. Damit beugt er sich nicht weniger der Autorität als der Mensch im Mittelalter. Aus diesem Grunde stehen individuelle Bedürfnisse und Gesellschaftsordnung mehr denn je zur Diskussion.

Um die personale Identität eines Menschen annähernd erfassen zu können, ist es also nötig, die Anthropologie des Wesens Mensch weit zu fassen, z.B. gehören dazu die Ideale der Aufklärung, Förderung der Autonomie, Vernunft, Toleranz, Freiheit und Verantwortung. Besonders die pädagogischen Bemühungen, die das Bewusstsein fördern und humane Werte vermitteln, dürfen nicht fehlen. Ebenso ist auf die Entwicklung der Geschlechtlichkeit zu achten. Um im Leben bestehen zu können, bedarf es eines Gefühls für die Belange des Selbst als auch für die Anliegen des Mitmenschen.

Voraussetzung für spontanes Handeln ist, die Ganzheit leben zu können und Teile seines Selbst nicht verdrängen zu müssen. Es ist ein Zufall, ob ein Kind als Mädchen (oder Knabe) auf die Welt kommt. Wird ein Mädchen geboren, wird es sich auf seinen weiblichen Körper einstellen, sich nach der Situation und den Kommentaren der Umwelt richten. Ob wir dazu stehen können, eine Frau (oder Mann) zu sein, geschieht durch die Beeinflussung der Umwelt, die Aufklärung, die Erfahrung und die eigene Entscheidung.

Die Freiheit im Spiel und in der Erziehung

Die seelisch-geistige Entwicklung der kindlichen Persönlichkeit ist ein Wunder, ein köstliches Ereignis, in dem die Zukunft der Menschheit liegt. Jeder Schritt dieser „Entfaltung der Person" liegt offen vor uns.

Wird sie gefördert? Wird das Kind zur Eigenständigkeit, Urteilsfähigkeit und zum Gemeinschaftsgefühl heranreifen, um in die Sphäre des „freiheitlichen Prinzips" zu gelangen?

Die Hauptbeschäftigung des Kleinkindes ist das Spiel. Es dient der Förderung des seelischen Empfindens, der Welterfahrung und der sozialen Reifung. Durch die Reformpädagogik, die Kleinkinderforschung, die Lernpsychologie und die Linguistik hat sich im 19. Jahrhundert das Spiel als wichtigstes Instrumentarium zur Entwicklung der Persönlichkeit des Kindes herausgebildet, welche seine Gefühle, seine Ausdrucksfähigkeit und seine Intelligenz ausmachen. Um das zu verstehen, sollten wir dem Spiel des Kindes mehr Aufmerksamkeit widmen und es in seinen theoretischen, praktischen, pädagogischen und psychologischen Tendenzen begreifen. Von Geburt an beobachten wir eine soziale Zuwendung des Kindes zu seinen Pflegepersonen und den Dingen, die es umgeben. Schon bald scheint das Kleinkind sie gefühlsmässig zu begreifen und sie spielerisch entdecken zu wollen. Wenn das Kind körperlich kräftig genug und sein Gehirn gereift ist, beginnt es, Spielsachen dem anderen zu zeigen und vom anderen anzunehmen. Durch das Hin und Her, durch das Können und Beherrschen entsteht beim Kind die Lust am Spielen immer mehr.

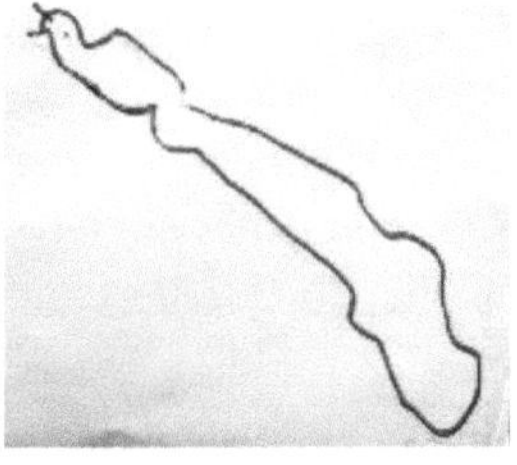

Es ist sicher richtig, wenn gesagt wird, dass im Spiel auch die schöpferischen Kräfte des Kindes immer mehr wachsen. Das Kind lernt spielend viele Bewegungen und Verhaltensweisen, die es später im Leben benötigen wird. Im Spiel sammelt es Erfahrungen und Kenntnisse, die seine Bedürfnisse befriedigen, und das kommt in seinem Wohlbefinden zum Ausdruck. In der Wiederholung beweist sich das Kind, dass es die anfängliche Schwierigkeit bei der Lösung einer Aufgabe nun leichter meistern kann. Ebenso lernt das Kind immer besser, in eine verbale Kommunikation mit seinem Gegenüber zu treten. Es geniesst die Gemeinsamkeiten des sozialen Spiels, wie beim Ringelreihen oder bei der freien Betätigung der Phantasie beim Theater-, Arzt-, Kaufmann- oder Zugführerspiel. Durch Nachahmung der Erwachsenen versucht sich das Kind, die Rechte und Fähigkeiten der Grossen anzueignen.

Die künstlerische und spielerische Betätigung der Phantasie findet auch in den Zeichnungen ihren Ausdruck. Das Kind präsentiert uns stolz sein Werk mit der Bemerkung: „Das ist eine Klapperschlange, sie ist in Amerika auf einer Wiese gelegen. Dady und ich haben sie zuerst gesehen. Sie hat Augen, ist zwei Meter lang und grün." Wenn wir Interesse signalisieren, die Kinder fragen, ob sie Angst gehabt haben oder was diese Tiere fressen und wie man sich vor ihnen schützen kann, dann löst sich ihre Zunge wie von selbst. Wir nützen die momentane günstige Situation durch zuhören und stärken damit das Selbstwertgefühl des Kindes. Wir bleiben allgemein und lassen das Kind solange erzählen, bis es sich abwendet. Die Bilder zeigen uns, was für sie wichtig war, ihre Wahrnehmung und Einschätzung von Grösse, Stärke und Gefährlichkeit. An der Distanz zum Tier können wir die Gefühlslage einschätzen: Ist es ein lebendiges, graziöses Lebewesen oder ein plumpes, gefährliches Tier? Indem die Kinder es aufzeichnen und darüber sprechen, können sie sich mit dem Erlebnis auseinandersetzen, die Gestalt nach ihrem Empfinden in eine Form bringen und so die erlebte Realität bewältigen.

Das Zeichnen ist eine Funktion des Ich, ein Versuch, die körperlichen und sozialen Prozesse mit dem Selbst in Einklang zu bringen. Wenn das Kind zeichnet, darf es nicht gedrängt und angetrieben werden, es muss sich frei fühlen können, ohne Furcht vor Versagen oder Hoffnung auf Gelingen. Es muss ihm Spass machen, es ist keine Arbeit, die eine Ware produziert. Beim Verweilen, Trödeln, Träumen und Malen entwischt das Kind für einige Zeit dem Druck der Aussenwelt.

Beim Spiel der Kinder können wir beobachten, dass sie gerne Familiensituationen nachspielen, z.B. wenn ein Geschwister geboren wurde, jemand heiratet, ein Umzug in eine andere Wohnung bevorsteht u.a. Plötzlich fangen die Kinder in der Spielgruppe an, die Möbel zu verschieben, um sich in einer Ecke neu einzurichten. Es hängt auch vom Angebot der Spielsachen und Materialien ab, was Kinder auswählen. Wenn sie Pferd und Wagen spielen oder als Flugzeug durch den Raum rasen, eine Schnur zu einer Angel umfunktionieren oder zu einer Hundeleine, kommt es auf die Vorstellungskraft und die Koordinationsfähigkeit der Kinder an und hat meistens symbolischen

Charakter.

Erik H. Erikson (1902-1994), deutsch-amerikanischer Neopsychoanalytiker, weist in seinem Buch *Kindheit und Gesellschaft* darauf hin, dass es Kinder gibt, die durch negative Erfahrungen im Elternhaus das Spielen abgebrochen haben.

> Als die dreijährige *Mary* eine Spielgruppe besuchen konnte, entwickelt sie Angst- und Aversionsgefühle gegen die Spielgruppe. Sie leistet Widerstand gegen alle verführerischen Spielsachen und will zurück zu ihrer Mutter. Die Leiterin der Spielgruppe berichtet, dass Mary eine merkwürdige Art habe, Dinge aufzuheben und überhaupt in ihrer Haltung sehr steif sei. Ihre Spannung nähme zu, wenn sie sich an einen Plan halten sollte.

Erikson beschreibt das spezielle Problem folgendermassen:

> „Die moderne Spieltherapie stützt sich auf die Beobachtung, dass ein Kind, das durch einen geheimen Hass oder durch die Furcht vor den natürlichen Beschützern seines Spieles in Familie und Nachbarschaft unsicher geworden ist, imstande scheint, die schützende Billigung eines verständnisvollen Erwachsenen dazu zu benützen, um im Spiel wieder zu einem gewissen Frieden zu gelangen...
>
> Die professionelle Spielart unserer Tage ist der Spieltherapeut, die wichtigste Bedingung ist natürlich, dass das Kind sowohl die Spielsachen wie den Erwachsenen für sich allein hat und dass weder Geschwisterrivalität, noch nörgelnde Eltern, noch irgend eine Art plötzlicher Unterbrechung die Entfaltung seiner Spielabsichten stören, worin immer diese bestehen mögen. Denn das natürliche Mittel der Selbstheilung, das in der Kindheit zur Verfügung steht, liegt im ‚Ausspielen'."[62]

Im Spielgruppenalter werden Spielsachen mit anderen geteilt. Das Kind erfährt, dass es Dinge nicht einfach dem anderen wegnehmen kann, es lernt warten, zuschauen und zuhören. Bekommt es Angst oder ist enttäuscht, kann das Einzelspiel zu einem Ruhepol für seine Gefühle werden. So wächst es allmählich in die reale Welt der Gemeinschaft hinein, es wird fähig, Erfah-

---

[62] Erikson, Erik H., Kindheit und Gesellschaft, Ernst Klett 1971, Stuttgart, S. 219 / S. 217.

rungen zu verarbeiten sowie die Realität durch Planung und experimentieren zu beherrschen.

Einige Menschen warnen davor, dem Individuum die volle Freiheit zu geben, denn es könnte sie zu seinen Gunsten ausnützen. Da wir Menschen Gemeinschaftswesen sind und uns immer mit anderen auseinandersetzen, besteht diese Gefahr nicht. Eher besteht die Gefahr, dass andere über uns bestimmen und eine Anpassung verlangen, die gar nicht den momentanen eigenen Bedürfnissen entsprechen. Wohl können körperliche und psychische, familiäre, soziale und gesellschaftliche Grenzen ihn in seiner Entfaltung behindern, aber da der Mensch von Natur aus sozial ist, d.h. er ohne die anderen nicht überlebensfähig ist, ist das Bemühen vom ersten Tag des Lebens bis zuletzt auf Beziehung ausgerichtet. Allfällige Behinderungen werden durch die schöpferische Kraft überwunden, das ist aber nur möglich, wenn ein grosser Spielraum von Freiheit besteht.

Glück und Freiheit empfindet der Mensch aber nur dann, wenn er selbst entscheiden kann, was zur Förderung seiner Persönlichkeit beiträgt. Grundsätzlich kann jeder seinen Charakter, seine Lebensweise ändern, er kann jederzeit Neues dazu lernen und eingeübte Haltungen aufgeben. Allerdings gehört dazu Einblick in die unbewussten Ziele, psychologisches Wissen über das Wesen des Menschen. Auch Kompromissfähigkeit ist nicht möglich ohne freie Entscheidung.

Am Anfang unseres Lebens erfahren wir eine Bindung an die Mutter, an die Eltern, die Geschwister und an die uns umgebende Umwelt, sie ist für das Kind lebensnotwendig. Später löst sich der Mensch immer mehr, indem er Neues kennenlernt, neue Erfahrungen macht, er entwickelt sich zu einer eigenständigen Persönlichkeit. Gelerntes bleibt lebenslang bestehen, es macht die Persönlichkeit des Menschen aus. Freiheit hat immer einen Bezug zur früheren Bindung. War das Verhältnis zu den Beziehungspersonen einschränkend, so wird der Erwachsene mehr Mühe haben, sich frei zu fühlen. Angst vor Bindungen sind mögliche Folgen. Auch hier ist eine Heilung nur möglich, wenn eine Partnerschaft oder Freundschaft auf freiheitlicher Basis gelebt wird. Der Mensch kann aber glücklich werden, wenn er Bindungen auf freiwilliger Ebene eingeht. Heute leben die Menschen freier als früher, wenn sie auch noch die autoritären Erlebnisse aus ihrer Kindheit mit sich tragen und in der Gesellschaft Hierarchie, Gewalt und Ungerechtigkeit noch nicht eliminiert sind. Das Leben auf der Welt ist also nichts Statisches oder von einer Schöpfung abhängig, es ist in kleinen Schritten entstanden.

Charles Darwin (1809-1882), Britischer Naturforscher, hat mit seiner Evolutionstheorie viel dazu beigetragen, die Entstehung des Lebens verständlich zu machen. Das beeinflusst nicht nur die Erkenntnisse der Biologie, sondern auch die Sozial- und Humanwissenschaften. Darwin vertrat niemals die These, dass der Mensch vom Affen abstamme, vielmehr sei das menschliche Wesen aus einer langen Reihe herdenmässig zusammenlebender Tiere hervorgegangen, was einen gewaltigen Schritt gegenüber der religiösen Betrachtung der Menschwerdung bedeutete. Durch langjährige gründliche Beobachtungen der Pflanzen-, Tier- und Menschenwelt kam Darwin zum Schluss, dass Lebewesen und Umwelt in engem Zusammenhang stehen und als in ständiger Entwicklung und Umwandlung begriffen werden müssen, was heute wissenschaftlich nachvollziehbar ist und weitgehend akzeptiert wird. Gleiche Empfindungen bei Tier und Mensch sieht er im Selbsterhaltungstrieb, der Geschlechtsliebe und in der Liebe zwischen Mutter und Kind. Ebenso sind bei Tieren Intelligenzleistungen zu beobachten, die sich in verschiedenen Sprachen und sozialen Instinkten sowie in der gegenseitige Hilfe, Sympathie und Geselligkeit ausdrücken.

Ein Unterschied zwischen Mensch und Tier hat sich insofern herausgestellt, dass der Mensch alles erst lernen muss. In der Tierwelt können wir nicht von Freiheit sprechen. Wenn z.B. bei Pferden ein Leittier vorausgeht und die anderen ihm folgen, ist das von der Natur so vorgesehen, damit sie gemeinsam überleben können. Der Mensch lernt in der Gemeinschaft und sammelt dabei seine Erfahrungen. Die Selbstbehauptung und die soziale Verwurzelung bestimmen sein Fühlen und Handeln. Da der Mensch ursprünglich in kleinen Gruppen lebte, musste er sich um zu überleben, den Regeln der Gemeinschaft anpassen: Der Stammesreligion, der Moral, den Bräuchen und Sitten. Sie kümmerten sich wenig um die individuelle Freiheit. Durch die Entwicklung zur offenen Gesellschaft, die die gesamte Menschheit umfasst, geht es darum, eine weltumspannende Organisation ins Auge zu fassen, in der der Einzelne auch freier in seiner Entscheidung sein kann.

Der *Intellekt* ist das Organ des handelnden Menschen, der primär auf die Aussenwelt gerichtet ist. Er dient vor allem der Selbsterhaltung, insofern er uns ein Verständnis für die Materie und die Herrschaft über sie ermöglicht.

Durch die *Intuition* erkennt sich der Mensch selbst, kann über sich nachdenken und sich in das Seelenleben anderer einfühlen. Durch die gegenseitige Hilfe, Zuversicht und Hoffnung konnte Technik, Medizin und vieles andere entstehen, was das Leben erleichterte. Die Sprache begünstigt das soziale Leben oder schränkt es ein. In ihr kommen unsere Gefühle des Ärgers oder der Freude zum Ausdruck. Hat das Kind einen falschen Weg eingeschlagen, ist eine Disziplinierung schädlich. Man muss mit dem Kind liebevoll reden, ihm ein gutes Vorbild sein und es durch Wertschätzung ermutigen, seine Haltung zu ändern.

Der Psychiater und Psychotherapeut Roland Wölfle legt einige Gedanken dazu dar:

> „Loben und Strafen erfolgen immer von einer Überlegenheitsposition aus und widersprechen einer partnerschaftlichen Haltung. Menschen, die für ein gutes Selbstwertgefühl von Lob und Zustimmung abhängig sind, verhalten sich oft besonders brav, liebenswürdig und angepasst. Es drohen Normopathie, Hospitalismus und psychosomatische Leiden aufgrund der Unterdrückung jeglicher negativer emotionaler Reaktion. Manche Betroffene berichten, sich schwer abgrenzen und nicht „nein" sagen zu können, weil sie befürchten, dann nicht mehr gemocht und geliebt zu werden."[63]

Da der Mensch immer in einer Gemeinschaft lebt, kann er sich nur frei fühlen, wenn es dem anderen auch gut geht. Das Soziale ist so stark im Menschen verankert, dass er jegliche Handlung aus dem Gesichtswinkel der Gemeinschaft beurteilt. Sie beruht auf Anerkennung und Sympathie, in gleichwertigen Beziehungen werden Sicherungstendenzen und Angst aufgegeben. Das Kind lernt die gegenseitige Achtung und Würde zuerst in seiner Familie. Freisein heisst also nicht, ohne Beziehung zu leben, sich in die Einsamkeit zurückzuziehen - frei sein heisst in Beziehungen zu leben, Gedanken frei äussern und sein Leben vernünftig und nach seinen eigenen Bedürfnissen einrichten zu können.

Zwang und Bedrängung in der Erziehung sind Bestrebungen, die der Natur des Menschen widersprechen, sie stossen logischerweise beim Kind auf Widerstand, dem es in irgendeiner Weise zu entgehen versucht. Sie machen die

---

[63] Wölfle, R.: Wo ich war, soll Gemeinschaft werden, Waxmann 2015, Münster, S. 586.

Vielfalt der Kompensationen aus, die wiederum zu psychischen und somatischen Beschwerden führen können. Gesundheit aber ist wichtig für das Wachstum des Menschen.

Freiheit gibt es nur in der Situation. Nur indem wir uns mit Situationen auseinander setzen, sind wir auch frei in der Entscheidung. Das Kind konnte sich seine Familie nicht wählen. Es holt sich die Orientierung bei seinen Mitmenschen und versucht sich anzupassen, ohne seine Empfindungen ganz aufzugeben. Je mehr das Kind Mut entwickeln konnte, je freier ist es in seiner Wahl, je kreativer wird es in seinen Zielsetzungen, je genauer in seinen Wahrnehmungen. Es entwickelt sich allmählich zu einer Persönlichkeit. Bei zu grosser Einschränkung können sich sein Selbstwertgefühl, seine intellektuellen und moralischen Fähigkeiten nicht genügend entfalten.

4) Kindheit in Malerei und Literatur

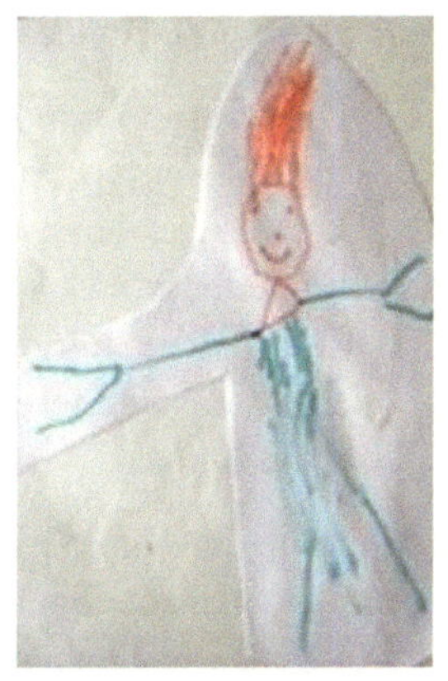

Sie werden sich vielleicht fragen, was das Thema Kunst mit „Spiel als Erziehung“ zu tun hat? Im künstlerischen Schaffen ist der Mensch frei, offen für das Schöne, zugewandt der Welt und ihrer Erscheinungsformen; die Stimmung der Natur und des Lebens wird wahrgenommen, festgehalten und nachempfunden. Landschaften oder Menschen werden verschieden und nach persönlicher, subjektiver Wahrnehmung gemalt; Phantasie, Interesse, Erinnerung, Emotionen, Gewohnheiten, Ideale und Meinungen inspirieren den Künstler und so auch das Kind beim Malen.

Die Kunst hat viele Gebiete des menschlichen Lebens positiv beeinflusst und zur Selbstverwirklichung des Menschen beigetragen, zur theoretischen genauso wie zur praktischen. Alle Einflüsse des Lebens von frühester Kindheit an sind lediglich Bausteine zum Aufbau der Persönlichkeit; sie selbst ist der Urheber seiner Person. Sowohl in der Persönlichkeitsausformung wie auch in der Symptomwahl steckt etwas Einmaliges, wie bei einem Kunstwerk. Der künstlerische Mensch und sein Werk weisen eine bestimmte Übereinstimmung auf, sie befinden sich zwischen Realität und Wunschwelt, kann aber über die Grenzen hinausgehen. Im freien Spiel werden Abstand und Nähe, eins sein und getrennt sein durch die Gefühlsverfassung, die kreative Kraft und den Verstand wirksam.

Ähnlich wie das Lernen des Kindes im Spiel, ist auch das Erziehen und Lehren eine Kunst. Es ist dem Malen eines Bildes vergleichbar, dem Komponieren eines Musikstückes oder dem Bepflanzen eines Gartens. Ein Erzieher muss seine Aufgabe mit ganzem Herzen machen, damit ein künstlerisches Werk entstehen kann. Künstler schaffen etwas, das das Leben anderer Menschen bereichert. Kunst ist eine Fertigkeit, die vom Einzelnen oder von mehreren Menschen ausgeführt wird, sie verlangt Hingebung, Wahrnehmung,

Wissen, Können und Einsatz. Die Kunst stand immer im Zusammenhang mit kulturellen Bewegungen und im Austausch mit intellektuellen Anregungen ihrer Epoche. So geben Werke der Malerei, Musik, Dichtung oder Kinderbücher nicht nur die Vorlieben und Wandlungen der Zeit wieder, sondern auch Einblicke in die Befindlichkeiten der Menschen aus der Sicht der Künstler und der Betrachter. Ihr Erleben der Kindheit spielt dabei immer eine besondere Rolle.

> „Die wahre Schönheit kann nur von der wahrhaft schönen Seele geschaffen werden, worunter wir einen Menschen verstehen, der sich als Erwachsener seine Kindheit bewahren konnte und gleichsam als Kind und reifer Mensch in die Welt hinein blickt. Wer aber als trauriges Kind und verstümmelter Erwachsener ins Imaginäre aufbricht, wird in seinem Phantasieren unwillkürlich pathologische Motive zum Vorschein bringen.“[64]

Die Rolle der Kunst sieht die Philosophin Juliane Rebentisch in der Möglichkeit der Erfahrung einer Distanz von sich, von den sozialen Rollen und Erwartungen. Die Freiheit im sozialen sei auf Momente der Freiheit vom Sozialen angewiesen, auf Momente, die es uns ermöglichen, die Frage zu stellen, wie wir leben wollen. Eine Distanz kann durch eine Krise entstehen und einen Wendepunkt bedeuten, sein Leben neu und anders zu ergreifen, zu einem gelungenen Leben dazu. Ohne diese Freiheit läuft das Leben und das Werk Gefahr, sich einer Entfremdung zu nähern, die das schöpferische Moment versiegen lässt. Das Verbleiben in immer denselben sozialen Rollen, so wie es von den Eltern vermittelt wurde (Prinzipien, Orientierungen, Vorurteilen) birgt das Risiko, kein selbstbestimmtes Leben führen zu können, was bedeutet, dass man sich selbst nicht wahrnehmen kann. Freiheit bedeutet aber nicht eine Freiheit jenseits aller sozialen Bindungen, wie schon Hegel formulierte.[65]

Das Bild des Kindes in der Malerei

Wenn wir die Gemälde vom 15. bis 20. Jahrhundert betrachten, von Dürer

---

[64] Rattner, J. / Danzer, G.: Kunst und Psychoanalyse, K&N 2010, Würzburg, S. 86.

[65] Rebentisch, Juliane: Die Kunst der Freiheit, Suhrkamp 2012.

(rechts ein Bild von Dürer) bis Renoir und Picasso, also vom Mittelalter bis zur Moderne, dann war zuerst auf den Bildern fast überall nur das Jesuskind und die heilige Familie zu sehen, - viele Kinder fanden also wenig Beachtung. In Italien ist zur Zeit der Renaissance die Kirche der Auftraggeber für die meisten Gemälde. Die Armen bringen die Kinder in Waisenhäuser, wo sie von Ammen gut ernährt werden und in welchen Lehrer die Kinder im Lesen und Schreiben unterrichten. Im 16. Jahrhundert wurde der flämische Maler Pieter Bruegel der Ältere durch *Die Kinderspiele* bekannt. Kinder galten als kleine Erwachsene und waren auch so gekleidet. Die Gesichter sind rund und mit Knopfaugen dargestellt, nicht individuell.

Die weltliche Familie wird im 17. Jahrhundert entdeckt, indem das Kind immer mehr in den Mittelpunkt rückt. In Europa erhalten Maler durch die verschiedenen Königreiche neue Aufträge, die in Familienporträts den Fortbestand ihrer Dynastie festhalten wollen: Prinzen und Prinzessinnen in edlen Gewändern, Graf und Gräfin mit ihren Kindern. Da die Frauen oft im Wochenbett starben und die Witwer erneut heirateten, entstanden die ersten „Patchwork Familien". Die Kinder galten früh als Erwachsene und verliessen oft mit sieben Jahren das Elternhaus, um ein Handwerk zu lernen. Mädchen und Hochadelige blieben von der Verschulung lange Zeit unberührt.

Ende des 18. Jahrhunderts werden Zärtlichkeit, Liebe und Zuwendung der Eltern und Neugierde, Lebenslust und Fortschritte der Kinder in Bildern festgehalten. Die Aufklärung widmet sich der geheimen visuellen Welt der Kindheit, die Rousseau mit seinem *Emile* und später Goethe mit seiner Erziehungsutopie beschrieben haben. Das Kind gilt nun als Wesen mit eigenen Gefühlen, das es zu bilden und zu erziehen gilt. Jean Baptiste-Siméon Chardin malte Bilder wie *Knabe mit Buch, Mädchen beim Klavierspielen*

oder Kind mit Kreisel. In den Bildern von Albert Anker (1831-1910; siehe vorherige Seite) spiegeln sich vielfach Gesichter der Fröhlichkeit, Zufriedenheit und Geborgenheit wider.

Philippe Ariès (1914-1984), französischer Historiker, hält diese Zeit in seinem Buch *Geschichte der Kindheit* fest. Er schreibt, dass die Familie im 15. Jahrhundert eng mit dem gesellschaftlichen Leben verbunden war, es gab keine Trennung zwischen Privatheit und Öffentlichkeit. Alle waren in ständigem Kontakt mit allen Menschen in der Umgebung. Gegenseitige Hilfe, enge Beziehungen, Vertrautheit und Nähe, also Soziabilität in hohem Grade kam auch in der Malerei zum Ausdruck. Das Haus bedeutete Begegnungsort für Dienerschaft und Herrschaft, die Tür stand offen für unangekündigte Besucher, Verwandte und Nachbarn; auch der Beruf wurde im Haus ausgeführt. Die Kinder nahmen Teil in allen Lebensbereichen, die Erwachsenen waren Vorbild und Lehrer ihrer Kinder. Ariès macht uns aber auch darauf aufmerksam, was Kinder durch die jahrtausendealte Pädagogik, durch die Anwendung von Gewalt der Erwachsenen gelitten haben. Die falschverstandene Erziehung zur Unterordnung und zu Gehorsam, wo der Erwachsene hoch über dem Kind steht und Befehle erteilt, führte nicht zu einem gesunden, glücklichen Menschen.

Mit dem Beginn der Neuzeit werden getrennte Zimmer eingerichtet, in die sich die Familie zurückziehen konnte. Besuche mussten sich von nun an anmelden und die Arbeit verschob sich ausser Haus. Die Vermittlung von Normen und Werten, die Förderung der Individualität und Identität wurden wichtig. Ariès ist der Ansicht, dass die Erziehung durch das gesellschaftliche Leben, durch die Einführung von Schulen, eingeschränkt wurde und es zu einer Isolation zwischen Kindern, Jugendlichen und Erwachsenen gekommen sei. Andere Erwachsene haben die Vorzüge der Schule anerkannt und sie mit denen der häuslichen Erziehung zu versöhnen versucht, in dem sie das Für und Wider aufzeigten:

> „Wenn man die Kinder zu Hause erzieht, können die Eltern besser über ihre Gesundheit wachen, die Kinder werden sich leichter bessere Umgangsformen aneignen, weil sie an gesellschaftlichen Kontakten teilnehmen."

Aber es gibt dabei auch Nachteile:

> „Es ist schwierig, feste Unterrichtsstunden anzusetzen, weil diese ja von den Mahlzeiten abhängen, die wiederum infolge geschäftlicher Verpflichtungen und von Besuchen, die dazwischen kommen und die man oft weder vorhersehen noch vermeiden kann, nicht zu festgesetzten Zeiten stattfinden können... Es bestand zudem die Gefahr, dass die Kinder von den Eltern zu sehr verwöhnt wurden. Schliesslich sind sie den Gefälligkeiten und Schmeicheleien der Dienerschaft, den zügellosen Reden und Albernheiten fremder Bediensteter, die man nicht immer von ihnen würde fernhalten können, ausgesetzt."[66]

Die Kollegien haben zudem den Vorteil, dass die Kinder dort Freundschaften schliessen, die oft bis an ihr Lebensende fortbestehen können.

Unter dem Einfluss des Humanismus entstanden besondere Kinderschulen. Im 18. Jahrhundert wurde teilweise die körperliche Züchtigung abgeschafft; die Verantwortung gegenüber dem Kind und die Entdeckung des Sinns für Würde in der Kindheit hielt im Denken der Menschen Einzug. Als das Volk sich 1830 in Frankreich gegen die unwürdigen Zustände empörte, entstanden Gemälde von Bauernkindern, ausgemergelten Arbeiter- und Strassenkindern. In ganz Europa interessieren sich Philosophen, Schriftsteller und Künstler für das neue Kind.

Mit der Entdeckung der Photographie in der Mitte des 19. Jahrhunderts, die die Zustände in schwarz/weiss zeigte, wird die Realität besser festgehalten. Die Künstler mussten sich um neue Themen bemühen und eine neue Ausdrucksart finden, was den Impressionisten gelang. Scharfe Konturen verschwanden, es entstanden weiche Umrisse, die Platz machten für fröhliche Farben; Schatten und Licht werden umso mehr herausgearbeitet. Im Werk von Pierre-Auguste Renoir (1894-1979) *Zwei Schwestern* wird die Stimmung wunderbar festgehalten.

In Felix Vallotton (1891) *Der Ball* kommt die Befreiung des Kindes und seine Selbstbestimmung zum Ausdruck. Eltern und Erwachsene bleiben im Hintergrund. Die künstlerische Darstellung ermöglicht Abstand und Nähe, eins sein und getrennt sein.

Kunstschaffen und Kunstempfinden ist Ausdruck menschlichen Freiseins,

[66] Ariès, Philippe: Geschichte der Kindheit, dtv. 2014, München, S. 523.

welches als freies Spiel der Einbildungskraft, der Phantasie und der individuellen Wahrnehmung entspringt. Der Betrachter kann „durch eine Landschaft gehen und sie nur im Hinblick auf ihre praktische Verwertbarkeit ansehen. Die Gegend wird jedoch für ihn eine völlig andere, wenn er sie unter dem Aspekt der Schönheit sieht."[67] Die Wahrnehmung hängt, wie beim Spiel der Kinder, von Eindrücken, Werte empfinden und Interessen ab. Ein Kind, das in den Bergen aufgewachsen ist, die Natur, den Duft des Waldes und der Wiesen hautnah erlebt hat, wird bei seiner Zeichnung das wiedergeben.

In der Bilderausstellung wird ein Betrachter vor einem Landschaftsbild haltmachen, während einem anderen ein menschliches Antlitz gefühlsmässig in Begeisterung versetzen kann. Alles Sehen ist selektiv und beim Hören von Musik ebenso. Je mehr der Mensch Einblick in die Geheimnisse des Menschen, der Natur, der Malerei, der Musik oder der Literatur erhält, umso mehr wird sich ihm die Vielfältigkeit und Schönheit der Welt auftun.

Paul Klee

Von einem Genie sprechen wir, wenn seine Werke für die Mitmenschen von Bedeutung sind. Darum haben lediglich die schöpferischen Leistungen für die menschliche Gesellschaft überlebt, die für sie nützlich waren. Der deutsche Maler und Graphiker, Paul Klee (1879-1940), ist ein Mensch, der seinen Mut und sein Realitätsempfinden in seiner eigenen Bildsprache auszudrücken vermochte. Die entstandenen Zeichnungen und Bilder bezeichnete er als „Psychogramme", die das wiedergeben, was er erlebte.

Paul Klee ist in Münchenbuchsee bei Bern geboren. Er war das zweite Kind; seine Schwester Mathilde war drei Jahre älter als er. Der Vater (Deutscher) arbeitete als Musiklehrer, seine Mutter (Schweizerin) als Sängerin. Seine Grossmutter mütterlicherseits, die selber zeichnete und malte, schenkte ihrem Enkel die ersten Farbstifte und weckte in ihm die Lust am Zeichnen und Kolorieren. Seine Schulhefte zierten Karikaturen. Paul Klee war der Überzeugung: „Kunst gibt nicht das Sichtbare wieder, Kunst macht sichtbar."[68]

Die Analytikerin Anita Eckstaedt analysiert in ihrer Werkarbeit *Der Ur-*

---

[67] Rattner Josef: Kunst und Psychoanalyse, K&N 2010, Würzburg, S. 89.

[68] Eckstaedt, A.: Der Ursprung des Schöpferischen bei Paul Klee, Psychosozial 2015, Giessen, S. 19.

sprung der schöpferischen Kraft bei Paul Klee (siehe rechts) die Kinderzeichnung des vierjährigen Paul Klee und erkennt im Bild „Mimi“ Selbstdarstellung und Mutter-Kind-Beziehung.

Alfred Adler sieht in der schöpferischen Kraft, d.h. in der subjektiven Stellungnahme zu den Ereignissen, einen Akt der künstlerischen Intuition. Dabei ist die spezielle Situation in der Familie massgebend, aus der sich dann die Persönlichkeit des einzelnen herauskristallisiert. Die Kraft dafür entsteht aus dem Verlangen nach Entwicklung. Leben heisst bei Adler: „Anteilnehmen an den Mitmenschen, Teil des Ganzen zu sein, nach Kräften zum Wohl der Menschen beitragen.“

Die Kunstgeschichte und die Lebensgeschichte des Künstlers, die sich gegenseitig beeinflussen, vereinen sich im Kunstwerk. Das Bild „Mimi“, das aus einer Vorlage aus Epinal entstand, stellt Wesentliches aus seiner eigenen Erfahrung dar. Die Darstellung zeigt das Kind in graziöser Bewegung, Behutsamkeit und Selbstsicherheit sich Madame Grenouillet nähernd, die dem Kind wiederum mit einer reservierten Haltung begegnet.

Dieses Mutter-Kind-Bild ist nicht das Übliche, meint Eckstaedt:

> „In einer Beziehung zwischen Mutter und Kind kann es nicht um Huldigung gehen... Die echte Liebe einer Mutter verlangt nichts, und ein Kind liebt insbesondere seine Mutter mit der selbstverständlichen Erwartung, von ihr geliebt zu werden... Seine primäre Identifikation, die sich im Wechsel zwischen beiden für es herausbildet, ist Basis für seine spätere Identifikation.“[69]

Paul Klee hatte zu seiner Mutter eher ein getrübtes Verhältnis, zumal sie leidend war. Den Vater schildert er als machtvoll und männlich, seine Schwester Mathilde als bescheiden, die „die mütterliche Funktion des Containings“ übernahm. Die musikalischen Eltern hatten sein Interesse am Malen sicher erkannt, förderten ihn aber vorwiegend in Musik. Die Stickereien der Gross-

[69] Eckstaedt, A.: Der Ursprung des Schöpferischen bei Paul Klee, Psychosozial 2015, Giessen, S. 35.

mutter regten ihn zu dekorativen und symmetrischen Mustern, Ornamenten von Blumen und verschiedenen Farben in der Malerei an.

In Klees Arbeiten kommen vielfach sein Naturerleben und die kreativ-psychische Verarbeitung zum Ausdruck. In den Bildern der Natur, der Gärten und Parks, des Meeres und der Küsten, der Häfen und Städte ist sein Lebensgefühl wirksam und als Situation der Freiheit, Zugehörigkeit und Geborgenheit dargestellt. Seine Bilder sind eigenständig und fast spielerisch gemalt. Sohn Felix beschreibt Paul Klee als denkenden, empfindenden, abwägenden und formenden Künstler.

Seine Ausbildung machte Paul Klee in der privaten Malschule von Heinrich Knirr und in der Kunstakademie, Franz von Stuck in München. Durch einen halbjährigen Studienaufenthalt in Italien mit dem Berner Bildhauer Hermann Haller lernte er die italienischen Kunstwerke und ihre „spielerische Sensibilität“ kennen. Künstlerkollegen, die ihn auf seinem Lebensweg begleiteten, waren unter vielen anderen auch Wassily Kandinsky, Marc Chagall, Alfred Kubin, Walter Gropius, Pablo Picasso. Paul Klee hat sich später unter dem Einfluss des Surrealismus in eine Richtung entwickelt, die immer mehr in Distanz zur Naturbetrachtung geriet.

Ganz gleich ob wir Bilder betrachten oder uns in Literatur vertiefen, die Kunst wendet sich unmittelbar an unser Gefühlsleben, an unsere Intuition. Unser aktives Leben kommt vor dem Kunstwerk zur Ruhe, wir geben unsere Sicherheitstendenzen und Abwehrhaltungen auf und erfahren Freiheit und Selbstsein.

Kinderbücher und Erziehungsgrundsätze

Die ersten Kinderbücher in Europa dienten einzig der Erziehung und Belehrung von Kindern. Die Bedürfnisse des Kindes standen nicht im Mittelpunkt, sondern gesellschaftliche Konventionen, Erziehung zu Ordnung und Moral. Durch die moralischen Wertvorstellungen im deutschsprachigen Raum des 19. Jahrhunderts kamen Bücher wie der *Strubelpeter* (1845) in die Kinderstuben, die übertrieben formuliert auf den Unsinn der Bestrafung aufmerksam machen sollten. Es folgten Phantasie- und Abenteuer Geschichten, wie *Alice im Wunderland,* welche schon freier von moralischer Botschaft war.

Die *Trotzkopf*-Reihe von Emmy von Rhoden galt später als verderblicher Schund.

Dass Kinder eigenständige Wesen sind und darum mit Respekt behandelt werden müssen, und dass die Zukunft des Landes vom Gedeihen der Kinder abhängt, wurde den Erwachsenen erst allmählich bewusst. Erst in den siebziger Jahren des 20. Jahrhunderts gab es lustige Kinderbücher, wie *Der grosse Schnee* von Alois Carigiet (1902-1985), sowie lehrreiche Tierbücher, Biographien über Entdecker und berühmte Menschen zu kaufen. Es ging lange, bis die Idee Fuss fasste, dass Kinderbücher mit ästhetischen Bildern Freude, Neugierde und die Phantasie des Kindes im positiven Sinn anregen könnten.

Es wäre schön, wenn in den Familien schon früh eine auserlesene Bibliothek angeschafft würde, so dass das Kind zu verschiedenen Lebensaltern vortreffliche Bücher vorfinden könnte. Bücher werden so wie andere Dinge zu seinem vertrauten Heim und es kann selbst wählen, was es jeweils anschauen oder lesen will. Bücher und Geschichten können zur humanistischen Bildung beitragen. Spielsachen (wie Baumaterial) sollten sinnvollerweise einfach in der Handhabung sein und die Phantasie und den Erfindungsgeist anregen. Schlechte Spielzeuge oder Bücher (Kriegsspielzeuge wie Tanks, Kanonen, Raketen, Waffen) kann man selbst wegwerfen und dem Kind dafür ein Vergrösserungsglas, einen Fotoapparat oder gefühlvolle Bücher in die Hand geben, um seine Möglichkeiten zu fördern, das Leben kennen und lieben zu lernen ... anstatt es zu vernichten. Erziehung zur Gemeinschaft schliesst immer auch Erziehung zum Frieden und zur Friedfertigkeit ein. Märchen stammen aus einer autoritären, antidemokratischen und abergläubischen Zeit, wo Könige uneingeschränkt über Menschen regieren und das Heldentum verherrlicht wird. Sie sind nicht geeignet die Solidarität und die Hilfsbereitschaft beim Kind zu wecken. In einem umfassenden sozial-kulturellen Training wächst das Kind in die Kultur hinein. Ein Kind, das sich geborgen und angenommen fühlt, lernt und folgt seinen Vorbildern, die es auf seinem Weg begleiten.

Wir sind gewohnt anzunehmen, dass Gewalt in unseren Breitengraden in der Erziehung kaum mehr eine Rolle spielt. Dem kann man beipflichten, denn die Rute hat keinen Platz mehr in der guten Stube und auch nicht in der Schule. Der Umgang ist durch Achtung gegenüber dem Heranwachsenden und durch Nachsicht für Ungeschicklichkeiten gekennzeichnet. Man ist sich der Tragweite einer fürsorglichen und anleitenden Erziehung bewusst.

Es gibt ein Buch *Das allerbeste Apfelmus* (Dorothy Canfield, P&E Verlag, Meilen), das die Entwicklung von einem verzärtelt-ängstlichen zu einem selbstsicheren Kind eindrücklich aufzeigt. Es kann für Erzieher und Kindern hilfreich sein, in ihrem Bemühen eine Beziehungskultur zu schaffen, in der Eigenständigkeit und Gemeinschaftsfähigkeit keinen Gegensatz bilden.

Beispiele aus der Literatur

Joseph von Eichendorff (1788-1857) schrieb ein Gedicht, er nannte es „Sehnsucht“:[70]

Es schienen so golden die Sterne,
Am Fenster ich einsam stand
Und hörte aus weiter Ferne
Ein Posthorn im stillen Land.
Das Herz mir im Leib entbrennte,
Da hab ich mir heimlich gedacht:
Ach, wer da mitreisen könnte
In der prächtigen Sommernacht!

Der Betrachter und Dichter steht in der verträumten Umgebung, einsam am Fenster, während er sich nach Ferne sehnt. Das Posthorn lässt den Wunsch nach einer Reise erkennen, die er nicht machen kann. Wie schwer es ihm ums Herz ist und wie gross der Wunsch, der Enge des Raumes zu entfliehen, zeigt uns seine Gemütsbewegung.

Vielen Schriftstellern gelang es, den Lebensstil eines Menschen nachzuempfinden, indem sie sich durch Intuition und Beobachtung, durch Einbezug der Umwelt in die Bewegungen und Handlungen einfühlen konnten. Auch Philo-

[70] Staiger, Emil: Deutsche Gedichte, Atlantis 1948, Zürich, S. 340.

sophen vertraten die Meinung, dass die Kunst die Erzieherin der Menschheit sein könnte. Dichter vermögen dazu anleiten, Charaktere und Schicksale zu begreifen. „Jeder Mensch verrät etwas von sich selbst in seinem Tun und Lassen, seinem Reden und Reagieren, und zwar ohne dass er es will und weiss." Gleichgültig, ob er ein Kunstwerk oder einen Menschen betrachtet, kann er diesem beteiligt oder unbeteiligt, hingerissen oder beschaulich, menschlich offen oder wertend gegenüber stehen. Aus den Literaturbeispielen kann man sich erkennen. „So ist die Kunst eine Erzieherin der Menschheit."[71]

Die Weltoffenheit, die wir beim Kind noch beobachten können, ist beim Erwachsenen nicht selten durch Vorurteile und Anpassung an Konventionen verloren gegangen. Individuelles Denken und Fühlen sind nicht selten eingeschränkt. Schiller weist darauf hin, dass der Mensch vor dem Erhabenen nicht in einem Gefühl der Ohnmacht verharren müsse. Die Aufgaben, die das Leben stelle, könne er auf Grund seiner „schöpferischen Kraft" und seiner Gemeinschaftsfähigkeit leicht lösen.

Leo Tolstoi, (1828-1910) beschreibt in seiner autobiographischen Romantrilogie seine „Kindheit und Jugend" wie sie war und wie er sie erlebt hat. Er geht dabei sehr minutiös vor, beobachtet und analysiert sehr genau das Verhalten seiner Mitmenschen, Vater, Mutter, Geschwister, Lehrer, Angestellte und Freunde, und er beobachtet sich selbst, wobei sich Wirkliches mit Erinnerungen verschmelzen. Es ist nicht sicher, ob Erinnerungen tatsächlich geschehen sind. *Wir vergessen, was nicht in unser Konzept passt wir erinnern, was die Meinung über uns, andere und die Welt bestärkt* (Goethe) und wird nicht selten im Laufe des Lebens modelliert. Sie stützen unsere Identität.

Tolstoi wächst mit seinem vier Jahre älteren Bruder Wolodja und seinen zwei älteren Schwestern auf einem Gutshof mit vielen Angestellten und Lehrern auf, die sich um die Kinder kümmern. Als Jüngster in der Familie und Liebling der Mutter litt er sehr, als diese früh verstarb. Ihre Liebe und Güte blieb ihm aber stets in Erinnerung. Zum Glück hatte er viele liebe Menschen um sich herum, die sich seiner annahmen.

Eine Kindheitserinnerung lautet: „Ich durfte mit meinem Vater, den Geschwistern und den Jägern auf die Hasenjagd. Da ich noch klein war, wurde

[71] Rattner, J. /Danzer, G.: Kunst und Psychoanalyse, K&N 2010, S. 96.

mir befohlen, an einem Platz am Waldrand mit meinem Hund Schiran zu warten, bis ein Hase vorbeikommt. Dann sollte ich meinen Hund freilassen, damit er den Hasen fangen könne. Da lange nichts passierte, wandte ich mich der Umgebung zu:“

> „Neben der Wurzel der Eiche, unter der ich sass, auf der grauen trockenen Erde, zwischen trockenen Eichenblättern, Eicheln, dürrem, moosbewachsenem Reisig, gelbgrünem Moos und spärlichem grünem Gras wimmelten eine Unmenge Ameisen umher. Sie liefen eine hinter der anderen auf winzigen glatten Wegen, die sich gebahnt hatten, manche mit einer Last, andere unbeladen. Ich nahm ein Stöckchen und versperrte ihnen den Weg. Es war sehenswert, wie die einen, die Gefahr verachtend, darunter durchkrochen, andere darüber hinwegkletterten und manche, besonders solche, die Lasten schleppten, völlig die Fassung verloren und nicht wussten, was sie tun sollten: sie machten halt, suchten einen anderen Weg oder kehrten um oder krabbelten an dem Stöckchen entlang auf meine Hand zu und wollten in meinen Jackenärmel kriechen. Von diesen interessanten Beobachtungen wurde ich durch einen Schmetterling mit gelben Flügeln abgelenkt, der höchst verführerisch vor mir flatterte...“[72]

„Als der Hase dann endlich auftauchte, war ich nicht bereit und verpasste ihn“, gesteht Tolstoi. Er sagt von sich, dass er manchmal träume und sich in andere Dinge verliere. Wenn ihm etwas nicht gelinge, sei er mit sich unzufrieden und nehme sich vor, sich zu bessern.

Tolstoi schildert auf eindrückliche Weise, wie sich ein Kind im Spiel vergessen kann. Die Aufgabe war achtzugeben, wenn ein Hase auftaucht, er aber wendet sich den Ameisen zu, die ihn faszinieren. Gleichzeitig erforscht er die Natur. Dieses Beispiel lässt uns erahnen, wie bedauerlich es ist, wenn diese schöpferischen Momente durch unbedachtes Eingreifen des Erziehers unterbrochen werden. Im Alltag kann man genügend Beispiele für das Übergehen kindlicher Regungen beobachten, so z.B. beim Spaziergang, wenn das Kind sich beugt, um mit Steinchen zu spielen, anstatt weiter zu laufen.

Nachdem die Jagd zu Ende war, versammelte sich die ganze Gesellschaft auf einem Teppich, um Obst zu essen. Die Kinder hatten bald das Bedürfnis,

---

[72] Tolstoj, Lew N.: Kindheit und Jugend, insel TB 203, 1976, Frankfurt a.M., S. 36.

„Robinson" zu spielen, nur Bruder Wolodja verspürte keine Lust mitzumachen. Leo Tolstoi vermutet: „Vielleicht besass er auch schon zu viel nüchternen Verstand und zu wenig Phantasie, um das Robinsonspiel zu geniessen... Als ich tat, als ginge ich auf die Jagd, mit einem Stock auf der Schulter zum Wald marschierte, legte sich Wolodja auf den Rücken, schob die Hände unter den Kopf und bemerkte spöttisch, er gehe auch auf die Jagd."[73]

Kleine Kinder bilden gerne die Wirklichkeit nach, obwohl sie wissen, dass man mit einem Stock nicht schiessen und mit Stühlen nicht fahren kann. Der eine wird zum Kutscher, ein anderer wird Jäger und die Mädchen geben das Dreigespann ab; Vergnügen und Freude kennen keine Grenzen.

Tolstois Vater war Gardeleutnant a. D., der nach den Werten des vorigen Jahrhunderts lebte: Ritterlichkeit, Unternehmungslust, Selbstvertrauen, Liebenswürdigkeit und Vergnügungssucht. Die Mutter entstammte der Fürstenfamilie Rurik.

Zur Zeit des Zarismus war Tolstoi nicht der einzige Aristokrat (ebenso Peter Kropotkin, Alexander Herzen, Michael Bakunin), die gegen die Unterdrückung des Volkes und für eine freie Gesellschaft eintraten. Bei der Volkszählung meldete er sich als Helfer und lernte dadurch das unsägliche Elend und die Verwahrlosung kennen. Er war davon dermassen berührt, dass er sein privilegiertes Dasein als Verbrechen betrachtete: „Das kann nicht sein! So kann man nicht leben!" In seinen folgenden Schriften „Es ist beschämend (1895)", „Die Sklaverei unserer Zeit (1900)", u.a., kommt dieser Protest zum Ausdruck. Tolstoi entwickelte ein Gefühl der Demut und Mitmenschlichkeit, die zu einer humanistischen Weltanschauung führte. Angeregt durch Rousseau gründet er eine Dorfschule „Jasnaja Poljana", um die Kinder aus der Unwissenheit und dem Analphabetismus zu befreien und sie zu Mitmenschlichkeit und Kameradschaft anzuhalten. Im Essay „Was ist Kunst" (1898) stellt er die skeptische Frage, ob in einer korrupten Gesellschaft die Kunst nicht auch davon betroffen ist oder wenigstens der Kunstbetrieb, von dem das Volk ausgeschlossen ist. Hier wird deutlich, dass Tolstoi nicht nur ein Mann schöner Worte war; er liess auch Taten folgen. Wie oft erleben wir, dass gerade die Folgen ausbleiben, was dazu führt, das Gedachtes nicht erprobt wird und daher auch in der Praxis nicht Fuss fassen kann.

---

[73] Ebd., S. 38, 39.

Als Tolstoi selbst als Offizier am Krimkrieg teilnahm, beschreibt er in den „Sewastopol Erzählungen“ den schrecklichen Alltag des Krieges ohne Heldenverehrung und Vaterlandslügen. Er quittiert darauf seinen Dienst in der Armee. Dass er zu einem Menschen heranwuchs, der sich für die Menschen und den Frieden einsetzte, ist seiner liebevollen Erziehung, seinem Stand in der Gesellschaft, seinem Unabhängigkeitsgefühl und seinem Mut zuzuschreiben, den er sich in der bäuerlichen Lebens- und Produktionsgemeinschaft auf dem Dorf aneignen konnte. Tolstois Werke haben nicht nur Mahatma Gandhi sondern auch Thomas Mann beeindruckt.

Der Schriftsteller *Erich Kästner* (1899-1974), zeichnet in seinem Buch „Als ich ein kleiner Junge war“ seine Kindheit nach und gibt uns damit einen Einblick in die damalige Zeit, deren Weltanschauung und gesellschaftliche Verhältnisse. Die wirtschaftlichen Veränderungen des Maschinenzeitalters und der damit verbundenen Auswirkung auf freischaffende handwerkliche und bäuerliche Betriebe waren enorm. Er schreibt:

> „Das Maschinenzeitalter rollte wie ein Panzer über das Handwerk und die Selbständigkeit hinweg. Die Schuhfabriken besiegten die Schuhmacher, die Möbelfabriken die Tischler, die Textilfabriken die Weber, die Porzellanfabriken die Töpfer und die Kofferfabriken die Sattler, usw. Die Maschinen arbeiteten schneller und billiger. Schon gab es Brotfabriken und Wurstfabriken und Hutfabriken und Marmeladefabriken ...“[74]

Eigenständige Handwerker, die ihr Metier wie Künstler verstanden, konnten immer weniger ihre hochwertigen Sachen verkaufen, mussten Schulden machen und schlussendlich ihren Laden und ihre Werkstatt mit Verlust verkaufen. Wie viele, musste sich auch Erichs Vater nach einer neuen Arbeit umsehen, die sich 1895 in Dresden in einer Kofferfabrik ergab. Dresden, eine schöne Stadt mit vielen Sehenswürdigkeiten, wurde am Ende des II. Weltkriegs am 13. Februar 1945 dem Erdboden gleich gemacht.

Die Familie wohnte in einer kleinen 3-Zimmerwohnung, der Lohn des Vaters reichte nicht aus, die Mutter nahm eine Heimarbeit an, damit sie die Schulden abzahlen konnten. In diese Situation hinein wurde Erich Kästner geboren. Er war ein hübsches Kind, das viele bewunderten.

---

[74] Kästner, Erich: Als ich ein kleiner Junge war, Atrium 1957, Zürich, S. 46.

Früheste Kindheitserinnerungen:

> „Ich war am Bein geschnitten worden. Die bandagierte Wunde brannte wie Feuer. Und meine Mutter trug mich, obwohl ich damals schon laufen konnte, auf beiden Armen nach Hause. Ich schluchzte. Sie tröstete mich. Ich spüre jetzt noch, wie schwer ich war und wie müd ihre Arme wurden."[75]

Gewisse Kindheitsvorfälle bleiben deshalb in Erinnerung, weil diese Situationen für das Kind wichtig waren, zum Beispiel, dass die Mutter für ihn da war und ihn tröstete.

> „Als ich ein kleiner Junge war und mein Vater an einem hellen Sommerabend, mit mir zum Waldschlösschen spazierte, weil es dort ein Kasperlitheater gab, das ich innig liebte, machte er plötzlich halt und sagte: „Hier stand früher ein Gasthaus. Das hatte einen seltsamen Namen. Es hiess *Zur stillen Musik!* Ich blickte ihn verwundert an... und dachte: Aber eine stille Musik, die gibt es nicht. Entweder macht man Musik oder es ist still."[76]

Aus dieser Kindheitserinnerung geht hervor, dass Erich gerne mit dem Vater unterwegs war, dass er etwas erleben wollte und dass er ein scharfer Denker war. Für Jean-Paul Sartre ist es auch interessant, was der Autor in seinen Erinnerungen nicht erwähnt.

Erich Kästner erinnert sich auch an einen Jungen, mit dem er aufwuchs und im Sandkasten spielte:

> „Er warf mit Steinen nach mir, er stellte mir ein Bein, er stiess mich hinterrücks, dass ich hinfiel... Er schlug mich und lief kreischend davon. Ich rannte ihm nach, und wenn ich ihn einholen konnte, hatte er nichts zu lachen. Ich war nicht ängstlich. Aber ich verstand ihn nicht... Ich hatte ihn ganz gern."[77]

Erich fragt seine Mutter: „Warum macht er das? Und sie antwortet: „Vielleicht weil dich alle hübscher fanden als ihn!" Erich: „Und du meinst, das hat er verstanden?" Sie: „Nicht die Worte, aber den Sinn und den Ton, womit

---

[75] Ebd., S. 55.
[76] Ebd., S. 40.
[77] Ebd., S. 58.

sie es sagten." Erich kam zur Überzeugung, dass sein Freund ihn gar nicht angreifen wollte, wie er geglaubt hatte, sondern dass er sich nur verteidigte. Erichs Überlegung zeugt von Interesse und Intuition für die Nöte des anderen.

Wie schnell sind wir Erwachsener oft bereit, z.B. bei Eifersucht, das Böse im Menschen zu sehen, anstatt die Umstände und die Empfindlichkeit zu erkennen. Der Lebensstil eines Menschen wird vom Kind in einer Zeit aufgebaut, wo es weder eine ausreichende Sprache noch ein Verständnis für die spezielle Situation aufbringen kann. Verletzungen und Schmerz bleiben daher gerne in seiner Erinnerung, ebenso Beglückendes. Vieles, was wir später erleben, würde uns ohne Erinnerung an unsere Kindheit unverständlich bleiben. Nach Adler spielt es keine Rolle, ob Erinnerungen wahr sind oder nicht, auf jeden Fall drücken sie die Grundeinstellung eines Menschen aus, die über Jahre konstant bleibt.

Trotz misslicher gesellschaftlicher und wirtschaftlicher Umstände (Krieg, Geldsorgen) haben Erichs Eltern das Leben durch ihre Tüchtigkeit erstaunlich gut gemeistert. Die Mutter verdiente durch Heimarbeit, später durch die Vermietung von ein bis zwei Zimmern an Lehrer, die auch genug zu essen bekamen, etwas Geld dazu. Wie Erich Kästner sagt, sei er mit Lehrern aufgewachsen und da hätte sich sein Wunsch entwickelt, Lehrer zu werden. Er hatte die Vorstellung, wenn er Lehrer würde, könne er immer etwas Neues lernen. Sein Wissensdrang und sein Hunger zu lernen waren ungeheuer gross: „Wenn ich gross bin, denk ich, werd ich Lehrer. Dann les ich alle Bücher und ess alle Spiegeleier, die es gibt! ... Wer lesen kann hat ein zweites Paar Augen und er muss nur aufpassen, dass er sich dabei das erste Paar nicht verdirbt."[78]

Die Familie Kästner rückte also zusammen, jeder half im Haushalt mit und auch der Vater flickte noch abends Taschen und Mappen für Nachbarn und Verwandte, um etwas dazu zu verdienen und vielleicht auch, weil er es gerne machte, denn es war ihm nie zu viel. Trotzdem reichte das Geld nicht aus. Also beschloss die Mutter den Beruf einer Friseuse zu erlernen. Niemand konnte sie davon abhalten. Die Grösse eines Menschen hänge nicht von der Grösse seines Wirkungsfeldes ab. Das ist ein Lehrsatz und ein Grundsatz aus

---

[78] Ebd., S. 78.

dem „Kleinmaleins" des Lebens, sagt Kästner.

Erich war Einzelkind und ging gerne in die Schule. Er hatte auch einige Freunde zum Spielen. Als ein Mädchen sich aufs Theaterspielen verlegte, war er Zuschauer: Er liebte das Theaterspielen von Herzen, aber nur als Zuschauer... Er konnte Figuren erfinden, doch er mochte sie nicht darstellen. Später schrieb Kästner Drehbücher und verfasste Texte für das Kabarett.

Erich Kästner schreibt über seinen siebzigjährigen Vater:

> „Jede freie Minute steckt er im Keller, wo er sich eine Werkstatt eingerichtet hat. Dort flickt er Taschen, Rucksäcke, Portemonnaies etc. für seine Freunde und Nachbarn. Gezahlt wird mit Zigarren. Nebenbei arbeitet er an einem geheimnisvollen Teil: Eines Tages steht im Hof ein lebensgrosses Pferd aus Holz, fuchsbraun, mit echter Mähne und langem Schweif, mit Zaum- und Sattelzeug. Die Kinder und die Nachbarn bestaunten das Werk, während sich der Künstler, angezogen wie ein Jockey, auf das Pferd setzt. Und als man ihn fragt, wozu er sich die Mühe gemacht hat, sagte er, er wolle mit seiner *Rosinante* im Faschingszug mitreiten."[79]

Wir kennen auch andere Väter und Grossväter, die sich eine Eisenbahnanlage zulegen, Drachen basteln und sie fliegen lassen oder im Alter ein Buch schreiben. Das Spielen und Arbeiten ohne Wettbewerb und Gewinn scheint eine gesunde Tätigkeit für die Menschen zu sein, die zum Glück und Sinn im Leben führt.

Für Kästner war es wichtig, Bücher für kleine Jungen und Mädchen zu schreiben. Er erklärt das mit den Worten, dass er „jedes Mal von neuem das unausrottbare Bedürfnis verspüre, Kindern Geschichten zu erzählen, was ihm über alle Massen wohltue. Denn Kinder, das glaube und wisse er, seien dem Guten noch nahe wie Stubennachbarn."[80]

Schon immer wuchsen Kinder aus verschiedenen Verhältnissen zu ehrenhaften Persönlichkeiten heran, die Verstand, Mut und Talent bewiesen. Sie waren als „Spielverderber" in Staat, Kirche und Partei schlecht angesehen, weil sie sich nicht an die Regeln hielten. Sie stellten alte Regeln infrage und forder-

---

[79] Kästner, Erich: Die kleine Freiheit, dtv 1989, München, S. 38.
[80] Ebd., S. 188.

ten neue. Voltaire, Lessing, Daumier, Ludwig Thoma oder auch einige Journalisten waren solche Spielverderber. Man hasste die Spielverderber weit mehr als die Falschspieler, sagt Kästner, denn die Falschspieler betrügen zwar, aber sie tun es „regelgerecht".

Erich Kästner vermutet:

> „Die Publizisten und das pp. Publikum sind mittlerweile ins Zeitalter der Empfindlichkeit hineingetreten. Wir haben vor lauter Aufregung, und es gab ja genug, „total" vergessen, den Maulkorb abzunehmen, den man uns 1933 umgebunden hatte. Die einen können nicht mehr schreiben. Die anderen können nicht mehr lesen."[81]

Die Tat spiegelt die Person wieder, die sie ist, mal angespannt, mal frei, beides gehört zum Menschen als Ganzheit. Materie und Bewusstsein sind miteinander verflochten und dienen der Selbsterhaltung. Erich Kästner kam zur Zeit des deutschen Kaiserreichs auf die Welt. Er studierte Philosophie, Geschichte, französische Literaturgeschichte, Germanistik und Theatergeschichte. Er sah sich selbst als Satiriker und Aufklärer und schloss sich linksintellektuellen Literaten an, die für eine Gesellschaft der Humanität und Vernunft eintraten. Als Kriegsgegner erhielt er 1933 von der faschistischen Regierung Publikationsverbot, seine Bücher wurden verbrannt.

Es war der Dichter *Gotthold Ephraim Lessing* (1729-1781), der als Kämpfer für Freiheit und Humanität schon früh Gedichte und Lustspiele schrieb, welche sich fast spielerisch anmuten. Sein Vetter Mylius hat sie in seiner Zeitschrift „Ermunterung zum Vergnügen des Gemüts" herausgegeben.

An einen Lügner:

> Du magst so oft, so fein, als dir nur möglich, lügen:
> Mich sollst du dennoch nicht betriegen.
> Ein einzigmal nur hast du mich betrogen:
> Das kam daher, du hattest nicht gelogen.

Zum *Bild der Gerechtigkeit,* im Hause eines Wucherers, antwortet er:

> Gerechtigkeit! Wie kömmst du hier zu stehen?
> Hat dich dein Hausherr schon gesehen?

---

[81] Ebd., S. 46.

„Wie meinst du, Fremder, diese Frage?
Er sieht und übersieht mich alle Tage."

Lessing war der älteste überlebende Sohn (1729) nach seiner Schwester Dorothea Salome (1727). Die Pfarrersfamilie in Kamenz hatte zwölf Kinder, fast die Hälfte starb aber schon früh. Er galt als der Stammhalter der Familie und fiel durch seine Intelligenz und Wissbegierde auf. In der Fürstenschule St. Afra in Meissen, wurde von den Schülern viel Aufmerksamkeit und Lerneifer gefordert. Die Lehrer bestätigten seine Geistesgaben, die leider durch saloppes und aufmüpfiges Verhalten eingeschränkt wurden: „Mit rascher Auffassungsgabe eignet er sich die Mathematik und den Stoff der andere Fächer an, erhält aber der Ermahnung, die Stilübungen nicht zu vernachlässigen."[82]

Unterordnung fällt Lessing schwer. Da man ihn zu wenig fördern konnten, schickten sie ihn mit 17 Jahren an die Universität nach Leipzig und erwarteten schon bald einen Theologen oder Gelehrten in ihrer Familie zu haben. Doch Lessing las gerne und interessierte sich eher für lateinische Komödien. Um Aufführungen täglich besuchen und bezahlen zu können, übersetzte er mit seinem Freund Christian Felix Weisse französische Dramen. Lessing schrieb bald ein eigenes Stück „Der junge Gelehrte", das angenommen und aufgeführt wurde, was ihn zu einem Journalisten, Gelegenheitsdichter und Theaterautor machte.

Während des Krieges äusserte er sich skeptisch gegenüber der „Kriegsbegeisterung" seines Freundes Kleist:

> „... manchmal verleitet mich mein Schmerz, auf den Mann selbst zu zürnen, den er angehet. Er hatte drei, vier Wunden schon; warum ging er nicht? Es haben sich Generals mit wenigern, und kleinern Wunden unschimpflich bei Seite gemacht."[83]

In seinen frühen Stücken greift er auf „das Lustspiel zurück, karikiert die heuchlerische Moral der Gesellschaft des 18. Jahrhunderts, entlarvt mit klugem Witz, mit grosser Liebe zur theatralischen Komik und mit satirischen Einwürfen den von religiösen und „gelehrten" Vorurteilen und Tabus um-

[82] Wilhelm von Sternburg: Gotthold Ephraim Lessing, rororo 2010, Reinbek bei Hamburg, S. 30.
[83] Ebd., S. 76.

stellten Alltag."[84]

Hänschen Schlau

„Es ist doch sonderbar bestellt",
Sprach Hänschen Schlau zu Vetter Fritzen,
„Dass nur die Reichen in der Welt
Das meiste Geld besitzen."

In seinem Spätwerk „Die Erziehung des Menschengeschlechts", in welchem er die Welt- und Religionsgeschichte humanistisch deutet, schreibt er an die bestehende Gesellschaft, dass sie am Beginn des säkularen Zeitalters stünde, aber Gefahr, laufe der vorhandenen Intoleranz zu erliegen. Die Freiheit im menschlichen Zusammenleben würde oft falsch verstanden. Sie bedeute, auf das Anwenden jeglichen Zwanges zu verzichten, weder andere Menschen, noch eine bestimmte Institution hätten das Recht, sich als Richter über andere zu erheben. Im Gegensatz zum autoritären Prinzip, in dem die Menschen durch Befehle, Sanktionen und Strafen zur Kooperation und Unterordnung gezwungen würden, werde im freiheitlichen Zusammenleben die Kommunikation zum Mittel der Verständigung. Das sei in der Erziehung genauso wichtig, wie in gesellschaftlichen Belangen. Lessing antwortete auf Angriffe seiner Toleranz-Ideen mit dem Schauspiel „Nathan der Weise". Darin bleibt er bei seinen „Forderungen nach einem offenen, von keinen Dogmen eingegrenzten Denken des freien Individuums."[85]

Menschenverachtenden Handlungen und inhumanen Überzeugungen sollten mutige Stellungnahmen entgegengesetzt werden. Das Tolerieren einer Meinung oder einer Handlungsweise kann aber nur solange bestehen, bis eine bessere Einsicht diese widerlegt, d.h. es ist unbedingt nötig, dass die Freiheit im Denken und Handeln gewahrt bleiben muss. Die Gesellschaft darf nicht die individuellen Bedürfnisse ignorieren. Freie Menschen werden immer einen Konsens finden, wie möglichst alle in Frieden zusammen leben können.

Lessing trat für Toleranz und nicht für Gleichgültigkeit ein. Er sah die Vernunft als Grundlage menschlichen Handelns. Er griff Themen der Zeit auf und verarbeitete sie zu Essays, wissenschaftlichen Schriften und Theaterstü-

[84] Ebd., S. 58.
[85] Ebd., S. 129.

cken. Wir können ihn, wie Goethe und Schiller zur deutschen Klassik zählen. Als Lessing 1781 starb, beklagten Goethe, Herder und andere den Verlust eines Kritikers und Humoristen.

Aus den Schilderungen berühmter Schriftsteller sehen wir, wie einfühlend und selbstkritisch sie sich und ihre Umwelt beobachtet haben. Für den Interessierten der Psychologie ist es von Bedeutung, wie erste Kinderjahre verliefen und welche individuellen Schlüsse gezogen wurden, die dann zu einem tätigen Leben führten, das wir heute bewundern.

5) Psychologische Überlegungen zur sozialen Entwicklung des Kindes

In den vorhergehenden Kapiteln beschrieb ich vor allem, dass die Erziehung des Menschen lange Zeit Angleichung an die bestehende Gesellschaft war. Nur allmählich wurde dem einzelnen Individuum mehr Aufmerksamkeit geschenkt. Erst durch die Erkenntnisse der Psychologie über Krankheit und Gesundheit im psychischen Bereich eines Menschen, kam man zu einer hermeneutischen (verstehenden) Pädagogik und damit zu einer genaueren Erfassung der Persönlichkeit.

Wir beobachten, dass sich das Selbst in den ersten Monaten durch eine liebevolle Zuwendung einer Pflegeperson (Mutter) entfaltet. Durch seine Sinne nimmt der Säugling wahr, was um ihn herum geschieht. Seine Bezugspersonen helfen ihm zu sehen, zu hören, zu schmecken, zu riechen, zu begreifen und eine Sprache zu erlernen. Im Dialog mit der Mutter, wo die Äusserungen des Babys von der Mutter gespiegelt werden und das Kind sie durch Zurücklächeln, Mimik, Nachahmung und später durch Festhalten, Annehmen und Zurückgeben beantwortet, entsteht allmählich das Ich und eine Beziehung zum Du.

Das Selbstbild wird durch die Vorstellung, die jemand von sich hat, definiert. Es beruht auf der Selbstwahrnehmung und dem Fremdbild, dieses kann positive und negative Elemente enthalten. Es steuert unser Denken, Fühlen und Handeln. Positive Selbstgefühle werden durch die Wertschätzung der Umgebung gefördert. Durch gemachte Erfahrungen bildet sich beim Kind ein spezielles Verhalten, das ganz individuelle Merkmale aufweist. Die Einflüsse sind tausendfältig und das Vorbild der Eltern einzigartig: Familienatmosphäre, dialogischer Umgang oder Streit, Verwöhnung, Vernachlässigung oder Strenge, sowie Hilfsbereitschaft, Beziehungsfähigkeit und Gemeinschaftssinn.

Die Entwicklung des Selbst im Säuglingsalter

Daniel Stern (1934-2012), amerikanischer Kinder- und Jugendpsychologe fragt, wann beim Menschen das Empfinden des Selbstseins einsetzt. Hängt es von der Fähigkeit zu sprechen und zu begreifen ab (das Stadium der Hirnreifung setzt mit ca. eineinhalb Jahren ein und ist für ein bewusstes Erleben und Reflektieren von Gefühlszuständen erforderlich), oder gibt es schon von Geburt an ein Selbsterleben?

Stern spricht vom *auftauchende Selbst,* das in den ersten Monaten die Zusammenhänge zwischen Körper und Emotion, Körper und Handlungen, Körper und Umwelt darstellt, welches erst durch die veränderten Situationen erlernt und erlebt werden muss. In der zweiten Phase wird das Selbst bei ihm zum Konzept des sogenannten *Kernselbst.* Das Kind erlebt bestimmte Modalitäten und Qualitäten, Art und Weise des veränderten Rhythmus, veränderte Intensität (beispielsweise bei Berührung), veränderte Dauer.

Als führender Säuglingsforscher schildert Stern ein Beispiel von sich als Zweijährigen. Er kam für fünf Monaten in ein Krankenhaus zu Menschen, deren Sprache er nicht verstand. Er war ganz darauf angewiesen, Bewegung, Stimme, Mimik und Ausstrahlung der Betreuer zu beobachten. Diese Fähigkeit zu empfinden und zu verstehen, habe er nie mehr verloren, sagt er, weshalb er die Mutter-Kind Interaktionen weitgehend entschlüsseln konnte. In klinischen Beobachtungen des Entwicklungsprozesses konnte festgestellt werden, dass der Säugling schon von Geburt an den Kopf zur Seite wenden, saugen, blicken und den Geruch der Mutter erkennen kann. Ein drei Monate alter Säugling lernt gefühlsmässig, sich für etwas zu entscheiden, was er lieber hat, wo er sich wohler fühlt oder was er länger anschauen möchte, indem er das durch Zufriedenheit oder Unwohlsein, durch visuelles Festhalten oder sich Abwenden zum Ausdruck bringt. Er entwickelt eine Vorliebe für spezielle menschliche Gesichter und Stimmen. Ist der Klang wohltuend und freundlich, dann beruhigt es ihn, klingt die Stimme ungehalten oder ärgerlich, kann er je nachdem ängstlich reagieren.

Es gibt also laut Stern beim Kleinkind ein Selbsterleben schon vor dem Spracherwerb, das aus der Verbindung verschiedener Sinneseindrücke entsteht, das später durch den Spracherwerb und der Selbstreflexion, ungefähr ab dem neunten Monat, ins Bewusstsein dringt. Das Kind merkt allmählich, dass die Mutter weggeht ... und wiederkommt, wenn es schreit. Es erlebt, wie die Mutter beruhigend mit ihm spricht, es aufnimmt, ihn zu trinken gibt oder es wickelt. Dieses Berühren, Umarmen, Streicheln und Wiegen bedeutet für das Kind Bewegung und angenehme Veränderung, die es körperlich und geistig aktiv werden lässt. Die Anregung zur Selbstentwicklung sieht Stern in der gefühlsmässigen Beziehung zu einem anderen Menschen gegeben, die sich dann in die Welt der Kontakte ausweitet.

Das Kind nimmt auch Beziehung zu Dingen auf, indem es Interesse zeigt, sie anfassen und begreifen will. Durch Wahrnehmung, Gefühl und Erfahrung lernt das Kind gehen, fallen, aufstehen und Elemente der Welt beherrschen. Durch den Austausch von Blicken, kann es seine Freude oder Abneigung zeigen und Nähe und Verbundenheit mit dem Gegenüber erleben. Kinder, die taube Eltern hatten, passten sich der Situation an, indem sie ihren Schmerz nicht durch Schreien zum Ausdruck brachten, denn das hätten die Eltern nicht gehört, dafür liefen ihnen die Tränen die Wangen herunter. Schon Babys lernen die Gebärdensprache ihrer Eltern verstehen und damit zu kommunizieren. Es ist ihre Muttersprache. Daneben lernen sie auch mit anderen Menschen zu sprechen. Empathie entsteht beim Kind durch die Beziehung zum Du, durch die Wahrnehmung und Verknüpfung von Empfindungen. Das intuitive Erkennen vollzieht sich ohne bewusstes Nachdenken, durch Erfahrung, Erinnerung und Wissen, wobei das körperliche und seelische Empfinden eine Ganzheit bildet, beides hat auf die Entwicklung des Selbst Einfluss.

Alfred Adler (1870-1937), Arzt und Psychologe, stützt seine Ethik auf die Finalität der Evolution. Seine Anthropologie besteht darin, dass sich alles Lebendige entwickelt und ihm ein dauernder Drang nach immer besserer Anpassung an die Forderungen der Umwelt eigen ist. Er erkannte, dass der Mensch ohne Gemeinschaftsgefühl keinen Frieden und kein Glück finden kann. Dieser Grundsatz entspricht keiner moralischen Forderung, sondern einer Erkenntnis im Sinne der Übereinstimmung mit der menschlichen Wesensart.

Der Selbsterhaltungstrieb meldet sich immer dann, wenn sich der Mensch nicht seiner Natur nach verhält oder behandelt fühlt. Nahrung, Körperpflege und psychische Zuwendung sind für die Entwicklung des Kindes lebensnotwendig. Darum sollte das Erziehungsideal nicht mehr auf das Aufsuchen verborgener Fähigkeiten ausgerichtet sein, sondern der Erweckung möglicher menschlicher Fähigkeiten dienen. Das Erziehungsziel sollte sein, den Mut, die Gemeinschaftsfähigkeit und das Lernen zu fördern, das heisst, man sollte dem Kind ermöglichen, aus seiner Unsicherheit und Unselbständigkeit herauszuwachsen. Selbstvertrauen erhält der Mensch durch Geschicklichkeit, Wissen und Mitgefühl für andere Menschen.

Erziehung hat bei Adler immer einen Bezug zum Wohl der Menschheit. Das bedeutet für das Kind eine soziale Anpassung, welches es nur leisten kann, wenn sein Bedürfnis nach Zärtlichkeit und Liebe erfüllt wird. Adler versteht unter Erziehung nicht, wie man zuerst vermuten könnte, nur Anpassung, bei dem die individuellen Bedürfnisse des Kindes zurückgestellt werden, sondern Erziehung beinhaltet seine schöpferische Kraft und damit die Wahrung seiner Eigenständigkeit. Das Gelingen dieser Erziehungsaufgabe wird durch die soziale Natur des Menschen möglich.

Die Verwöhnung

Von Verwöhnung können wir sprechen, wenn Eltern gegenüber ihren Kindern unvernünftige Liebe praktizieren. Der Verwöhnte interessiert sich meist nicht für soziale, gesellschaftliche und kulturelle Fragen. Die Folge ist Ichhaftigkeit, Egozentrismus und Korruption des Charakters. Gesunde Kinder wehren sich meistens gegen eine verwöhnende Erziehung, sie wollen alles selbst ausprobieren. Dem Verwöhnten wird die Aktivität abgenommen, weshalb er unzufrieden und fordernd ist und immer vom anderen etwas erwartet.

Michael Tomasello, amerikanischer Anthropologe, weist darauf hin, dass es nicht darauf ankomme, ob ein eineinhalb jähriges Kind, wenn es hilft oder teilt, belohnt würde. Belohnung schade eher. Verbindlichkeit und kooperatives Verhalten geschehen aufgrund der Gewohnheit. Schon Darwin habe im gegenseitigen Austausch und nicht im Wettbewerb die Entwicklung der Lebewesen gesehen. Das Selbstwertgefühl erwächst aus einer vertieften sozialen Verbundenheit und nicht aus Verwöhnung. Negative Verwöhnung bedeutet: „Ich gebe dir alles, aber du musst allen meinen Wünschen entsprechen und bei mir bleiben." Wo in der Erziehung das Zutrauen fehlt oder nicht kontinuierlich vorhanden ist, tritt unwillkürlich ein Schaden in der Entwicklung des Kindes ein. Es ist kein Mitspieler im Spiel des Lebens.

> „Wenn ein Kind zu Adler in die Praxis kam, hätte er es immer mit einem warmherzigen Händedruck begrüsst und wie einen Erwachsenen behandelt, ohne Rücksicht auf Alter und Benehmen. Im Gespräch mit dem Kind hätte er immer schlichte und einfache Worte gewählt..., z.B. bei einem verwöhnten Kind, ob es der Mutter denn viel helfe. Die Kinder hätten meistens erfreut mitgearbeitet und Adler hätte eine erklärende Haltung eingenommen, ohne auf „Unarten“ explizit einzugehen.“[86]

Habe ich ein solches Kind in meiner Spielgruppe, darf ich mich nicht erschrecken lassen, sondern es zur Mithilfe ermutigen und es an die Gleichstellung zu den übrigen Kindern gewöhnen. Man muss ihm Aufgaben übertragen, die es bewältigen und aus denen es Zutrauen zu sich selbst gewinnen kann. Ein oft beobachtetes Phänomen ist, dass verwöhnende Eltern für das Kind sprechen und es damit am Versuch hindern, sich selbst auszudrücken. Eine verzärtelnde Erziehung führt zu einer Haltung der Abhängigkeit und zu einer Tendenz, sich an eine Person zu klammern. Der beste Weg, die verwöhnende Haltung aufzugeben, besteht darin, durch möglichst viel Erfahrung die Realität kennen zu lernen.

> Die Grosseltern gehen mit ihren zwei Enkeln in ein Kaffee. Als es um die Bestellung geht, weiss der vierjährige *Manuel* nicht, was er nehmen soll. Der ältere Bruder berät ihn und sagt: „Nimm doch ein Gipfeli oder ein Butterbretzel.“ Der Kleine kann sich nicht entscheiden. Als alle ausser ihm etwas bekommen haben, beklagt er sich mit den Worten: „Für mich gibt es gar nichts.“

Wenn ein Kind sich nicht entscheiden kann, dann hat es wahrscheinlich Eltern und Geschwister, die alles für es tun. Auf diese Weise verliert das Kind das Gefühl für sich und seine Bedürfnisse der sozialen Anpassung. Solche Kinder sprechen zögernd und sagen nur ungern, was sie wollen. Leicht werden sie von den Erwachsenen oder den Geschwistern ausgelacht, kritisiert oder bedrängt und deshalb zusätzlich entmutigt. Im obigen Beispiel akzeptierten die Grosseltern Manuels Gefühlslage, worauf er sich nach kurzer Zeit etwas Süsses holen konnte. Durch die Freiwilligkeit, sich so oder anders entscheiden zu können, war es ihm möglich, eine Wahl zu treffen.

---

[86] Wölfle, Roland: „Wo Ich war, soll Gemeinschaft werden", Waxmann 2015, Münster, S. 37.

Eine altruistische Haltung der Eltern den Kindern gegenüber ist vielleicht ein moralisch schöner Zug, bedeutet aber nicht Empathie. Für das soziale Wesen Mensch bedeutet gegenseitige Hilfe so viel wie: geht es dem anderen gut, dann geht es auch mir gut. Das Aufopfern zu Lasten der eigenen Befindlichkeit schadet allen. Der Philosoph Max Stirner nannte die Haltung der Gegenseitigkeit auch einen gesunden Egoismus.

Bedeutsam für die personale Entwicklung ist auch der Umkreis der Familie, die Nachbarn, die Freunde, die Kollegen. Familien, die sich isolieren, tragen nicht zur Entwicklung der Solidarität ihrer Kinder bei. Sie ziehen eine Trennungslinie zwischen ihrer Familie und der Aussenwelt und verpassen die Möglichkeit der Zusammenarbeit. Die Aussenwelt erscheint dann oft im feindlichen Licht, vor der man ständig auf der Hut sein muss. Kinder, die gut gehalten sind, schliessen sich in der Regel gerne den anderen Kindern an.[87]

> Die Verwöhnung hat viele Gesichter. Eine Spielgruppenleiterin wird von einer Mutter darauf aufmerksam gemacht, dass sie ihren Kindern nicht zu viel versprechen solle. Ihr Sohn sei nach Hause gekommen und habe von einem grossen Ausflug in die Berge gesprochen. Das sei doch sicher nicht durchführbar. Die Spielgruppenleiterin wird sich bewusst, dass hinter ihrer allzu grossen Bereitschaft, auf alle möglichen Vorschläge der Kinder einzugehen, ihr Verlangen nach Anerkennung steht.

Eine andere Spielgruppenleiterin erklärt sich bereit, ihr Verhalten von einer Kollegin beobachten zu lassen. Es ist Sommer und sie gehen zusammen mit der Spielgruppe auf eine Badewiese.

> Die Kinder sind eifrig dabei, ihre mitgebrachten Handtücher auszubreiten. Ein vierjähriges Mädchen hat damit Mühe, weil der Wind das Ausfalten verhindert. Die Spielgruppenleiterin ist alsbald zur Stelle und hilft ihr. Sie hat das Kind nicht gefragt, ob es Hilfe braucht, sie hat auch nicht zugewartet, ob vielleicht ein anderes Kind zu Hilfe kommt. Vielleicht hätte das Kind auch von sich aus Hilfe geholt, vielleicht wäre auch ein Spiel daraus entstanden und das Kind hätte sich auf die Hälfte des Handtuchs gesetzt. Auf ihr Verhalten angesprochen, äussert die Spielgruppenleiterin, dass sie Ordnung haben wolle. Es solle kein

[87] Adler, Alfred: Kindererziehung, Fischer 1976, Frankfurt/M., S. 110.

Durcheinander entstehen, das Kind soll nicht zu weinen anfangen oder zornig werden.

Jeder Erwachsene kennt die Vermeidungshaltung sehr gut. Lieber schnell eingreifen, als nachher mit dem Kind die Schwierigkeiten klären zu müssen. So erziehen wir die Kinder, unbewusst zur Unselbständigkeit. Die schöpferische Kraft des Kindes, wie Adler sagt, wird dadurch leider nicht entfaltet. Und die Spielgruppenleiterin bringt sich um das Erlebnis, dass Kinder meistens einen eigenen Weg der Problemlösung finden.

Verwöhnung kann viele Ursachen haben. Sicher ist, dass die Meinungen, welche wir in der Kindheit erfahren haben, eine wichtige Rolle spielen. „Immer wieder verwöhne ich meine Kinder auf die gleiche Art und Weise“, erinnert sich eine Mutter.

In ihrer Kindheit war das Lernen in der Schule wichtiger als die Mithilfe im Haushalt. Heute sagt sie ihrem Kind: „Du musst nicht abwaschen, mach lieber deine Hausaufgaben.“ Sie meint, sie will ihm eine angenehme Zukunft ermöglichen und hat eine Vorstellung davon, wie das gehen soll, selbst wenn sie damit keinen Erfolg hat.

Andererseits gibt es auch genauso viele positive Erfahrungen, wenn wir einmal das Kind nicht verwöhnen, sondern ihm mehr zutrauen.

In einer Spielgruppe gibt es ein Mädchen, das deutsch versteht, aber nur englisch spricht. Wenn es etwas will, wendet es sich auf Englisch an die Spielgruppenleiterin. Diese holt ihr dann das Gewünschte. Nachdem sie schon ein paar Mal aufgestanden ist, beschliesst sie, diesmal sitzen zu bleiben und nicht zu verstehen, was das Mädchen will. Dieses sagt plötzlich klar und deutlich auf Schwyzerdütsch zu ihr: „I wot en Öpfel schäle.“ Von da an spricht das Mädchen nur noch selten Englisch.

Die Mittel, die wir in der Erziehung einsetzen, sind so vielfältig, wie wir Menschen aufgrund unserer verschiedenen Erlebnisse nun einmal sind. Wer kennt nicht das Mittel der Belohnung für den kleinsten Erfolg. Wir offerieren kleinen Kindern kleine Sachen und wenn sie grösser werden, sind die Angebote ein Velo, eine Reise, eine Musikbox, ein neues Handy oder ein neuer Computer. Wichtig ist für die Erwachsenen oft nur, dass das Kind das macht, was sie von ihm wollen, um dann eventuell zu erfahren, dass der Unwillige sagt: „Nicht um 1000 Franken mache ich das."

Der Erwachsene, aus einer autoritären Erziehung hervorgegangen glaubt oft an die Käuflichkeit des Menschen, was er aber niemals zugeben würde; jedoch hält er es nicht für möglich, dass der Mensch von sich aus gerne arbeiten, lernen und mithelfen will. Die Verwöhnung ist nichts anderes als Gewalt mit anderen Mitteln - ein waches Kind wird sich bestimmt dagegen wehren.

Was das Kind für seine Entwicklung braucht ist ein Partner, der mit ihm spricht (nicht schimpft, bevormundet, belehrt), der sich Zeit nimmt, Gegensätze zu klären und der nicht durch unnütze Vorschläge die „Langeweile" des Kindes zu befriedigen sucht. Langeweile im Säuglingsalter wird mit einem Mangel an Zuwendung in Verbindung gebracht (Leach 2001). Verwahrlosungserscheinungen treten dann auf, wenn das Kind zu viel alleingelassen wird. Ebenso wirken sich einseitige und monotone Anreize hemmend auf die kognitive Entwicklung aus, hingegen löst Reizüberflutung beim Kleinkind und auch beim Erwachsenen Angst und Druck aus, wodurch Vermeidungs- und Rückzugsverhalten erzeugt werden.

Der Familientherapeut Jesper Juul appelliert an die Eltern, wieder die Führung in der Familie zu übernehmen, indem er sagt: „Hört auf, eure Kinder zu verhätscheln." Er stellt auf eine gute Beziehung ab, die das Selbstwertgefühl des Kindes stärken soll. „Oft würden Kinder zu Werkzeugen ihrer Eltern, um diesen ein persönliches Image zu verschaffen... statistisch gesehen, dienen nur 30 Prozent von dem, was Eltern sagen, dem Kindeswohl", kritisiert Juul. Beides, Vernachlässigung, Verwöhnung und Überforderung können nicht zu einem gesunden Wachstum und Reifung des Kindes führen. Eltern meinen es gut, sie haben ihre Werte und Erfahrungen, und das Kind hat Bedürfnisse, dessen es sich nicht bewusst ist.[88]

Der Autor *Alfie Kohn* hat in seinem Buch *Der Mythos des verwöhnten Kindes* einen Gegenvorschlag zur verwöhnenden Erziehung entwickelt. Eine Gefahr sieht er darin, dass aufgrund der vielen negativen Artikel und Bücher zur Verwöhnung Eltern und Erzieher vermehrt wieder das autoritäre Erziehungsschema anwenden könnten, indem sie die Kinder nicht mehr liebevoll und pflegend begleiten, sondern von ihnen Selbstdisziplin, Anstrengung, Gehorsam und Mut zum Scheitern fordern. Verwöhnung selbst ist per se nichts

[88] Kobler, Seraina: Artikel in NZZ, Jesper Juul, Gesellschaft, 12.2.2016.

Schlechtes, wenn sie nicht aus Schuldgefühlen, weil wir an anderer Stelle zu streng waren, resultiert. „Ich verwöhne, weil ich an das Kind glaube", mag die Mutter von Goethe gesagt haben. Man sagt, dass diese Frau ausserordentlich vital, fröhlich und lebendig war. (Danzer, 2. Goethe, S. 28).

Die Eltern werden kritisiert, dass sie zu schnell nachgeben oder die Schwierigkeiten ihrer Kinder in den zu hohen schulischen Anforderungen sehen. Nicht die Schule sei das Problem, sondern die Eltern, schrieb kürzlich der Tages-Anzeiger. Diese Verallgemeinerung über den Zustand der Eltern, der Kinder und der Lehrer ist aber widersprüchlich und führt zu einem falschen Bild über die heutige Erziehungswelt. Ein Plädoyer für das mündige Kind, sowie für die Liebe, Zuwendung und Sorge der Eltern ist genauso wichtig, wie eine menschliche Schule.

Eine Grenzen setzende Erziehung widerspricht einer straf- und repressionsfreien pädagogischen Atmosphäre. Wenn wir die Individualität und den Humanismus in den Mittelpunkt aller Bemühungen stellen, sollten Grenzen im Sinne einer Einschränkung von Versuch und Irrtum unterbleiben.

> „Was die Kinder am besten darauf vorbereitet, die Herausforderungen der Wirklichkeit zu meistern, sind die Erfahrung von Erfolg und Glück, von Unterstützung und Respekt, liebevollem Rat und bedingungsloser Zuwendung sowie die Möglichkeit, ein Wort darüber mitzureden, was mit ihnen geschieht."[89]

Auch Immanuel Kant hat sich für eine bessere Erziehung eingesetzt, indem er die Individualität des Zöglings berücksichtigte. Er war der Meinung, man solle in jedem Menschen, auch im Kind, die Würde achten. Wer dagegen für die Strafe in der Erziehung ist, wird Gewalt ernten. Der Tendenz, sich dem Zeitgeist anzupassen und damit die Zustände der Gesellschaft zu zementieren, erliegen nicht nur Laien, sie sind leider auch allzu oft in den Gremien der etablierten Wissenschaften auszumachen. In der Erziehung sollte es vielmehr darum gehen, dass das Kind über den Erzieher hinauswächst und die Verhältnisse in der Gesellschaft nicht als unveränderlich empfindet.

In den literarischen Werken unserer Dichter und Schriftsteller finden wir Hinweise, die einer Vorwegnahme einer fundierten Menschenkenntnis

---

[89] Kohn, A.: Der Mythos des verwöhnten Kindes, Beltz 2015, Weinheim, S. 123.

gleichkommen. In Gontscharows Roman *Oblomow* wird die Familienatmosphäre aufgezeigt, die zu einem trägen und gleichgültigen Lebensstil führen kann. Als einziges Kind eines reichen Gutsbesitzers wurde er von seiner Mutter über alle Massen verwöhnt. Sie beschützte ihn vor allen eventuellen negativen Einflüssen von aussen, so dass er keine eigenen Kräfte und Fähigkeiten kennen lernen konnte. Er hat aufgegeben, sich gegen diese massive Einmischung zu wehren und hat sich dem Schicksal ergeben.

> „Der Widerspruch mit der Wirklichkeit, das heisst mit den logischen Forderungen der Gemeinschaft in diesem System hängt mit den geringen Erfahrungen und mit den andersartigen Beziehungen zusammen, die zur Zeit der Errichtung des Lebensplans - in der frühen Kindheit - wirksam waren.“[90]

Die Gründe, weshalb ein Erzieher verwöhnt, können mannigfaltig sein: neben eigenen Ängsten vor dem Leben, eigenen Zärtlichkeits- und Anerkennungsbedürfnissen, sowie

Unwissenheit über die natürlichen Anliegen des Kindes, führen falsche Erziehungs- und Beziehungsmethoden zu Erziehungsnotstand. Wie die autoritäre, zurückweisende und lieblose Erziehung ist eine verzärtelnde oder verwahrlosende Erziehung eine schlechte Vorbereitung für das Leben. Kulturformen, die nicht auf Liebe und Gemeinschaftlichkeit aufgebaut sind, sind die Ursache, weshalb es immer noch nervöse Eltern, unerzogene Kinder und verunglückte Jugendliche gibt.

Ein Kind kommt nicht mit fertigen Charakterzügen auf die Welt, es entwickelt sie in der zwischenmenschlichen Beziehung, wodurch der Erziehung grosse Möglichkeiten zukommen. Den Erziehern kommt die Aufgabe zu, das Kind anzuleiten und es in die gemeinschaftlichen Aufgaben einzuführen.

Viele Tiefenpsychologen haben das Anliegen von Alfred Adler aufgegriffen und weiterentwickelt, indem sie nicht nur verunglückte Menschen zu heilen versuchten, sondern auch eine Prophylaxe entwickelten, um von Anfang an mutigere Menschen heranzubilden. Das kann nur gelingen, wenn die Erzieher in ihrer Persönlichkeit und ihrem Wissen geschult werden. Der unwissende Erzieher begeht bewusst und unbewusst täglich grosse Fehler. Die „ins-

---

[90] Ansbacher, H. L. u. Ansbacher, R.: Alfred Adler Individualpsychologie, Ernst Reinhardt 1972, München, S. 307.

tinktive Erziehungsmethode" von früher hat Eltern und Kinder nur allzu oft scheitern lassen, darum besteht für jeden Erwachsenen, der mit der Erziehung von Kindern zu tun hat, die Selbsterziehung im Vordergrund. Der ideale Erzieher ist demnach, wie die Individualpsychologin Herta Orgler sagt, ein Mensch, der seine Überlegenheit und sein eigenes Machtstreben abgebaut hat, „damit das Kind nicht unter dem fortwährenden Druck seiner Unterlegenheit steht. Der ideale Erzieher besitzt Verständnis, Wohlwollen, Heiterkeit, Zuverlässigkeit, Geduld und vor allem Optimismus"[91]

Das Familienklima

In der Reihe *Richtige Lebensführung* hat die Individualpsychologin Sofie Larzarsfeld viel zur Verbreitung der Menschenkenntnis und Ermutigung in der Erziehung beigetragen. Im Artikel „Vom häuslichen Frieden" schreibt sie über das Familienklima und die Eltern-Kind-Dynamik, dass alltägliche Missstimmungen oft zu tragischen Streitigkeiten führen:

Ein Beispiel:

> Ein Vater kommt müde nach Hause und will zunächst seine Ruhe haben. Er wird aber von der Mutter mit Fragen bedrängt, über die er im Moment nicht sprechen will und antwortet ungehalten. Kindern kann es ähnlich gehen, wenn sie über die Schule Auskunft geben sollen und Ablehnung befürchten. Larzarsfeld macht die Eltern darauf aufmerksam, dass jeder von uns das an sich kennt, wenn wir mit uns nicht zufrieden sind, uns schämen und nicht über unangenehme Erlebnisse sprechen wollen. Sie macht darum den Vorschlag, dass man zuerst das Thema wechselt, etwas Angenehmes erzählt, um den Dialog einzuleiten. „So könne es gelingen, das Familienklima grundsätzlich zu verbessern und zu verhindern, dass eine gereizte, missmutige Umgebung die Familie dominiere."[92]

Obwohl heute beide Eltern um die Erziehung ihrer Kinder bemüht sind, sind sie sich oft nicht einig und bringen damit viel Unruhe in die Familie. Die Kinder erleben viel Streit und gegenseitige Ablehnung der Partner. Es geht

---

[91] Orgler, Herta: Alfred Adler, Kindler TB 1971, S. 184

[92] Siems, Martina: Sofie Larzarsfeld, V&R unipress 2015, Göttingen, S. 103.

nicht selten darum, wer Recht hat und Macht, was vielfach zu gegenseitigen Beleidigungen und zu Rechtfertigungen führt. Ehen scheiterten aus Mangel an Dialogfähigkeit und Einfühlung in den Anderen. In einem familiären Klima der Lieblosigkeit, des sich nicht Verstehens, kann sich beim Kind nur Angst und Unsicherheit abzeichnen. Wir sehen die Kinder ebenfalls streiten, sich gegen die Eltern auflehnen, sich bei der Mitarbeit verweigern oder einen Elternteil abzulehnen.

Eine schlechte Voraussetzung für eine gesunde Entwicklung ist auch, wenn die Erwachsenen selbst Angst vor dem Leben haben, wenn die Angst die Familienatmosphäre prägt: Angst vor Schwierigkeiten im Beruf, vor Krankheiten, vor Trennungen, vor Neuem. Dann ist es für das Kind schwierig, nicht davon angesteckt zu werden. Gelingt es den Eltern dagegen, die gemeinsame Aufgabe der Erziehung wahrzunehmen und eine friedliche Familienstimmung zu schaffen, werden die Kinder gerne mitmachen. In jeder Gruppe sind immer alle für das Gelingen verantwortlich.

Die Geschwistersituation

Ein Kind werden wir nur schwer verstehen können, wenn wir nicht die Geschwistersituation berücksichtigen. Adler warnte allerdings vor einer strengen Klassifizierung bei der Geschwisterreihe. Dennoch ist es nicht gleichgültig, ob ein Kind als erstes, zweites oder jüngstes Kind in der Familie aufwächst, auch spielt es eine Rolle in der seelischen Entwicklung, ob es sich als Einzelkind oder als Mädchen unter lauter Buben und umgekehrt behaupten muss. Ein Knabe, der sich der Mutter angeschlossen und den Vater ausgeklammert hat, kann in seinem Charakter mehr frauliche Haltungen annehmen. Unter Umständen verweigert er die aktive Auseinandersetzung mit der Realität oder zieht sich auf künstlerisches Gebiet zurück, wird Poet, wie das im Roman des dänischen Dichters Jens Peter Jacobsen „Niels Lyhne“ deutlich wird. Aus seiner Stellung als Einzelkind kann man bestimmte Charaktermerkmale erkennen, die günstig und angenehm, aber auch einschränkend in Erscheinung treten. Er wird zum Beobachter der sozialen Welt, bleibt dem Leben gegenüber aber distanziert.

Das älteste Kind

Es hat die Eltern zunächst ganz für sich. Es steht im Brennpunkt der Aufmerksamkeit und bestimmt nicht selten den Tagesrhythmus der Familie. Dann wird es durch die Geburt des zweiten Kindes „entthront". Darauf kann das Kind unterschiedlich reagieren. Ist das Kind vorher sehr verwöhnt worden, kann es mit starker Eifersucht, Trotz, Verweigerung, Nervosität oder durch kleinkindliches Verhalten reagieren.

Ein Vater sitzt auf einer Bank im Schwimmbad des kleinen Sees. Auf seinem Schoss sitzt seine sechs Monate alte Tochter, als sein fünfjähriger Sohn *Lukas* aufgeregt zu ihm kommt und sagt: „Papa, die Kinder auf dem Floss schaukeln hin und her. Ich will das nicht." Der Vater hört ruhig und aufmerksam zu und sagt: „Aha". Der Sohn, leicht ungeduldig, insistiert: „Aber ich will das nicht!" Der Vater: „Ja". Lukas geht darauf ein paar Schritte Richtung Floss, kommt dann wieder zurück und wendet sich fordernd an den Vater: „Das ist gefährlich!" Nun erst schaut der Vater zum Floss hinüber und sieht, wie ältere Kinder darauf herumturnen. Er zeigt auf eine harmlose Stelle am See und sagt: „Spiel doch hier." Lukas überlegt kurz und sagt im Weggehen: „Ich will aber auf das Floss."

Vielleicht wollte Lukas, dass der Vater ihm hilft, Ordnung zu schaffen. Vielleicht wollte er auch, dass der Vater sich mit ihm beschäftigt und nicht nur mit der kleinen Schwester. An der Reaktion des Vaters sieht man, was das Anliegen von Lukas war und was er auch erhalten hat, nämlich, dass der Vater mit der Schwester auf dem Arm zum Floss kam. Es scheint, dass der Vater Lukas Zeit lassen wollte, sein Problem alleine zu lösen. Seine Unterstützung war kurze Aufmerksamkeit. Der Sohn aber wurde nervös, als der Vater gelassen reagierte und keine Anstalten machte, ihm zu Hilfe zu kommen. Indem Lukas seine Stimme erhebt und dann weggeht, ist anzunehmen, dass er die Führung übernimmt und sich sicher ist, dass der Vater ihm schon folgen werde.

In jedem Beispiel können wir ein bestimmtes Beziehungs- und Erziehungsmuster erkennen, wie ein Kind ein bestimmtes Verhalten einübt, das zum Erfolg führt und welches später oft unverändert beibehalten wird.

Gery hat eine zwei Jahre jüngere Schwester, *Emma.* Er wird von seiner Mutter sehr verwöhnt, von der Grossmutter aber ablehnt, weil sie ihn schwierig findet. Er hat sich angewöhnt zu grollen und zu schmollen, wenn ihm etwas nicht passt. Er weiss, dass dann die Mutter kommt, ihn beruhigt und aufheitert. Später gerät er schnell in Stress, wenn Forderungen an ihn herangetragen werden. Er sagt, dass er eine Aversion gegen jegliches Lob habe. Auf seine jüngere Schwester ist er eifersüchtig, in seiner Erinnerung sieht er sie immer brav an der Hand der Grossmutter gehen.

Das ältere Kind kann versuchen, seine Mittelpunktstellung zu halten, indem es sich absetzt oder indem es sich um die Kleineren kümmert und die Führung und Verantwortung übernimmt. In der Spielgruppe werden Ältere gerne zu Mithelfern oder wollen besondere Aufmerksamkeit.

Ein anderes Beispiel verdeutlicht, was passiert, wenn die Mutter früh stirbt. Der Vater liebte seine drei Kinder sehr, konnte ihnen aber wenig Gefühlswärme geben, da er allein mit den Kindern ums Überleben besorgt war. Als es ihm zu viel wird, heiratet er ein zweites Mal.

Max, ältester und einziger Bub, Stammhalter - nach ihm kamen zwei Mädchen - berichtet, dass ihn in der Kindheit oft Eifersuchtsgefühle plagten, wenn die Mädchen zusammenhielten. Zuhause spielte er den Grossen, der eine Rede vor den Mädchen hielt, die ihm zuhören mussten. Sie nahmen ihn aber nicht ernst und lachten ihn aus.

Als Erwachsener plagen ihn Gefühle der Eifersucht. Er glaubt, bei den Frauen nicht anzukommen. In ihrer Gegenwart kommen Gefühle der Ungeduld und Nervosität auf. Statt sich mit dem weiblichen Geschlecht zu verständigen, zieht er sich gerne zurück. Als Ältester und Sohn wurde er von den Eltern besonders beachtet, aus dieser speziellen Situation versuchte er seine Männlichkeit gegenüber dem weiblichen Geschlecht hervorzukehren, was aber letztlich zu Eifersuchts- und Einsamkeitsgefühlen führte. Diese Beziehungsprobleme zeigten sich auch in psychosomatischen Symptomen.

Wenn man sich einen gewissen Freiheitsgrad als Erzieher bewahrt hat, kann man bei den Kindern individuelle Regungen wahrnehmen, die uns zum Staunen bringen. Gerold, ein Ältester, war so ein Bub, der sich in schwierigen Situationen zu helfen wusste.

Um zehn Uhr ruft die Spielgruppenleiterin die Kinder zum „Znüni-

Essen". *Emil* nimmt darauf ein grosses Tuch und will noch schnell eine Hütte bauen. Die Spielgruppenleiterin erlaubt das nicht und führt ihn zum Tisch. Er reisst sich los. Die Kinder lachen. *Mario* steht auf und will ebenfalls weglaufen. Sie fängt ihn ab und setzt ihn wieder auf den Stuhl. Da kriegt sie einen Boxhieb von *Gerold,* mit der Bemerkung: „Lass den Mario in Ruhe!" Darauf fallen alle drei über die Spielgruppenleiterin her. Während sie die Kinder zu beruhigen sucht, geht Gerold zur Tür und ruft: „Ich muss aufs WC, wer kommt mit mir?" Dann geht er alleine hinaus. Als er wieder zurückkommt, setzt er sich zu den anderen, wie wenn nichts gewesen wäre.

Nicht immer funktionieren die Regeln, die wir aufgestellt haben. Das Kind hat in diesem Moment eventuell etwas anderes im Sinn und darum ist es so wichtig, dass der Erzieher das Bedürfnis des Kindes in seine Überlegungen miteinbezieht. Er muss mit dem Kind sprechen, es einladen, es wie einen guten Freund behandeln, mit ihm etwas aushandeln und ihm erklären, warum es wichtig ist, dass es sich jetzt anschliesst. Es gibt keinen Grund, nervös zu werden, höchstens dass uns unsere Massstäbe einen Streich spielen. Eventuell missverstehen wir das Aufbegehren des Kindes auf Grund eines falschen Menschenbildes, indem wir glauben, dass das Kind uns ärgern will. Die Solidarität der Kinder deutet vielmehr auf ein Missverständnis der Erwachsenen hin.

Das zweite Kind

Es hat immer jemanden vor sich, an dem es sich orientieren kann und dem es nachstrebt. Vielfach sucht sich ein zweites Kind später einen neuen Schrittmacher. Hat es durch Verwöhnung das Gefühl entwickelt, das ältere nie einholen zu können, kann es den Ausweg der Hilfsbedürftigkeit wählen oder es entscheidet sich, anders zu werden als sein Geschwister, z.B. weniger anständig und korrekt zu sein. Entscheidend ist, wie die Erwachsenen auf diese Situation reagieren, ob sie damit Mühe bekommen und es ablehnen, oder es in seiner anderen Wahl zur Geltung kommen zu lassen.

Die Spielgruppenleiterin wird, um das Kind besser verstehen zu können, die Beziehung zu den Eltern und Grosseltern aufnehmen; durch den gegenseitigen Austausch wird sie zum Mitspieler in der Familie, ohne sich allzu sehr in die familiären Verhältnisse einzumischen. Es geht ihr einzig und allein um das Kind, das sie verstehen und in seiner Entwicklung fördern will. Sie wird aber nicht den unbewussten Strebungen der Familie nachkommen.

Ein Jüngster

In Kindermärchen ist der Jüngste oft jener, dem alles leicht gelingt. Er hat eine auffallend günstige, aber auch schwierige Situation; entweder wird er verzärtelt und scheitert am Leben, oder er hat durch die älteren Geschwister Vorbilder und Helfer. Er hat den Vorteil, dass er nicht entthront wird. Er profitiert von seinen älteren Geschwistern und läuft ständig hinter ihnen her, die ihn anfänglich gerne überall mitnehmen und vorzeigen. Angeregt durch seine Vorbilder, wird er zum Schnellläufer, der den anderen zeigen will, was er alles schon kann. Bei übersteigertem Ehrgeiz kann sich später auch grosse Entmutigung und Rückzug bei Auseinandersetzungen zeigen. Wenden sich die Älteren von ihm ab, indem sie ihn zurücklassen, kann er sich einem anderen Ziel, einer anderen Lebensform oder später einem anderen Beruf zuwenden, als den Geschwistern nachzueifern.

Frau B. hat Kinder sehr gern, weshalb sie sich zur Spielgruppenleiterin ausbilden liess. Sie findet schnell den Kontakt zu den Kindern und diese haben sie gern.

Umso mehr erstaunt es sie, dass es ihr nur schwer gelingt, eine Beziehung zu *René* zu bekommen. Sie versucht auf verschiedene Weise, Kontakt zu ihm aufzunehmen, er aber zieht sich zurück. Kein Spielzeug interessiert ihn, kein anderes Kind kann ihn zum Mitspielen gewinnen. Die Mutter, auf dieses Verhalten angesprochen, gesteht, dass er zu Hause der Prinz ist, der Jüngste ihrer Kinder. Er geniesst es, wenn die Mutter ihn bedient. Die Spielgruppenleiterin versucht ihn vorübergehend etwas bevorzugt zu behandeln, er geht aber nicht darauf ein. Er verhält sich passiv und wartet darauf, dass die Mutter ihn abholen kommt.

Als einmal ein Vater den Kindern auf der Geige etwas vorspielt, taut René auf und interessiert sich für das Instrument. Das nächste Mal lässt die Spielgruppenleiterin die Kinder verschiedene einfache Instrumente (Trompete, Trommel, Schlaghölzer, Mundharmonika, Triangel, Xylophon) spielen. René macht mit und spielt manchmal mit einem anderen Buben.

René war nicht gewohnt, mit Gleichaltrigen zu spielen. Die Mutter und seine Geschwister waren seine Spielgefährten. Zu Hause fühlt sich René sicherer. Im Nachhinein kann man sagen, dass René Schwierigkeiten machte, weil er Mühe hatte, weil ihn etwas ängstigte, das nicht zu seinem Sicherheitsbedürfnis passte. Kinder haben ihr eigenes Realitätsempfinden, darum ist es nötig, zuerst das Kind in seinem Verhalten verstehen zu können und sein Vertrauen zu gewinnen, um helfen zu können.

Das Einzelkind

Es hat zunächst eine ähnliche Situation wie die Ältesten. Es wird viel beachtet, steht meist im Mittelpunkt, alles dreht sich um es. Es ist auf die Eltern ausgerichtet und erwartet von ihnen die Hilfe. Unter günstigen Voraussetzungen können die Eltern es besser fördern, wodurch es ein starkes Selbstwertgefühl entwickeln kann. Entsteht daraus ein Gefühl, etwas Besonderes zu sein, kann dies leicht zu Schwierigkeiten in der Gemeinschaft führen, wo es um den Austausch und die Gleichwertigkeit geht.

Hatte es vor dem Eintritt in die Spielgruppe wenig Gelegenheit mit anderen Kindern zu spielen, kann es passieren, dass es auf das Teilen von Dingen nicht vorbereitet ist. *Katia* z.B. hat sich angewöhnt, mit Beissen und lautstarkem Schreien zu reagieren, wenn ein anderes Kind ihr ein Spielzeug wegnehmen wollte. In der Spielgruppe lernte sie bald zu sprechen, statt zu beissen. Man kann bei Einzelkindern verschiedene Haltungen antreffen, von Protest, Unterwerfung bis zu übertriebener Dominanz. Der Rückzug, die Vereinsamung durch eine völlig falsche Einschätzung von sich und den anderen sind daher zu beobachten. Für Einzelkinder ist es darum besonders wichtig, dass sie die Beziehung zu anderen Kindern finden.

> *Christa* kommt gerne in die Spielgruppe. Sobald die Kinder sich in den Kreis setzen, drängt sich Christa auf den Schoss der Spielgruppenleiterin, umarmt und küsst sie und flüstert ihr ins Ohr, wie gern sie sie hat. Sie hilft ihr, wo sie nur kann und ist ihr sehr zugetan. Störend wird es erst dann, wenn die Leiterin sich einem anderen Kind zuwendet und Christa sich dazwischen drängt. Auf die Bitte, einen Moment zu warten, reagiert sie mit Ungeduld. Auf die Frage, wie sie das Problem des anderen Kindes lösen würde, reagiert sie mit Desinteresse. Sie will

unbedingt der Leiterin was Wichtiges sagen, sie will dafür die volle Aufmerksamkeit von ihr, ihr eigenes Anliegen ist ihr wichtiger.

Als einzelnes Kind in der Familie war Christa gewöhnt, im Mittelpunkt der Aufmerksamkeit zu stehen und hatte es schwer, sich anderen Kindern anzuschliessen. Wenn sie auf dem Klavier spielen konnte und die anderen Kinder dazu tanzten, war sie glücklich. Will aber ein anderes Kind Klavierspielen, macht sie nur lustlos mit. Stattdessen erfindet sie immer neue Spiele, in denen sie dann die Vorrangstellung einnimmt. Dabei lässt sie die Leiterin keinen Moment aus den Augen. Sobald diese sich mit anderen Kindern beschäftigt, verliert sie das Interesse am Spiel. Ihr Ziel ist nicht, mit anderen Kindern zu spielen, sondern die Aufmerksamkeit der Spielgruppenleiterin zu haben. Dadurch ist Christa auch schnell wieder allein, was Eifersucht und Langeweile bedeutet. Etwas Besonderes sein zu wollen, zeigt sich auch beim gemeinsamen Malen. Die Spielgruppe macht bei einem Malwettbewerb der Gemeinde mit. Jedes Kind bekommt ein vorgezeichnetes Bild über ein Blumenbeet zum Ausmalen. Christa verlangt ein leeres weisses Blatt, sie will selbst etwas zeichnen. Es wird ihr erlaubt. Man kann nie wissen, ob die eigene Entscheidung nicht gut für ihr späteres Leben sein kann. Vielleicht wird sie Künstlerin. Auch im Erwachsenen kann der Eingeweihte erkennen, ob er als Ältester oder als Einzelkind aufgewachsen ist, weil er z.B. die Mittelpunktstellung später immer wieder anstreben wird.

Bei einem Besuch in einer anderen Spielgruppe mache ich mir folgende Notizen: Die Spielgruppenleiterin besitzt grosses Geschick im Einrichten von Spielecken: In einer gemütlichen Ecke gibt es einige kleine Stühlchen, auf dem Boden liegt ein buntes Tuch mit Kinderbüchern darauf, an den Fenstern kleben Scherenschnittbilder, in der gegenüberliegenden Ecke liegt eine orangegelbe dicke Baumwolldecke, auf der Puppen und Puppenkleider ihren Platz gefunden haben, daneben zwei Puppenwagen. Nahe beim Fenster steht ein kleiner Tisch mit einer selbstgezeichneten Herdplatte aus Karton und Kochgeschirr.

Zwei Buben kommen herein und beginnen zu kochen, zwei Mädchen liegen auf der Decke mit den Puppen, einige Kinder setzen sich auf die Stühlchen und schauen Bücher an, während die Spielgruppenleiterin noch mit den Eltern spricht. Als die Erwachsenen gegangen sind, ruft sie die Kinder in den Kreis. Sie singen mehrere Lieder und lernen Fingerspiele. Die Kinder machen freudig mit und werden nicht müde. Dann fragt sie die Kinder, ob sie malen wollen. Bis auf zwei Mädchen sind alle begeistert. Sie decken zusammen den Tisch mit Zeitungspapier ab, jedes Kind bekommt einen Kartonteller und die Fingerfarben, die es sich wünscht; das begeisterte Malen beginnt.

Die zwei Mädchen stehen unschlüssige herum, dann entscheidet sich die eine mitzumachen, die andere beginnt zu weinen. Die Spielgruppenleiterin geht kurz hinaus, sie will Ursula Gelegenheit geben, dieses Problem auf ihre eigene Art zu lösen versuchen.

> Die Spielgruppenleiterin schildert, dass *Ursula* oft das Weinen einsetzt, um sie für sich zu haben. Wenn sie sich zum Mädchen setze und mit ihr plaudere, dann beruhige sie sich. Gehe sie aber weg, fange Ursula wieder zu weinen an.

Als die Leiterin zurückkommt führt sie Ursula zum Maltisch. Diese geht mit, verlangt aber von der Leiterin, sie solle malen. Ursula gibt die Anweisungen zur Farbe und zum Sujet. Als die Partyteller fertig sind und von den Kindern bewundert werden, will Ursula allein einen Teller malen.

Wir können annehmen, dass Ursula dieses Verhalten in ihrer Familie eingeübt und damit Erfolg gehabt hat. Die Mutter, die das Weinen nicht gut verträgt, gibt schnell den Wünschen von Ursula nach. In gewisser Hinsicht hat sie sich als Einzelkind eine Sonderstellung ergattert. In der Spielgruppe besteht die Möglichkeit, sie insofern zu stärken, indem sie keine Sonderstellung erhält, und niemand sie auslachen darf. Das ist nur möglich, wenn die Spielgruppenleiterin sie ohne ablehnende Gefühle begleiten kann. Eine halbe Stunde vor Schluss räumen alle gemeinsam auf und als die Spielgruppenleiterin ein „Znünitäschli“ aufheben will, sagt Ursula: „Lassen Sie es nur liegen, das wird schon weggeräumt.“

Einziger Bub unter Mädchen

Eine junge, mit Kindern noch unerfahrene Spielgruppenleiterin, aber grossem Engagement, erzählt von ihren Schwierigkeiten:

> „Ich komme mit *Bob* schlecht zurecht. Ich geniesse die Tage, an denen er fehlt. Er macht nie das, was ich vorschlage, und was wir gemeinsam vereinbart haben. Er tanzt aus der Reihe. Ich muss ihn immer er-

mahnen."

Sie kennt die Familiengeschichte, weiss, dass er als einziger Sohn unter Mädchen aufgewachsen ist und verwöhnt wurde. Sie hat schon viel probiert, um ihn zur Mitarbeit zu gewinnen. Sie gibt klare Anweisungen, spricht mit ihm persönlich, nimmt ihn in die Arme oder fordert ihn auf, sich einzufügen. Er aber macht, was er will. Ihre Schwierigkeit besteht darin, dass sie in diesem Moment, wo Bob sich verweigert, ihn nicht richtig erfassen kann.

Wir können einen Menschen nur verstehen, wenn wir ihn als geworden betrachten. So wie ein Schosser zwischen Kupfer, Stahl, Aluminium etc. zu unterscheiden hat, muss die Spielgruppenleiterin versuchen, die individuelle Art eines Kindes zu erfassen und mit ihm zusammen einen Weg zu finden. Was ist mit ihm los? Was hat er in seiner Familie eingeübt, das er hier auslebt? Was sind seine Bedürfnisse? Schon bei der Wahl als Lokomotivführer oder Passagier mitzuspielen, zeigen sich seine Vorlieben: Er möchte Lokomotivführer sein, nicht nur Mitreisender.

Ein verwöhntes Kind empfindet sich schnell einmal in Feindesland, wenn es nicht nach seinem Willen geht. In der Spielgruppe ist es nicht mehr alleine, da sind noch andere, die die Aufmerksamkeit der Spielgruppenleiterin haben wollen. Jetzt heisst es teilen, aber das hat das verwöhnte Kind nicht gelernt. Es braucht eine gewisse Zeit, in der es lernt, mit der neuen Situation fertig zu werden. Eine gewisse Nachsicht und etwas Rücksicht auf diese Schwierigkeit des Kindes sind bei der Spielgruppenleiterin angebracht, im Bewusstsein, dass das Kind lernfähig ist. Es braucht also eine Phase des Übergangs, indem es allmählich zwischen seinem Erleben und demjenigen des anderen differenzieren lernt. Langsam beginnt es die neuen Erfahrungen schöpferisch in seine Vorstellungen einzubauen ohne sich selbst aufgeben zu müssen. Durch die Entwicklung der Sprache und durch schrittweises Verstehen lernt das Kind Vertrauen und Mut zu fassen und allmählich gemeinschaftlich zu handeln.

Jedem Menschen, ob angepasst, verweigernd oder aufmüpfig, kommt das natürliche Recht auf Achtung seiner Würde zu. Der Mensch ist in seinen Lebensäusserungen frei, d.h. er ist in seinen Reaktionen nicht festgelegt, er hat die Möglichkeit in die mitmenschliche Gemeinschaft hineinzuwachsen und eine selbständige Persönlichkeit zu werden.

Das soziale Umfeld

Kultur und Zivilisation, Kunst und Wissenschaft hätten niemals erschaffen werden können, ohne soziale Beziehungen, Solidarität und Kooperation mit anderen Menschen. Menschen gestalten unter positiven Voraussetzungen ihre eigene Geschichte. Sie versuchen die naturgegebenen Möglichkeiten zu kontrollieren, zu beherrschen und sie so zu verändern, bis sie ihrer eigenen sozialen Natur angepasst sind. „Alles menschliche Leben ist soziales Leben", sagt der Psychologe Kurt Adler (Sohn von Alfred Adler) in einem Vortrag über Individualpsychologie und weist Psychologie zurück, die versucht, menschliches Leben und Benehmen zu studieren und zu verstehen, ohne die soziale Umgebung einzubeziehen. Gemeinschaftsgefühl, sich zur Gemeinschaft zugehörig fühlen und Solidarität seien notwendige Bedingungen für psychische Gesundheit. Der egozentrische Mensch übersehe immer, dass sein Selbst, sein persönlicher Fortschritt viel besser behütet und bedient wäre, wenn er sich mehr dem Wohlergehen anderer, der Gruppe, der Menschheit widmen würde. Damit würde er sich selbst und auch sein Wohlbefinden stärken. Gemeinschaft und Individualität sind nicht voneinander zu trennen.

Auch der Philosoph Martin Buber gibt zu bedenken, dass die Neurose das Resultat einer Verweigerung eines egozentrischen Menschen ist, mit einem anderen Menschen zusammen zu sein. Wir können unsere Augen nicht vor den asozialen Einschränkungen verschliessen, die das Kind hindern, sich als Teil der Gemeinschaft zu fühlen und wir können nicht zulassen, dass Kinder in Feindesland aufwachsen. Nationalismus, Prestigedenken, Wettbewerb, Kriege, Arbeitslosigkeit machen den Menschen hoffnungslos und schaffen nicht den Rahmen, in der ein Kind in Ruhe und gesund heranwachsen kann.

Auf dem Gebiet der Erziehung und der Familie ist Gleichwertigkeit und Kooperation von Mann, Frau und Kind gefragt und nicht autoritäres Gehabe. Es ist gefährlich, Autoritäten die volle Verantwortung zu übergeben, weil man sich damit in Abhängigkeit begibt, nicht mehr selbst denkt und nicht mehr fühlt, was man selbst möchte. Das Kind muss fühlen können, dass seine Erzieher zu ihm stehen, seine Freunde sind und nur das Beste für es wollen. Aufgeklärte Erzieher werden nie mit dem Kind kämpfen, auch wenn das Kind kämpfen will, sie werden nie beleidigt sein oder es beleidigen. Sie werden stattdessen jede Äusserung des Kindes als einen Teil seiner psychischen

Situation, seinem Mangel an Entwicklung sehen. In der Beziehung sollte es nicht um Recht haben gehen, sondern um Kooperation und um die Suche nach einer gemeinsamen und vernünftigen Lösung.

Kommen neue Eltern mit ihren Kindern in die Spielgruppe, so ist es wichtig, die Eltern und die Kinder so zu begrüssen, wie wenn sie Gäste wären. Es darf keine Abgrenzung zwischen der beruflichen und der alltäglichen Begegnung spürbar sein. Die Spielgruppenleiterin teilt ihr Wissen und Können mit den Eltern und macht auch keine Unterschiede zwischen Akademikern, Angestellten, Arbeitern und Ausländern. Eine gute Beziehung kann nur dann aufgebaut werden, wenn der Blick auf Eltern und Kinder gerichtet ist, sie wahrgenommen werden und sie die Wertschätzung erleben können.

Wenn Kinder in die Schule kommen, ist Selbstsicherheit und Gemeinschaftsgefühl von ausschlaggebender Bedeutung. Nur so können sie die Situationen, die sich hier dem Kind stellen, auch wirklich lösen. Den Eltern fällt die Aufgabe zu, ihre Kinder darauf vorzubereiten, damit es ihnen gelingt, diese Lebensaufgabe zu meistern. Die Schule ist ein wichtiges Umfeld für die Persönlichkeitsentwicklung des Kindes, sie prägt das Kind in grossem Masse. Dabei stellt sich die Frage, ob auch die Lehrer auf diese Aufgabe genügend vorbereitet sind. Aufgrund mangelhafter pädagogischer Konzepte kann die Institution „Schule“ bedauerlicherweise auch Langeweile verursachen. Neben starker Handlungseinschränkung, beeinträchtigen gleichgeschaltete Übermittlungsgeschwindigkeiten und standardisierte Lehrpläne die persönliche Motivation, die Lebenswelt und den Lernrhythmus des Kindes (Jost 2000).[93]

Ausländische Familien haben es oft schwer, sich im jeweiligen Gastland einzufinden. Gewöhnlich ist es ein Mangel an Willen und Mut zur Anpassung. Sie vermissen ihre Kultur und haben es schwer, etwas Neues zu lernen. Ihre Kinder finden sich meist schneller zurecht, was zu einer Entfremdung zwischen Eltern und Kindern führen kann. Dass Kinder über die Eltern hinauswachsen und ganz andere Ideen entwickeln, passiert aber auch in einheimischen Familien und ist ganz natürlich. Spielgruppenleiterinnen haben meistens auch einige Kinder aus anderen Kulturkreisen. Diese kommen dann mit unterschiedlichen Auffassungen und Wertvorstellungen in die Kindergruppe. Das erfordert von den Erziehern einen verständnisvollen und einfühlenden Umgang.

[93] Kern, Maria T.: Zeitschrift für Individualpsychologie, V&R 2010, Göttingen, S. 79

Alice Rühle-Gerstel hat schon 1911 auf dieses Problem hingewiesen. In ihrem Buch *Das proletarische Kind* beschreibt sie differenziert die Situation der proletarischen Kinder, die im Gegensatz zu anderen Klassen (in dem Fall der gleichen Gesellschaft) auffallen. Ihr Anliegen war, aufzuzeigen, in welcher Weise sich die berufliche Situation des Arbeiters auf die Familienatmosphäre und die Erziehung der Kinder auswirken. Darin finden sich erschütternde Beschreibungen des damaligen proletarischen Massenelends. In der Kindererziehung sah sie eine Möglichkeit, künftige Kulturträger heranzubilden und die bestehende Gesellschaftsordnung in Richtung auf ein besseres Zusammenleben - ohne Ausbeutung und Unterdrückung - gestalten zu können.

Durch kulturelle Benachteiligung gegenüber der besitzenden Klasse empfindet das proletarische Kind ein starkes Minderwertigkeitsgefühl, was es auf die negative Seite der Gemeinschaft bringen kann. Statt sich für eine Verbesserung der Lebensbedingungen einsetzen zu können, bewegt sich der Zukurzgekommene und Ausgenützte oft auf der Seite des Widerstandes und der Feindschaft. Durch die Einengung und Überforderung entsteht Unzufriedenheit, Angst und Brutalität in den Familien, was das Wachstum der Solidarität unter den Menschen untergräbt. Das Proletariat bleibt so isoliert, weshalb es keine grundsätzlichen Veränderungen in der Familie geben kann. Rühles Engagement für die unterdrückte Klasse kann man als einen soziologischen Ansatz zur Analyse von Wirtschaft und Kultur auffassen.

In der Individualpsychologie von Alfred Adler gilt der Mensch als soziales Wesen, das immer in partnerschaftlicher Beziehung lebt. Ob in der Familie, in der Spielgruppe, im Kindergarten, in der Schule, bei der Arbeit oder in der Gesellschaft, überall gehört der Mensch zu einer Gruppe. Für Adler gehören diese Verbindungen zur „allgemeinen Logik des Zusammenlebens“, wobei das „Gemeinschaftsgefühl“ als tragendes Element dient.

Adler erkannte die Bedeutung der „Erziehung der Erzieher“ für die Verhinderung von seelischem Leid. Er war bestrebt, das individualpsychologische Wissen und Können in die Gesellschaft zu tragen, indem er Vorträge hielt, sowie Erziehungs- und Lehrerberatungsstellen in ganz Europa und Amerika einrichtete. Damit sich die Menschen nicht mehr verführen und manipulieren lassen, soll Bildung sie gemeinschaftsfähiger, kooperativer und selbstsicherer machen. Sie sollen sich nicht mehr gegenseitig bekämpfen müssen, sondern sich zusammenraffen, um sich gemeinsam gegen Drogen, Krieg, Kriminalität und sonstige die Gemeinschaft schädigende Einflüsse zu schützen.

Individuelles Verhalten des Kindes in der Gruppe

Das Zusammensein vieler Kinder im annähernd gleichen Alter bietet eine günstige Gelegenheit für die Frühförderung des sozialen Verhaltens. Das Kind hat in den ersten drei Lebensjahren in der Familie und in seiner Umwelt einen Grundstock von Erfahrungen über sich und seine Umwelt gesammelt. Es hat im günstigen Fall Vertrauen zu seinem engsten Kreis entwickelt, es weiss, an welchen sicheren Ort es sich bei Schwierigkeiten zurückziehen kann. Es ist normalerweise in seiner Entwicklung soweit, dass man mit ihm sprechen kann und dass es offen ist, Neues kennen zu lernen und sich neuen Situationen zu stellen.

Der erste Anpassungsprozess findet in der Familie und seiner Umwelt statt, indem das Kind durch Versuch und Irrtum auf schöpferische Weise eine Lösung sucht. Das Individuum schlägt dabei einen eigenen Weg ein, der sich aus der Beziehungserfahrung in der Ursprungsfamilie ergibt. Es erahnt, welche Verhaltensweisen seine Bedürfnisse befriedigen und wie es am besten überleben kann. Das soziale Lernen geschieht schrittweise und noch weitgehend unbewusst. Dabei ist es auf die liebevolle Unterstützung fürsorglicher Personen angewiesen. So entwickelt das Kind in den ersten drei Lebensjahren allmählich ein Bewusstsein der Realität.[94] Wenn ein Kind Schwierigkeiten macht, muss immer das System mit einbezogen werden, dem das Kind angehört, und das ist die Familie.

Kinder können falsche Verhaltensweisen einüben, wenn sie dafür besondere Aufmerksamkeit erhalten. Nervöse Reaktionen und Überbesorgtheit der Eltern können schnell dazu führen, dass Kinder diese Art als Zuwendung erleben und ihre Fehlhaltung nicht aufgeben können. Die Kinder sind sehr erfinderisch in den Mitteln, Beachtung zu erlangen.

> „Adler macht sowohl dem Kind als auch den Eltern verständlich, dass die Schwierigkeiten aus der Gesamtpersönlichkeit entstehen und dass Veränderungen sich dort zuerst zeigen. Das Symptom würde von ganz

[94] Target, M.: Zeitschrift Individualpsychologie, Vandenhoeck & Ruprecht, 39. Jg./3/2014, S. 207.

alleine verschwinden."[95]

Es muss also nicht am Symptom, sondern an den Beziehungen gearbeitet werden. Die inneren Strukturen, die während der Entwicklung aufgebaut werden, sind Fiktionen und entsprechen nicht unbedingt der Wirklichkeit. Ein Kind kann den Eindruck gewinnen, die Mutter vernachlässige es, obwohl das in der Realität nicht stimmen muss. Durch die eigene Wahl zimmert sich das Kind seine eigene subjektive Vorstellung von sich, den anderen und der Welt. Spätere Entscheidungen werden nach dem einmal eingeschlagenen Weg getroffen und bei ähnlichen Situationen gefestigt. Da das Kind beim Aufbau seines Lebensstils nicht alles berücksichtigen kann, werden sich auch Defizite bei neuen Anforderungen zeigen.

Ein Dialog zwischen einem vierjährigen Mädchen und einem gleichaltrigen Buben gibt uns Einblick in ihre Fähigkeiten zu kommunizieren.

Silvia nimmt *Urs* eine Mandarine weg:

U: „Du darfst mir die Mandarine nicht wegnehmen!"
S: „Du hast ja zwei."
U: „Du musst mich fragen!
Du darfst sie mir nicht wegreissen!
Und du musst mir auch etwas geben!"
S: „Willst du von meinem Brot?"
U: „Ja." Sie tauschen aus.
S: „Sag danke!"
U: „Du auch!"
S: „Danke."
U. leise: „Danke."

Der Mensch ist ein soziales und freies Lebewesen, das sich trotz individueller Charakterstruktur mit den anderen Menschen verbindet. Soziale Funktionen einer gelungenen Anpassung sind: Befriedigung der eigenen Bedürfnisse, Anerkennen der Gleichwertigkeit von Ich und Du und die Fähigkeit, Lebensaufgaben wie Liebe, Arbeit und Gemeinschaft zu bewältigen. Durch irrtümlich eingeübte Vorstellungen im Lebensstil kann er in bestimmten Lebenssituationen die innere Balance verlieren. Wir sagen, er ist nicht genügend auf

---

[95] Wölfle, R.: Wo ich war, soll Gemeinschaft werden, Waxmann 2015, Münster, S. 37.

das Leben vorbereitet, er kann die gestellten Lebensaufgaben nicht gut lösen, was Minderwertigkeitsgefühle hervorruft und durch Überlegenheitsstreben, Ausweichen oder Rückzug ausgeglichen wird. In der Lösung der Lebensaufgaben können wir den Gradmesser für das Gemeinschaftsgefühl, d.h. die soziale Anpassungsfähigkeit der Person ermessen.

Veränderungen kommen durch neue Erfahrungen mit anderen Menschen zustande, sagt der Psychologe W. Branke:

> „Eine Lösung kann gelingen, wenn das Ich und Du zu einem grösseren Ganzen, dem gemeinschaftlichen Wir zusammengefügt werden... Wenn es gelingt, sie zu akzeptieren wie sie sind und sie entsprechend so zu einander in Beziehung zu setzen, damit beide die Beziehung in ihrem Erleben als harmonisch bezeichnen. Wichtig ist dabei die Unterschiedlichkeit von Ich und Du zu respektieren, damit jeder sich selbst bleiben kann, aber dabei erkennen, dass sie jetzt integraler Teil eines grösseren Ganzen geworden sind... Macht man sich die Vorstellung zu Eigen, dass eine aktive Anpassung der Menschen zu einer stetigen sozialen Evolution führen würde, so müsste sich diese auch auf die Gesellschaft auswirken."[96]

Alfred Adler nannte das gute intellektuelle Funktionieren „Commonsense", damit meinte er die Lösung von Problemen, „die nicht nur für den Einzelnen, sondern für die Gruppe zufriedenstellend und sinnvoll sein sollte".

> „Das Selbstwertgefühl, das Mut und einen optimistischen Standpunkt verleiht, wird gesteigert, und wir werden in dieser Lebensform auch alle anderen Kraftlinien finden, die dazu dienen, die Widrigkeiten des Lebens zu überwinden. Alle Lebensprobleme haben einen grossen sozialen Wert. Das Individuum muss auf eine richtige, normale, wertvolle und erfolgreiche Lösung vorbereitet sein... Jedes menschliche Wesen strebt nach dem Sinn, aber die Menschen machen immer wieder Fehler, wenn sie nicht sehen, dass ihre ganze Bedeutung in ihrem Beitrag zum Leben anderer bestehen muss."[97]

Es gibt nur einen Grund, warum ein Mensch auf die unnütze Seite des Le-

---

[96] Branke, W.: Gemeinschaftsgefühl, Zeitschrift für Individualpsychologie, 40. Jg. Heft 4/2015, S. 377/381.

[97] Ansbacher, H.: Alfred Adlers Individualpsychologie, E. Reinhardt 1972, München, S. 160f.

bens kommen kann: die Furcht vor der Niederlage, welche sich im Zögern, Haltmachen oder Flucht vor der Lösung eines der sozialen Probleme ausdrückt.

Ein dreijähriges Kind kann schon Probleme aufweisen, da es bereits einen Fahrplan hat und enttäuscht sein kann, wenn es in der Spielgruppe anders zugeht, als es erwartet und von zu Hause gewohnt ist. Darum ist eine Übergangsphase und viel Geduld und Vorsicht bei der Einführung in die Gemeinschaft nötig. Durch das Erleben mit den anderen Kindern, durch Nachahmung und Auseinandersetzung lernt das Kind flexibler, kreativer und realistischer zu werden. Es lernt sich im anderen zu spiegeln, sein Verhalten von den anderen zu unterscheiden, auszutauschen und das Neue mit seinem Lebensstil schöpferisch zu verbinden. Es wird sich seiner Persönlichkeit und die der anderen bewusst. Der Erwachsene hilft ihm seine Gefühle mit der Realität zu verbinden. Wie schnell das möglich ist, hängt von seinen früheren Beziehungserfahrungen mit den Eltern zusammen, wie viel Vertrauen ein Kind dort ausbilden konnte. Eine gute Beziehung zu Vater, Mutter und Geschwistern bilden die Grundlage für eine gute Integration in die menschliche Gemeinschaft. Am körperlichen und seelischen Verhalten in der Gruppe von Kindern kann man feststellen, wie das Kind sich fühlt. Dreijährige Kinder können sich nicht verstellen. Sie zeigen offen ihre Gefühle von Freude, Interesse, Mut und Angst. Negative Reaktionen wie Eifersucht und Enttäuschung, unkooperativen Verhalten oder Rückzug, Verweigerung und Weinen entstehen dann, wenn das Kind sich nicht verstanden fühlt.[98]

Ich möchte noch etwas zum Lernen sagen. Jeder Mensch lernt ununterbrochen, indem er seine Umgebung wahrnimmt und dazu Stellung bezieht. Nicht lernen geht nicht! Dieses Lernen geschieht nicht so sehr über den Intellekt, sondern über die Gefühle. Interessante Geschichten, in denen Menschen oder Tiere mitfühlend geschildert werden, sind die Natur für das kindliche Gemüt, an denen es reifen kann. Auch malen, kneten

und gestalten bedeutet etwas tun ... über dieses Tun wird die Wahrnehmung angeregt und die Übung in Richtung Können verfeinert. Es handelt sich also um kreative Prozesse, die ein Kind durchleben muss, um gedeihen zu können. Angst ist für das Lernen immer ein Hemmschuh. Manche Kinder haben

[98] Target, M.: Zeitschr. Individualpsych., Vandenhoeck & Ruprecht 2014, S. 210.

Angst vor Tieren, z.B. vor Ziegen. Es ist jedes Mal eine Freude zu erleben, wie ein Kind die Angst verliert, wenn man es mit Tieren vertraut macht. Und so ist es bei Angstproblemen mit allem.

Was macht den Eltern Schwierigkeiten?

Aufgrund der verschiedenen Lebenssituationen haben Eltern nicht nur brave, zufriedene, fröhliche Kinder. Sie haben Kinder, die ihnen Mühe machen, aber zu ihnen passen: Das können aktive, aggressive, trotzige, hilflose und langsame Kinder sein. Diese Eltern verstehen meistens nicht, warum gerade ihr Kind Probleme macht. Sie möchten, dass ein Junge aufhört, seine kleine Schwester zu schlagen; bestraft die Mutter ihn, dann täuscht sie sich, denn für das Kind ist es Liebesentzug.

Der Philosoph und Pädagoge J.A. Comenius hat das treffend ausgedrückt: Er vergleicht den strafenden Erzieher mit einem Musiker, der sein ungestimmtes Instrument mit den Fäusten bearbeitet, anstatt Ohr und Hand zu gebrauchen, um es zu stimmen. Erst wenn die Menschheit einsehe, dass jede Gewaltanwendung einem niedrigen Kulturstadium angehört, wie das Prügeln von Kindern, Frauen, Soldaten und Verbrechern, wird es eine Veränderung im Zusammenleben geben. Die Anwendung von Schlägen und Strafen verdumme den Erzieher genauso wie den Empfänger, seine Gedankenlosigkeit wird gesteigert, nicht seine Geduld, Würde und Intelligenz. Das sei auch der Grund, warum man die Prügelstrafe zu Recht weitgehend abgeschafft habe.

Wenn wir trotzdem noch glauben, dass Schläge und Bestrafung den Kindern gut getan hätten, weil sie im Augenblick ein wirksames Mittel waren, um den Trotz des Kindes zu brechen, dann bedenken wir nicht deren Folgen, die sich in Sklavenmentalität oder Rachsucht kundtun. Denn niemals vergisst der Mensch, was ihm angetan wurde. Kinder, die Gewalt und Drohungen erlebt haben, kranken an Mut, Selbstachtung und Willensstärke, die sie nicht zu Persönlichkeiten reifen lassen.

In der Erziehung können wir beobachten, dass Kinder immer wieder das gleiche Bild malen, den gleichen Turm bauen und das gleiche Spiel spielen, so lange, bis sie es vollkommen beherrschen. Es mag scheinen, als ob das Kind keine Fortschritte machen will. Unnötigerweise greifen die Erwachsenen oft zu früh ein, machen gutgemeinte Vorschläge und stören damit die Kreativität des Kindes.

Mangel an Zutrauen entsteht auch dann, wenn wir ein Kind, das sprechen gelernt hat, davor bewahren, eine zweite Sprache zu erlernen oder wenn Kinder anfangen, ihren Namen zu schreiben, wir sie nicht einfach begleiten. Ein Kind das gehen und laufen kann, ist auch fähig, Schlittschuhlaufen zu lernen. Dagegen kann Wettbewerb zwischen Individuen oder übermässiger Ansporn in Familie, Schule und Gesellschaft das Miteinander stören.

Man begreift, dass viele Eltern verunsichert sind und nicht wissen, wie sie den Tag mit ihren Kindern in Ruhe und im Einvernehmen verbringen könnten. Sie schleppen die Kinder von einem Angebot zum anderen, so dass das häusliche Leben mehr und mehr aufhört. Sie wollen folgsame und vor allem zufriedene Kinder, die möglichst wenig Arbeit machen.

> Eine Mutter sitzt mit ihrer 3jährigen *Jutta* im Café. Die Mutter, eine hübsche Frau, wendet sich liebevoll ihrer Tochter zu. Sie spricht mit ihr. Nach kurzer Zeit zieht die Mutter ihr Handy aus der Tasche und beschäftigt sich nur noch damit. Das Kind fängt an unruhig zu werden, versucht durch verbale Töne auf sich aufmerksam zu machen. Die Mutter wendet sich kurz lächelnd Jutta zu, das Kind beruhigt sich. Die Mutter blickt wechselweise wieder auf das Handy, dann auf das Kind. Das Kind protestiert, indem es unter den Tisch rutscht. Darauf gibt die Mutter dem Kind ein Handy, das interessiert Jutta aber nur kurz. Die Mutter kramt ein Tablet aus der Tasche, stellt ein Mikey Mouse-Video ein und setzt dem Kind zum Abhören Kopfhörer auf. Nach kurzer Zeit zieht es die Kopfhörer ab, schiebt alles beiseite und wird immer lauter. Endlich wird das Essen serviert: Gefüllte Kartoffel mit Gemüse. Jutta will nicht essen. Die Mutter nimmt sie auf den Schoss und versucht sie zu füttern. Jutta macht sich steif. Die Mutter gibt auf und isst allein weiter, das Kind liegt in ihren Armen und betrachtet ruhig die Umgebung.

Diese Beobachtung zeigt ein zufriedenes Kind und eine gestresste Mutter. Die Mutter hat zwar ein Kind zu erziehen, weiss aber scheinbar nicht, was eine gute Beziehung ausmacht. Es ist keine Einigung zustande gekommen. Die Mutter hat offensichtlich falsche Vorstellungen von Erziehung, sie verwöhnt und vernachlässigt zugleich. Dass sie es gut meint, sieht man an ihrem

Bemühen, es dem Kind recht zu machen, andererseits ist es ihr auch lästig. Das Kind spürt das künstliche Dasein und ruft nach der Wirklichkeit des Lebens, was Bewegung, Tätigkeit, Aufmerksamkeit und die Zuwendung der Mutter bedeuten würde. Ersatzbefriedigungen führen immer zu Stress. Man fragt sich, warum die zwei nicht gemeinsam zu Hause etwas kochen. Jutta spürt, dass ihr Verhalten von der Mutter negativ beurteilt wird und begegnet ihr mit Opposition, Trotz und Verweigerung. Die Mutter wiederum versucht mit Ablenkung und Nichtbeachten das Kind zu beruhigen. Ein Leitspruch könnte heissen: Das Kind soll nicht etwas erhalten, weil es etwas verlangt, sondern weil es einer Sache bedarf.

Das Kind ist durch eine innige Verknüpfung an das elterliche Niveau gebunden. Durch das Eintreten in eine Spielgruppe wird das eingeübte Reaktions- und Verhaltensmuster nur langsam verändert. Da das Kind sich an die neue Situation anpassen möchte, versucht es das auf die ihm bekannte und eingeübte Art. Dem muss die Erzieherin mit viel Geduld und Einfühlungsvermögen begegnen.

> Der dreijährige *Lars* setzt sich als erstes auf eine in der Ecke liegende Matratze und bewegt sich kaum, schaut aber den anderen Kindern zu. Als die Kinder sich in der Pause an den Tisch setzen, um ihr „Znüni" zu essen, kommt Lars nicht dazu. Ein Mädchen will ihn holen, er aber verweigert sich. Die Betreuerin will ihn kennenlernen und lässt ihm noch etwas Zeit sich zu entscheiden. Als sie sieht, dass er es alleine nicht schafft, geht sie zu ihm, nimmt ihn an der Hand und führt ihn zum Tisch der Kinder.

Wie der Psychologe Michael Titze sagt, kommen im Leben des Kindes häufig Bewertungssituationen vor, die aus Angst, dem Kind könnte etwas passieren, ein Bub könnte zu wenig Mut entwickeln oder ein Mädchen könnte zu wild werden, entstehen. Verurteilungen von Seiten der Erzieher geschehen durch unbedachte Äusserungen, wie „du hast es schlechter gemacht als dein Bruder" - „du strengst dich zu wenig an" usw. Man sieht förmlich am Gesicht des Kindes, wie es das empfindet - seine Mimik verfinstert sich, Enttäuschung wird sichtbar. Anders, wenn ein Vater sein Kind lobt, ihm zutraut etwas Neues zu lernen und es ermutigt den Weg der Selbständigkeit einzuschlagen. Ein solches Kind wird es in der Gemeinschaft leichter haben und Freunde finden. Wenn Eltern mit ihren Kindern vor allem über Kritik kommunizieren, kann ein Gefühl entstehen: „Ich kann es nie recht machen. Ich kann nicht, der andere ist besser." Der Heranwachsende braucht Erzieher, die liebevoll, ruhig und kurz mit dem Kind sprechen, so dass es die Worte verstehen lernt, die man zu ihm sagt. Auch wenn ein Kind Fehler macht, ist es nicht ratsam, ihm diesen vorzuhalten und es deshalb abzulehnen. Durch Nachsicht und Ermutigung lernt das Kind die Situation besser einzuschätzen, Fehler besser zu erkennen und sie zu vermeiden.

Neuerdings kommt die sinnvolle Handhabung der digitalen Medien dazu. In Tageszeitungen, am Fernsehen und in Vorträgen werden Erzieher immer wieder auf die negativen Folgen für das Kind beim Gebrauch von digitalen Medien aufmerksam gemacht. Jedoch bereits am nächsten Tag erscheint ein Artikel, der die ganze Sache wieder verharmlost. Die Berichterstartung erinnert an die Zeit, als die Drogen aufkamen und verharmlost wurden. Drogen kann man nicht verharmlosen, wenn jedes Jahr Menschen davon abhängig werden und daran sterben, auch wenn die Statistiken darauf aufmerksam machen, dass so und so viele die Drogen im Griff hätten.

Auch digitale Medien verführen Kinder und Jugendliche und sind kontraproduktiv für das Wachstum und Lernen der Kinder. Die Erwachsenen sind gegenüber den Einflüssen der Medien recht sorglos, obwohl sie viel Gewalt beinhalten. Nach den Erkenntnissen der Neurobiologie kann das Gehirn eines nicht: Nicht lernen. Wenn das Gehirn aber immer lernt, dann lernt es auch von schlechten Angeboten im Fernsehen und Computerbildschirm, von Videospielen und Mobiltelefonie etc. Darum wäre es dringend nötig, dass sich die Erzieher ihrer Verantwortung bewusst sind und den Kindern den kindgerechten Umgang mit den Medien zeigen würden.

Medien können süchtig machen, daher ist der Vergleich mit Alkohol und Drogen nicht von der Hand zu weisen. Suchtstoffe hält man am besten von Kindern fern und Medien müssen mit Bedacht Anwendung finden. Bei alldem spielt die Vorbildfunktion der Eltern eine entscheidende Rolle. Gesehene Gewalt wird oft imitiert. Kinder, die mit Gewaltvideos in Berührung gekommen sind, zeigen nicht selten gewalttätiges Verhalten im Spiel, gegenüber ihren Spielsachen und auch bereits im Umgang mit ihren Erziehern. Die Eltern wissen sich bei solchen Gelegenheiten nicht zu helfen, da sie die charakterschädigenden Einflüsse aufgrund ihrer mangelnden Menschenkenntnis nicht durchschauen. Gewalt führt immer zu Abstumpfung und gleichgültigem

Verhalten.

Manfred Spitzer, Psychiater und auf neurowissenschaftlichem Gebiet tätig, schreibt in seinem Buch *Lernen,* wie das Gehirn Informationen aufnimmt und verarbeitet. Wenn Erziehung und Schule darüber hinweggehen, müssen sich zwangsläufig Misserfolge einstellen. In seinem Buch *Cyberkrank* weist Spitzer darauf hin, dass der ständige Einfluss des Smartphones Denken, Bildung und Gesundheit der heranwachsenden Generation gefährdet. Wer täglich Medien-Multitasking betreibt, also verschiedene Medien zur Unterhaltung benutzt, wird im Lernen und Arbeiten ineffektiv, wie die experimentalpsychologische Grundlagenforschung schon lange nachgewiesen hat. Das Kind und der Jugendliche wird nicht besser, sondern trainiert sich langfristig eine Aufmerksamkeitsstörung an, sagt Spitzer. Multitasking dient eher der Ablenkung. Natur, Basteln, Musik und Sport wird aufgegeben, Büchern und Zeitungen weggelegt und Vertiefung in ein bestimmtes Gebiet vernachlässigt. Eine Lehrerin schildert den heutigen Zustand so: „Wenn früher einzelne Schüler in einer Klasse Mühe mit Mathematik hatten, dann sind jetzt die Kinder, die den Unterrichtsstoff beherrschen, die Ausnahme. Das Smartphone wird nicht nur von Jugendlichen benutzt, sondern mittlerweile auch von Kindern unter zehn Jahren.“[99] Der unkontrollierte Gebrauch von Medien, besonders in jungen Jahren, führt keineswegs zur Bedürfnisbefriedigung, sondern zur Abhängigkeit, da beglückende Botenstoffe nicht ausgeschüttet werden. Eine Befriedigung stellt sich nicht ein.

Kleinkinder bis zum achten Lebensjahr haben nachweislich Schwierigkeiten, zwischen Realität und Phantasie zu unterscheiden. Trotzdem wird oftmals argumentiert, dass Kinder, die nicht fernsehen, zu Aussenseitern werden, da sie nicht mitreden könnten. Wer aber weiss, wie viel Geduld, Aufmerksamkeit und Liebe ein Kind zu seiner Entwicklung nötig hat, der wird grosse Sorgfalt auf das Vermitteln von gehaltvollen Inhalten legen und an der Vorstellung zweifeln, dass Smartphones, Handys, Fernsehen oder Computerspiele das Richtige für die Bildung der Persönlichkeit des Kindes und Jugendlichen sei soll.

---

[99] Spitzer, Manfred: Cyberkrank, Droemer 2015, München, S. 58.

Neurobiologische Aspekte

In den letzten Jahren haben Neurobiologen versucht, die Bedingungen für pädagogische Anliegen durch die Hirnforschung zu eruieren.

Joachim Bauer, Neurobiologe und Arzt, ist der Ansicht, dass der Mensch nur in seinem sozialen Umfeld verstanden werden kann. Die Hirnfunktionen des Neugeborenen sind so angelegt, dass ein ständiges Lernen stattfindet, sofern das Kind in der Beziehung zu seinen Mitmenschen ein Echo erhält. Bei sozialer Isolation stirbt der Mensch, auch wenn er genügend Nahrung erhalten würde. In den ersten zwei bis drei Jahren speichert das Gehirn des Kindes fortlaufend Eindrücke seiner Umgebung. Verzieht das Kind sein Gesicht zu einer Grimasse, kommt es darauf an, wie die jeweilige Beziehungsperson darauf reagiert. Diese kann ihre Gefühle zum Ausdruck bringen, indem sie sagt: „Was machst du da Lustiges, mein Liebling?" Oder sie macht sich Sorgen, dann heisst es: „Tut dir was weh?" Oder sie ärgert sich und sagt nervös: „Ich hab' jetzt keine Zeit, mich um dich zu kümmern!" Auf jeden Fall erlebt der Säugling in der Regel Resonanz auf seine Befindlichkeit, die er auch unbedingt nötig hat um zu gedeihen.

In einem Kinderheim für Säuglinge, in dem Betreuerinnen mehr als drei Kinder umsorgen, ist diese ständige Zuwendung oft nicht möglich, auch wenn die Kindheitspädagoginnen sehr bemüht sind, ihre ganze Liebe und Aufmerksamkeit den Kindern zu geben. Es stellt sich ein Mangel an dynamischer Beziehungserfahrung (ADHS) ein. „Diese Kinder haben den Honig nicht geschleckt!", sagt Bauer. Andere Kinder, die genügend Zuwendung erhalten haben, entwickeln sich normal. So schlagen wir Kinder in der Regel nicht mehr, aber wir greifen immer noch zu Strenge und zu mehr oder weniger autoritären Massnahmen, wenn wir im Umgang mit Kindern gefordert sind. Der Säugling braucht eine Betreuung, bei der Akzeptanz, Zuwendung und Ermutigung nicht fehlen dürfen, d.h. für ihn „ich bin willkommen, ich werde geliebt."[100]

Die Eindrücke, die beim Säugling in den ersten zwei Lebensjahren dazu führen, dass er sich selbst und andere wahrnehmen lernt, beruhen auf einer verlässlichen Zuwendung der Pflegeperson. Erst jetzt ist das Kleinkind in der

[100] Bauer, Joachim: Prinzip der Menschlichkeit, H&C 2006, Hamburg

Lage, den Erziehungsbemühungen der Eltern zu folgen. Es lernt, was gut und schlecht ist und kann mit der Zeit immer besser abwägen, wohin es sein Verhalten führt. Diese Zeitspanne zwischen Reiz und Reaktion wird als Entscheidungsvermögen (Selbststeuerung) gesehen, die ihm eine gewisse Handlungsfreiheit ermöglicht. In den nachfolgenden Jahren (bis zum 20. Lebensjahr) ist dieser Vorgang relevant, was bedeutet, dass Spielgruppen, Kindergärten und Schulen in dieser Hinsicht eine grosse Verantwortung tragen.

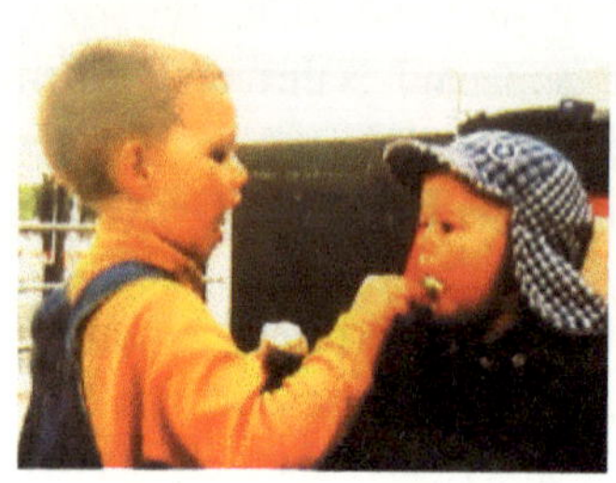

Fehlentwicklungen, wie z.B. Suchtverhalten, sind die Folge einer verfehlten Erziehung, in der das Kind nicht gelernt hat, auf Reize zu verzichten. Als bedauerlich kann es angesehen werden, dass unsere Konsumgesellschaft gerade diese zweckmässigen Überlegungen, die zum Nutzen einer sinnvollen Lebensgestaltung führen könnten, übergehen.

Joachim Bauer spricht von den *Spiegelneuronen,* die bei der Begegnung mit einem anderen Menschen ins Spiel kommen. Bei einem Plastikakteur übertragen sich keine Befindlichkeiten. Neurale Systeme können nur entstehen, wenn sie von fürsorglichen und emphatischen Bezugspersonen angeregt werden. Sie reagieren auf Äusserungen und Haltungen des anderen gefühlsmässig und spontan. Mit Worten, Stimme, Körperhaltung, Blick und Bewegung bringen wir zum Ausdruck, was wir dem Kind sagen wollen.

Ermutigende und liebevolle Anreize haben mehr Aussicht auf Erfolg, wenn wir Kinder z.B. schlafen legen wollen.

> Wenn ein Kind nicht schlafen gehen will und es immer wieder sagt: „Ich bin noch nicht müde“, dann kommt es sehr darauf an, wie wir dem entgegnen: “Doch, du bist müde.“ Sagen wir es liebevoll, immer wieder, immer leiser, drei Mal, dann wird die Bemühung Erfolg haben. Das Kind wird seine Müdigkeit spüren und gerne ins Bett gehen. Werde ich immer lauter, dann wecke ich das Kind auf.

Eine ähnliche Spiegelung kann sich in der Spielgruppe ergeben, wenn eine Erzieherin - anders als sonst - müde oder abgehetzt erscheint. Ihre Stimmung wird sich auf die Kinder übertragen ... sie werden unruhig, ängstlich oder vielleicht auch hilfsbereit auf diese Körperhaltung der Pädagogin reagieren.

Es sind die Feinheiten und Besonderheiten, die das Verhalten des Kindes beeinflussen, aber die uns oft entgehen. Wer mit Kindern zu tun hat weiss, dass diese Aufgabe vom Erzieher viel Einfühlungsvermögen und Reflektion erfordert. Psychologen, Philosophen und auch Neurobiologen wissen um die Wichtigkeit einfühlenden Verstehens, selbst unser Körper empfindet die Zuwendung und reagiert mit positiven Gefühlen darauf.

Im Buch „Mit Freude lernen" von Gerhard Hüther, Neurobiologe, können wir lesen, dass Kinder am besten lernen, wenn sie sich in Beziehung zu Dingen und Menschen setzen. Das Gehirn sei kein Muskel, den man trainieren könne, sondern das Gehirn lerne nur das, was es als bedeutsam empfinde. In der Beziehung bilden sich Erfahrungen im Gehirn zu Netzwerkstrukturen aus. Hüther sagt, nur was „unter die Haut geht" aktiviere die sogenannten emotionalen Zentren.

> „Kinder versuchen, beim Spielen herauszufinden, was sie zum Beispiel alles mit ihren Füssen machen können oder später, was sie kleinsägen können - um dann festzustellen, dass sich nicht alles für alles eignet. Auf diese Weise bilden sich stabile Muster in ihrem Hirn aus... Nachhaltig lernen kann man erst dann etwas, wenn es emotional aufgeladen ist, also Freude macht. Nur wenn die emotionalen Zentren erregt werden - wenn zum Beispiel etwas richtig gut gelungen ist oder eine neue Erkenntnis gewonnen wird - werden im Gehirn neuroplastische Botenstoffe ausgeschüttet. Deshalb finden strukturelle Umformungsprozesse im Gehirn immer dann statt, wenn wir uns im Zustand der Begeisterung befinden." [101]

Durch das direkte Erleben lernt der Mensch schneller und nachhaltiger als durch Trockenübungen. Davon kann jeder erzählen, der in der Jugend einen längeren Sprachaufenthalt in Frankreich, Italien oder England geniessen konnte. Ebenso vergisst er nie die Namen von Bergen, die er bestiegen hat, er kann sie auf der Landkarte sofort zeigen. Jedoch Orte, die der Mensch auf der Landkarte lernt, vergisst er wieder, er muss es so lange wiederholen, bis es im Gehirn gespeichert ist. Das Erlebnis fehlt. Die Beziehung muss erst hergestellt werden, damit die Freude und die Begeisterung körperlich und seelisch spürbar wird.

---

[101] Hüther, G.: Mit Freude lernen, Vandenhoeck & Ruprecht 2016, Göttingen, S. 135.

„Wenn wir also im Alter nichts Neues mehr lernen", meint Hüther, „ist dies kein individuelles, kein hirntechnisches Problem, sondern ein Begeisterungsproblem." Die alte Auffassung „Was Hänschen nicht lernt, lernt Hans nimmermehr", trifft nur dann zu, wenn Begeisterung und Interesse durch schlechte Erfahrungen und falsche Meinungen nachgelassen haben. Die Erfahrungen sind mit unseren Gefühlen gekoppelt und lassen sich nicht durch Erklärungen oder gute Ratschläge verändern. Innere Einstellungen und Überzeugungen hindern uns oft, neue Wege zu beschreiten. Das kann dann unter Umständen bei einem Kind, welches in der Schule ungenügende Noten erhalten hat, zu grosser Unsicherheit in Bezug zu seinem Selbstwert führen. Wenn dann keine Hilfe und Ermutigung geboten wird, kann das schicksalshaft sein. Ohne Zweifel prägen sich positive wie auch negative Erlebnisse im Gemüt eines Kindes ein. Jeder Erzieher sollte seine ganze Kraft einsetzen, um dem werdenden jungen Menschen die Hoffnung zu geben, dass er es schaffen kann. Die Hoffnung darf auf keinen Fall schwinden.

Wenn Kinderfehler auftauchen, können wir annehmen, dass etwas in der Gefühlsentwicklung schiefgelaufen ist. Sprechen ist eine eminent soziale Funktion. Die Sprache eines Kindes entwickelt sich umso besser, je weniger das Kind gehemmt ist. Sprache ist Kommunikation. Darum kann zum Beispiel ein Kind zu stottern anfangen, wenn es Angst hat oder in der Familie sonst nicht zur Geltung kommt. Ein eindrückliches Beispiel gibt uns der Stotterer George VI. (1895-1952) im Film *The King's Speech.*

In einer Kultur, in der Menschen der Benotung und Abwertung ausgesetzt sind, wird die Angst vor dem Versagen gefördert. Probleme werden nicht mutig angegangen, sondern hinausgeschoben. Die Abwehr und das Ausweichen behindern stark die gemeinsame Entwicklung und fördern höchstens Ehrgeizige, die sich auf Kosten anderer hervortun. Zum Glück gibt es immer Menschen, die andere inspirieren können. „Denn alle Menschen haben sich, sei es auch nur am Anfang ihres Lebens, als Entdecker und Gestalter auf den Weg gemacht und nicht als Objekte der Erziehungs- und Belehrungsmethoden anderer."[102]

Lieblosigkeit, Verwahrlosung und Verzärtelung sind immer noch weitgehend die Hauptübel der modernen Erziehung. Das sozialkulturelle Training wird

---

[102] Ebd., S. 140.

heute oft vernachlässigt. Die gegenseitige Hilfe, das Geben und Nehmen muss gelernt werden, wenn wir Kinder zur Mitmenschlichkeit erziehen wollen. In einer Rede an die Gläubigen ermahnte der jetzige Papst Franziskus die Eltern, ihre Kinder nicht zu prügeln. Als dagegen Widerstand laut wurde, empfahl er, die Kinder mit vornehmer Haltung zu schlagen. In der Neuen Zürcher Zeitung stand zur selben Zeit, dass Fachleute herausgefunden haben, dass Kriegsspiele für Kinder überhaupt nicht schädlich seien. Sie seinen spannender als Friedensspiele. - Welch ein Niveau unserer „grossen" Autoritäten?![103]

Mehr Beachtung müsste finden, dass Handy- und Computerspiele, übertriebenes Musikhören und Fernsehkonsum Kompensationsmittel gegen Langeweile und Einsamkeitsgefühle sind. Alfred Adler hat den Drogenkonsum als Ausreissertum betrachtet, als Davonlaufen vor der Wirklichkeit. Die junge Generation zweifelt daran, das zu erreichen, was ihre Väter zustande brachten, darum flüchten sie in die Phantasiewelten.[104]

[103] Rattner, J. / Mackenthun, G.: Kulturanalyse und Psychotherapie, Tiefenpsychologie 2015, Berlin, S. 95.
[104] Interview: Alfred Adler aus der Sicht seines Sohnes Kurt, SCIPA 1995, Zürich, S. 13.

6) Die Aufgabe der Spielgruppenleitung

Die Kinder, die in die Spielgruppe gebracht werden, wurden von den Eltern informiert, was sie da erwartet: Gspänli mit denen sie spielen können, schöne Spielsachen und eine nette Leiterin, vor der sie keine Angst haben müssen, die ihnen alles erklären und zeigen wird. Wie aber wird das einzelne Kind auf diese neue Situation reagieren? Das können Eltern und die Spielgruppenleiterin nicht voraussagen. Alfred Adler meinte, dass eine neue Situation wie z.B. der Eintritt in eine Spielgruppe oder auch später in die Schule die Stärken aber auch die Begrenzungen des kindlichen Charakters erkennen lassen. Wurde ein Kind zu Hause stark verwöhnt und vermisst es diese übermässige Zuwendung in der Spielgruppe, dann gefällt es ihm vielleicht in der Spielgruppe nicht und verweigert die Kooperation. Es kann aber auch sein, dass in der Spielgruppe irgendetwas geschieht, was beim Kind Widerstand hervorruft. Freundlichkeit allein genügt nicht, um das Kind umzustimmen. Es ist notwendig zu verstehen, was das Kind fühlt und denkt - wie es seine Lage auffasst.[105]

Wichtig ist am Anfang die Kontinuität, d.h. ein bis zwei Mal pro Woche, je zwei Stunden zu kommen, damit das Kind sich an die Umgebung und die Menschen in der Gruppe gewöhnen kann. Die Freiwilligkeit ist insofern gewährleistet, dass zu Beginn die Mutter wenn nötig auch etwas bleiben kann, bis das Kind ihr gestattet, sich kurz zu entfernen, um andere wichtige Erledigungen machen zu können. Obwohl hierbei die Gefühle der Hilflosigkeit und Unsicherheit der Eltern manchmal aktiviert werden, sind es oft die Kinder, die neugierig und interessiert sind und in der Spielgruppe bleiben wollen. Trotzdem sehen auch ängstliche Eltern schnell ein, dass die kurze Trennung für das Kind kein Nachteil ist.

Gelingt eine Trennung nicht auf Anhieb, ist das kein Grund für die Eltern aufzugeben oder mit Zwang zu reagieren. Eltern sollen sich keine Sorgen

[105] Adler, Alfred: Kindererziehung, Fischer 1976, Frankfurt a.M. S. 86.

machen, wenn die Loslösung, die verschiedene Ursachen haben kann, nicht sofort gelingt. Je mehr das Vertrauen zwischen Eltern, Kind und Spielgruppenleiterin wächst, umso leichter haben es die Kinder. Diese wird sich besonders offen, freundlich und empathisch zeigen und versuchen, Kinder wie Eltern so anzunehmen wie sie sind, um die Hemmschwelle möglichst niedrig zu halten.

Kontakt und Vertrauen herstellen

Kinder, die sich schon kennen, haben es leichter, sich in der Spielgruppe wohl zu fühlen, sie beginnen sofort miteinander zu spielen. Das wiederum macht es dem Neuankömmling schwerer, in diese kleine Gruppe Eingang zu finden. Ebenso können sich Geschwister eine Stütze sein. Aber wie gelingt es ihnen, den Kontakt zu den anderen Kindern zu finden?

Hier kann die Leiterin eine „Brücke“ bauen, indem sie zuerst das Vertrauen der Kinder gewinnt und über diese Vertrauensbeziehung die Kinder miteinander befreundet. Dazu ist es unbedingt notwendig, dass sie jegliche kritische und entwertende Stellungnahme vermeidet, dafür aber ein andauerndes, ruhiges und freundliches Verhalten an den Tag legt. Vielleicht atmen manche Kinder auf, wenn sie erleben, dass bei Störungen nicht die üblichen Massnahmen ergriffen werden und sie stattdessen Hilfe erleben. Jede Kritik kann den Aufbau des Vertrauens nur stören und als demütigend wahrgenommen werden. Die zuhörenden und zuschauenden Kinder würden das Urteil argwöhnisch prüfen und je nach früheren Erfahrungen abgeschreckt, angewidert oder schadenfreudig reagieren, wenn es den anderen trifft und nicht sie. Wir ahnen schon, dass dadurch keine entspannte Atmosphäre entstehen kann.

Die Kontaktfindung könnte die Pädagogin durch angemessenes Lob oder durch Hervorheben von kindlichen Erfolgen des Einzelnen anregen. Dadurch könnten Kinder aufeinander aufmerksam werden und Interesse am anderen entwickeln. Das würde einen günstigen Boden für weitere Lernschritte legen. Gemeinsame Spiele (Turnen, Singen, Rollenspiele, Verse, Lieder) und Tätigkeiten (Malen, Kneten, Basteln) ohne Wettbewerbsinhalte wirken sich ebenfalls positiv auf das sich Kennenlernen aus.

Wechsel im Angebot der Spiele hat zur Folge, dass auch für ein stilles, eher ängstliches Kind etwas dabei sein kann, das es aus seinem Elternhaus schon kennt und ihm somit die Möglichkeit eröffnet mitzutun. Fehler und Ungeschicklichkeiten können gut durch vorläufige niedrigere Anforderungen an das Kind überwunden werden. Die ermutigende Haltung der Spielgruppenleiterin ermöglicht dem Kind, die Hürden zu überwinden und selbstsicherer zu werden. Ermutigung heisst, du gehörst zu uns, du darfst Fehler machen, wir akzeptieren dich so wie du bist. Deine Zeichnung gefällt mir sehr gut. Ermutigung schafft ein gutes Selbstwertgefühl und eine Verbundenheit zur Spielgruppe.

Gestaltung der Beziehung unter den Kindern

Manchen Kindern hilft es, wenn sie ein Tier, ein Spielzeug oder ein Lieblingsbuch mitbringen dürfen, an das sie sich halten und das sie anderen zeigen können.

Um Kinder besser verstehen zu lernen, wird die Spielgruppenleiterin sich ein Bild des einzelnen Kindes machen, nicht um Fehler zu suchen, sondern um Verhaltensweisen besser verstehen zu können und um keine falschen Schlüsse zu ziehen. Die Kinder kommen mit verschiedenen Fähigkeiten und Mängel in die Spielgruppe. Gehen wir einmal der Entwicklung einer solchen „Begabung“ nach, dann stossen wir auf Familien, in denen gewisse Dinge wichtiger, andere unwichtiger sind. Schon die ersten Kritzeleien finden bei jenen Eltern keinen Anklang, die darin keinen Wert sehen.

Loben schafft Abhängigkeiten, Ermutigung fördert das Selbstwertgefühl. Wenn Erwachsene bei abweichendem Verhalten des Kindes von der eigenen Vorstellung Kritik äussern, kann das Kind keine Interessen entwickeln, da es dann gebannt auf den Zuspruch von aussen wartet, ohne die eigenen Fähigkeiten zu entfalten. Kinder empfinden sehr schnell, was der Erwachsene will und was er durch eigene Vorstellungen unwichtig findet. Da wo die Versuche des Kindes keine Resonanz finden, stirbt das frohe Training der ersten Zeit allmählich. Die Erwachsenen sagen vielleicht: Mach dir nichts draus, zeichnen ist nicht wichtig, aber Sport und Rechnen, da musst du dich anstrengen. Das ist auch der Grund, warum viele Menschen später empfindlich auf Entmutigung, Kritik und Lob reagieren. Wertschätzung und Respekt sind die Voraussetzungen im Aufbau von Vertrauen und nur eine gelungene Beziehung, die

die Würde des Kindes nicht verletzt, wird den Entwicklungsprozess fördern können.

Alfred Adler sagt:

> „Wir müssen die Sache von einer neuen Seite angehen. Hier gilt es nun vor allem, den starr gewordenen Glauben, an die Unveränderbarkeit der Begabung aufzugeben, ihn in uns selber und im Kinde zu zerstören. Haben wir so der Entmutigung den stärksten Stützpunkt entrissen, ... so sind unsere Kräfte frei, das Training umzugestalten; ... indem die Ermutigung und das Training einander unterstützen und sichern... Mit negativer Kritik werden wir so lange warten, bis wir das Kind wieder *kritikreif* gemacht haben. Das Kind muss bei dieser Reorganisation eine „Schonzeit" erfahren, während der wir auf nichts anderes bedacht sind, als darauf seine Erfolgsspuren auszubauen."[106]

In der Spielgruppe können wir die Arbeiten des Kindes ausstellen und alle Anwesenden werden uns dabei helfen, das Werk zu bewundern. Die Gruppe hat eine „suggestive" Fähigkeit, den Stolz auf das Erreichte wachzurufen. Indem wir das Bemühen des Kindes unterstreichen, kann sich in der Gruppe der Geist des Optimismus und des Mutes bilden.

Die Individualpsychologie liefert eine vorzügliche Methode zur Ermutigung des Kindes. Die Ermutigung muss aber auf die individuelle Situation des Kindes abgestimmt werden und ohne Zwang und Druck geschehen. Ist ein Kind beim Turnen ungeübt, unbeholfen, ungelenkig und unkonzentriert, helfen wir ihm von seinem jetzigen Stand aus Fortschritte zu machen: kleine Purzelbäume zu probieren, von niedrigen Erhöhungen hinunter zu springen, auf einer Leiter hochzuklettern etc.

Es gibt aber auch übermütige Kinder, die nicht gelernt haben, Gefahren zu sehen - diese müssen wir besonders im Auge behalten, damit kein Unglück passiert. Verbote vor allfälligen Gefahren, übermässiges beschützen wollen, oder Kinder zu Aktivitäten verleiten, die sie noch nicht beherrschen sind Erziehungsfehler der Erwachsenen. Mutig sein heisst nicht unvorsichtig sein; Mut entsteht durch allmähliches Training, durch welches das Kind Fähigkeiten und Selbständigkeit entwickeln. Durch sportliche Betätigung lernen Kin-

[106] Adler, Alfred: Heilen und Bilden, Fischer TB 1973, Frankfurt a.M., S. 293.

der ihren Körper kennen, wodurch ihr Zutrauen wächst. Das Laufen im Regen, in Wind und Schneegestöber, barfuss durch Gras, Sand und Steine wirkt sich günstig auf Überempfindlichkeit, Haltung und physische Koordination aus.

> *Sonja* kommt in die Spielgruppe, holt sich ein Zusammensetzspiel, übrigens immer das gleiche, sie setzt sich an den Tisch und beginnt mit der Arbeit. Aus der Ferne schaut sie ihrem Bruder zu, der schon einen Freund gefunden hat.

Weil Sonja sich ruhig verhält, nett und freundlich ist und nicht auffällt, besteht die Gefahr, dass die Pädagogin sie nicht gross beachtet. Dabei verpasst Sonja, eine Freundin oder einen Freund zu finden, Interesse zu entwickeln und Beziehung zu anderen Kindern aufzunehmen. Fehlt hierbei die hilfreiche Unterstützung, weil man meint, sie soll auch alleine spielen lernen, was sie bereits schon gut kann, wird sie in ihrer Persönlichkeitsentwicklung stagnieren. Ebenso geht es jenen Kindern, die nie gelernt haben, etwas alleine zu tun, die immer auf Unterstützung und Anregung des anderen warten. Ihnen muss man zutrauen, dass sie etwas alleine zu probieren und dafür Anerkennung zu bekommen. So ist die Spielgruppenleiterin immer gefordert, möglichst differenziert zu verstehen, was das Kind von seiner Familie mitbringt und wie es bestmöglich in seiner Entwicklung begleitet werden kann.

> *Gaby* ein aufgewecktes Mädchen, mit dunklen Locken und blauen Augen kommt offensichtlich ohne Kontaktschwierigkeiten in der Spielgruppe zurecht. Sie spielt alleine, findet schnell eine Freundin, hat keine Schwierigkeiten ihre Meinung zu sagen und kann sich gut durchsetzen.

Durch Gespräche mit der Mutter erfahren wir, dass Gaby ihrer älteren Schwester nacheifert. Eine gewisse Rivalität und Eifersucht der Geschwister zeigt sich darin, dass die Schwester ihre Zeichnungen kritisch beurteilt, indem sie sagt: Was soll das sein? Hast Du das gemacht? Sie ist offensichtlich enttäuscht, dass ihre kleine Schwester noch nicht weiter ist. Gaby liebt ihre Schwester und nimmt es ihr nicht übel. Sie hat ihren Platz in der Gemeinschaft gefunden, indem sie gerne mithilft und dadurch ein Vorbild ist.

Die individuellen Interessen des Kindes wahrnehmen

In der Erziehung zur Gemeinschaft geht es um die Überwindung der Isolierung des einzelnen Kindes. Bei der Erziehung zum Selbstwertgefühl erlangt das Kind immer mehr Selbstsicherheit und Mut. Beides ist durch die Erfahrung mit Gleichaltrigen möglich. Wenn der Boden dafür die Gewaltlosigkeit ist, wird das trotzige oder ängstliche Kind bald seine Fehlhaltung aufgeben und von sich aus mittun wollen. So verschieden der körperliche Zustand sein mag, so unterschiedlich ist die geistige und charakterliche Beschaffenheit des Kindes; wiewohl jeder Mensch auch Ähnlichkeiten mit dem anderen hat, ist doch jeder Mensch auch ein Individuum, eine einmalige Erscheinung. Darum kann ein Erzieher auch nicht einfach ein anderes Kind als Vergleich zum besseren Verstehen heranziehen. Er muss sich in das Einmalige hineinversetzen können, damit er ihm gerecht wird. Sehr deutlich kann man das bei Geschwistern aufzeigen.

> Ein drei Jahre jüngeres Mädchen, dem immer seine ältere Schwester als erstrebenswertes Vorbild von den Eltern vorgehalten wurde, erinnert sich: „Ich habe mich entschlossen, nicht wie die *Anna* zu werden, denn ich heisse *Maya* und ich bin Maya und nicht Anna."

Das Vergleichen in Elternhaus und Schule fiel für Maya meistens zu ihren Ungunsten aus, was ihr grosse Mühe machte. Natürlich hat auch Maya ihre starken Seiten. Sie hat Freudinnen, ist hilfsbereit und mutig. Sie wurde Krankenschwester, ihre Schwester Lehrerin. Aus den lebensgeschichtlichen Daten, der Familiensituation, der Geschwisterkonstellation, den Beziehungen zu den Eltern und anderen nahen Bezugspersonen lässt sich ablesen, welches die damaligen Werte waren, wie jedes Kind auf individuelle Weise zu Anerkennung gekommen ist, und wie sich ihre unterschiedlichen, speziellen Interessen entwickelt haben.

> *Andreas* kommt verspätet in die Spielgruppe. Er begrüsst stürmisch seine Kollegen und hat auch augenblicklich eine gute Idee. Auf dem Schrank sieht er einen Stock liegen, den will er haben. Auf die Frage: „Wozu brauchst du ihn", antwortet er: „Ja, weisst du, wir wollen einen alten Mann spielen, der ein Bein kaputt hat. *Reiner* braucht einen Stock, damit er laufen kann. Schau so." „Ja, dafür braucht man einen Stock", sagt die Spielgruppenleiterin. Eine Weile spielen sie damit,

dann liegt der Stock unbeachtet herum. Sie legt ihn wieder auf den Schrank. Das sieht Reiner und verlangt den Stock. Auf die Frage wozu er ihn braucht, sagt er: „Nur so." „Nur so brauchst du ihn nicht", antwortet die Spielgruppenleiterin. Das hört Andreas und verlangt den Stock abermals. Auf die Frage, wozu er ihn jetzt haben will, antwortet er: „Ich brauche ein Fernrohr."

So lernt das Kind nicht nur, alles haben zu wollen ohne Sinn und Zweck, sondern sich etwas dabei zu überlegen.

Fördern von neuen Fähigkeiten

Bei einem Geschwisterpaar tritt die Rivalität offen zutage.

Doris ist ein Jahr älter als ihr Bruder *Heinz.* Sie bestimmt, was ihr Bruder spielen soll, dieser aber wehrt sich heftig. Das ist ein Gezerre und Gestöhne. Der Spielgruppenleiterin fällt es nicht leicht, nicht einzugreifen. Den anderen herausfordern, ihn necken und ärgern ist oft ein Spiel unter Geschwistern und kann so schnell aufhören, wie es begonnen hat. Entweder gehen die Partner mit gleichen und ähnlichen Mitteln aufeinander ein oder einer wendet sich ab und die Sache ist erledigt. Sollten sie es alleine nicht schaffen, kann man einen Halt anbieten, beide anhören und eine Lösung suchen. Man sollte sich aber hüten, Partei zu ergreifen. Irgendwo (meist in der Familie) haben sie diese Art der Auseinandersetzung mit ungeeigneten Mitteln auch gelernt, darum können sie auch wieder eine andere Art der Kommunikation einüben.

Eifersuchtsgefühle unter den Geschwistern können entstehen, wenn der Einzelne sich zu wenig geschätzt fühlt, ein Geschwister vorgezogen oder noch mehr Aufmerksamkeit durch die Mutter benötigt. Wenn das eifersüchtige Kind zur Mithilfe herangezogen wird, kann das Kind erleben, dass es schon viel kann, was für die Mutter wichtig ist. Der amerikanische Psychiater Kurt Adler riet den Eltern, dem eifersüchtigen Kind zu helfen, wenn es Mühe bekommt. Sie sollen mit dem eifersüchtigen Kind Dinge machen, die ihm liegen. Wenn der Bruder oder die Schwester in vielen Dingen aktiver ist, müssten die Eltern trotzdem etwas finden, was das Eifersüchtige besser kann. Es muss etwas anderes sein, z.B. zeichnen, basteln oder Musik machen. Man sollte es ermutigen, etwas zu tun, wo es besser sein kann, als das andere. Besser werden als der Andere ist sehr leicht, wenn man sich die Sachen aussucht, die der Andere nicht so gut kann. Jeder Mensch hat Dingen, die ihm besser liegen. Der Erwachsene kann sich einbeziehen und sagen, er könne auch nicht alles, z.B. Schuhe flicken. Da müsse man sich eben helfen lassen. So lerne man vom anderen und helfe sich gegenseitig.

Auch Einzelkinder können eifersüchtig werden. Sigmund Freud beschreibt das als Triangulierung, die dann auftritt, wenn die Loslösung von den Eltern nicht vollzogen wird. Das Kind merkt, da gibt es Vater und Mutter, die zusammengehören, und ich bin eine eigenständige Person, die nicht immer dabei ist. Eifersucht kann auch entstehen, wenn das Kind empfindet, die Eltern müssten immer bereit stehen, um seine Wünsche zu erfüllen. Eine allzu nachgiebige Haltung des Erziehers ist nicht förderlich.

In Adlers Theorie ist die Persönlichkeit und deren Entwicklung weder durch Vererbung, noch durch die Umgebung der psychischen und sozialen Komponenten determiniert, auch nicht durch Traumata. Die Entwicklungsfähigkeit beruht auf Rohmaterial, was dem Kind zur Verfügung steht, mit dem es seine eigene Personalität konstruiert, allerdings innerhalb der Grenzen der Realität und der Möglichkeiten in der Familie. Das Kind ist der Schöpfer seiner Personalität und seines Benehmens. Das Kind, das unaufhaltsam um eine bessere Anpassung, eine bessere Sicherheit und um eine bessere Orientierung strebt, wird und muss für sich Ideen und Konzepte formulieren. Dieses Ziel wird in den ersten drei bis fünf Lebensjahren fixiert und bestimmt dann sein Fühlen, Denken, Wollen und Handeln, also sein Selbstbild.

Ein Konflikt unter vierjährigen Freunden soll dies verdeutlichen:

> *Heidi*: „Die Kafimaschine hät mys Mami bracht." Sie hält sie fest.
> Fredy: „Nei! --- Ich will sie jetzt haa!"
> Eva (mischt sich ein): „Lass sie los, Fredy. Gib sie de Heidi."
> Fredy: „Aber ich will sie haa."
> Heidi: „Ich nimm sie z-erscht und dänn cha sie der Fredy haa."
> Fredy: „Nei. Ich will sie jetzt!" Gleichzeitig lässt er los und sagt: „Aber dänn hol ich Wasser für de Kafi." Er geht sofort.

Das Gerechtigkeitsempfinden ist bei fast allen Kindern stark entwickelt. Es wird durch direkte und indirekte Beeinflussung schon in den ersten Jahren durch Erziehung und Vorbild gelegt. Ein Kind achtet oftmals auf die Einhaltung der aufgestellten Regeln der anderen. Passiert ihm selber ein Fehler, erschrickt es meistens, versucht das Unglück zu vertuschen oder will das Missgeschick sofort in Ordnung bringen. Umso mehr ist es schädlich, wenn Erwachsene mit Kritik und Ermahnungen reagieren. Jüngere Kinder sind bestrebt es richtig zu machen, sie wollen nicht warten, bis sie so weit sind. Also müssen sie gestärkt werden, indem sie heute etwas zu lernen und zu trainieren haben, was sie dann später gut können.

Zwillinge machen unter sich aus, wer der ältere ist und wer der jüngere. Es muss aber nicht stimmen, z.B. behauptet ein Mädchen, sie sei die Ältere und ihr Zwillingsbruder der Jüngere. Seither bezeichnet er sich als der älteste Sohn der Familie, weil er noch einen jüngeren Bruder hat. Und ein anderer Zwillingsbruder, dessen Schwester behauptet, sie sei die ältere, sagt, dass er dafür länger leben werde. Die dritte unter fünf Kindern sieht sich als Stammbaum, zwei vor ihr, zwei hinter ihr, sie in der Mitte. Es hängt also davon ab, was jedes Individuum aus seiner Situation macht.

Die Stellung in der Geschwisterreihe spielt in den Familien eine grosse Rolle. Wenn die Spielgruppenleiterin Gelegenheit hat, etwas darüber von der Mutter zu erfahren, kann sie das Kind besser verstehen lernen, denn es wird das familiäre Schema auf die Spielgruppe übertragen. Die Fähigkeiten des Kindes können am besten erweitert werden, wenn in der Spielgruppe eine freundliche und Mut machende Stimmung herrscht. Kinder sollen vieles kennen lernen und nicht mit falschen oder unwirklichen Geschichten belastet werden. Herabsetzungen oder Entmutigungen (... „das ist zu schwierig für dich..." etc.) machen das Kind unzufrieden und unselbständig. Wenn Eltern von Spielgruppenkindern Gelegenheit haben, sich kennen zu lernen, sich auszutauschen über das mit ihren Kindern Erlebte - dazu sind Elternabende und gemeinsame Ausflüge sehr geeignet, dann konnte ich beobachten, wie das Eltern entlastete. Die Probleme in den Familien sind meist nicht so verschieden, dass man nicht voneinander lernen könnte.

Vermitteln von humanistischen Werten

Schwierig kann es für ein Ausländerkind werden, den Anschluss durch die kulturelle Verschiedenheit in der Gruppe zu finden. Aber auch da gibt es grosse Unterschiede.

> Die Leiterin erinnert sich an ein Mädchen namens *Shirin*, das in die Spielgruppe kam, sich in die Mitte der Kinder stellte und anfing mit den Händen als Pistole herumzuschiessen. Einige Buben fühlten sich davon angesprochen und ballerten ebenfalls los. Die Leiterin bat die Kinder, sich in den Kreis zu setzen und erklärte ihnen, dass wir hier in der Schweiz keinen Krieg haben und darum lieb miteinander umgehen. Dann stimmte sie ein Lied an, das die meisten Kinder kannten. Danach fragte sie die Kinder, ob sie heute lieber basteln oder malen wollen. Die Kinder wählten und es trat Ruhe ein.

Obwohl Shirin noch nicht alles verstand, hat sie sich den anderen angeschlossen. Die klare Stellungnahme der Leiterin und das Angebot anderer Möglichkeiten halfen den Kindern, einen friedlichen, freundschaftlichen Weg miteinander zu beschreiten. Der Hinweis der Spielgruppenleiterin, dass man einen friedlichen Umgang pflegen soll, ist wichtig, denn wie soll das irritierte Kind mit den Erlebnissen aus dem Kriegsgebiet fertig werden, wenn nicht durch den gütigen Hinweis auf eine humanistische Denkweise. Die Schriftstellerin Hannah Arendt hat in ihrem Buch *Eichmann in Jerusalem* die Unwissenheit und Dummheit der Menschen dafür verantwortlich gemacht, dass viele im zweiten Weltkrieg einem Hitler nachgerannt sind, ohne zu denken und ohne Mitgefühl zu empfinden. Als Erzieher sollte man das Thema der Gewalt im Auge behalten und bei Gelegenheit ansprechen.

Shirin hat sich gut in die Gruppe eingelebt. Sie hat eine andere Art entwickelt, um im Mittelpunkt stehen zu können. Sie übernahm die Rolle der Lehrerin, indem sie andere Mädchen bemutterte und ihnen zeigte, wie man etwas besser machen könnte.

Wenn ein Kind durch ein ungünstiges Verhalten auffällt, kann die Spielgruppenleiterin nicht tatenlos zusehen.

> Die Spielgruppe macht einen Ausflug in den nahe gelegenen Wald. Die Kinder sammeln Holz, um eine Hütte zu bauen. Der vierjährige *Stephan* beginnt mit einem Stecken um sich zu schlagen. Die Spielgruppenleiterin bittet ihn, den anderen Kindern beim Bauen zu helfen. Er hört nicht auf sie, im Gegenteil er rennt weg und gewinnt einen an-

deren Buben mitzumachen.

Die Spielgruppenleiterin kann das Verhalten der zwei ignorieren, indem sie mehr Aufmerksamkeit *den* Kindern gibt, die friedlich und gemeinsam eine Hütte bauen. Sie kann sich vornehmen, bei Gelegenheit über das Schiessen auf Menschen zu sprechen und den Kindern vor Augen zu führen, wie weh das tut. Sie kann ihnen zeigen, dass Machtgebaren sie traurig macht. Die Pädagogin kann Stephan einen Weg aufzeigen, wie er auf eine andere Art zur Geltung kommen könnte. Auf keinen Fall wird sie sich in einen Machtkampf verwickeln lassen, seine Mitarbeit muss gewonnen und nicht erzwungen werden.

Beim kindlichen Versagen ist das Gemeinschaftsgefühl gestört, darum muss der Erwachsene dem Kind ein Vorbild sein, welches Mitmenschlichkeit ausstrahlt. Da wir annehmen können, dass die Erziehung noch vielfach nebenbei geschieht, durch Dressur und Angleichung an die bestehenden Verhältnisse und nicht wie Immanuel Kant sagt, zur Vervollkommnung der menschlichen Natur, ist es nötig, zu zeigen, wie wir zusammenarbeiten können. Das wird nicht sofort gelingen, das Kind wird provozieren und den Erwachsenen testen, ob er es ernst meint, ob er sich für es interessiert. Indem wir aber einen guten Beitrag vom Kind erkennen und akzeptieren, kann sein Selbstwertgefühl gestärkt werden. Es hat es dann nicht mehr nötig, sich auf eine störende Art Aufmerksamkeit zu holen. Das Verständnis für Kinder wird dabei an erster Stelle stehen.

Die Führung einer Spielgruppe

Jede Spielgruppe ist individuell und ein einmaliger Fall. Die Teilnehmer müssen sich selbst ihren Weg suchen und an dieser Aufgabe reifen. Dabei ist die Führung einer Spielgruppe von der Persönlichkeit der Spielgruppenleiterin abhängig, von ihrem Engagement und ihrer Ausbildung. Entwicklungs- und lernpsychologische Aspekte stehen im Vordergrund ihrer Bemühungen. Die Spielgruppe orientiert sich an den Bedürfnissen und dem Entwicklungsstand der Kinder im Alter von drei bis fünf Jahren. Die Gruppe ist das soziale Erfahrungsfeld, indem das Kind seinen Platz in der Gemeinschaft finden und sich behaupten lernt. Es lernt Stärken und Schwächen zu akzeptieren, einander zu helfen, Rücksicht zu nehmen und dem anderen zuzuhören. Spiel und

Lernen stehen im Mittelpunkt; durch verschiedene Angebote macht das Kind neue Erfahrungen, seine Kreativität und sein Entdeckungsdrang werden angeregt und die Sprache durch Geschichten, Lieder, Verse und Gespräche gefördert.

Ein Gedicht von Christian Morgenstern (1871-1914) eignet sich sehr gut dafür, das Interesse der Kinder für Natur und Tiere zu wecken und gleichzeitig Mitgefühl und Sprache zu lernen, indem immer drei Kinder die Situation nachspielen.

Die drei Spatzen

In einem leeren Haselstrauch,
da sitzen drei Spatzen, Bauch an Bauch.
Der Erich rechts und links der Franz
Und mittendrin der freche Hans.
Sie haben die Augen zu, ganz zu,
und oben drüber, da schneit es, hu!
Sie rücken zusammen dicht an dicht,
so warm wie Hans hat's niemand nicht.
Sie hör'n alle drei ihrer Herzlein Gepoch.
Und wenn sie nicht weg sind, so sitzen sie noch.

Zugehörigkeit erleben die Kinder durch aktives Mittun und Gleichwertigkeitsempfinden, sowie durch Akzeptanz ihrer Person. Ein grosses Mass an Freiheit schafft die Voraussetzung um Verantwortung übernehmen und Entscheidungen treffen zu können.

Heute liegt auf dem Tisch ein Stapel bunter Blätter und Stifte zum Zeichnen bereit. *Rosi,* fragt die Leiterin als erste, ob sie Blätter und Stifte verteilen darf. Sofort wollen andere Kinder auch mithelfen, die Leiterin teilt die Arbeit unter einigen Kindern auf.

Dass Kinder eine Mittelpunktstellung einnehmen wollen, ist noch nichts Schlechtes, vielleicht werden sei einmal Künstler oder Lokomotivführer. Welchen Weg sie einschlagen werden, wissen wir nicht und wollen es ihnen auch nicht verbauen. Wir wissen aber, dass das, was sie früh üben und nachher können, ihr Selbstwertgefühl stärken wird. Wenn wir die Fähigkeiten eines Kindes besonders hervorheben besteht die Gefahr, sein Geltungsstreben übermässig anzustacheln. Auch Eifersucht kann entstehen, wenn ein anderes Kind als Rivale erlebt wird. Die Enttäuschung kann sich im freudlosen Spielen und Lernen ausdrücken. Besonders aktive Kinder verfallen manchmal in Nervosität oder Langeweile, da ihr Lebensplan auf ein erhöhtes Geltenwollen ausgerichtet ist. Bekommen sie nicht die besondere Aufmerksamkeit, verleidet ihnen das Mittun. Die Spielgruppenleiterin kann durch ihr Geschick und die gütige und wohlwollende Haltung zur Normalisierung beitragen.

> In einer Ecke steht eine Kiste mit Kleidern, Tüchern, Taschen, Modeschmuck und Hüte. *Franz* begibt sich mit seinem Freund *Sebastian* nach anfänglichem überlegen, was sie heute spielen wollen, dorthin. Schnell werden andere Kinder darauf aufmerksam und verkleiden sich ebenfalls. Wir können uns nur über diese lustige Gesellschaft freuen und sie beim Spiel nicht stören.

Rudolf Dreikurs (1897-1972), österreichischer Psychologe und Pädagoge, betont, wie wichtig die Selbsterziehung der Erzieher ist:

> „Ein Erziehungsbuch sollte in Arbeitsgruppen benutzt werden, in Gruppen von Eltern, (ebenso bei Spielgruppenleiter/innen) die jedes Kapitel und jeden Punkt erörtern. Auf diese Weise kann jeder seine blinden Flecken überwinden, die ihn an der vollen Erkenntnis dessen, was er tut, und vielmehr noch dessen, was er nicht tun sollte, hindern können... *Eine* unerfahrene Mutter findet vielleicht keine Antwort, aber mehrere unerfahrene Mütter (Spielgruppenleiter/innen) zusammen können durch gegenseitige Hilfe durchaus Erfolg haben.“[107]

Wenn man mit den Kindern eine Zusammenarbeit erreichen will, dann sollte man ihnen nicht Regeln vorsetzen, eher eine Form einer offenen Gesellschaft, in der wir eine Übereinkunft mit den Kindern finden. Dreikurs sprach von Demokratie in der Familie. Rede und Gegenrede sollte zugelassen werden. Es wird erwogen, gedeutet und interpretiert, indem man bestimmte Verhaltensweisen benennt: Z.B. ich glaube, das ist die Eifersucht auf deinen Bruder; oder die Kinder könnten zur Mutter sagen, du hast Angst, dass wir krank werden; und zum Vater, du hast Angst, dass wir im Leben versagen, darum bedrängst du uns. Durch das Aussprechen der Ängste könnte in der Familie ein Bewusstwerden entstehen und es könnten Lösungsvorschläge vereinbart

---

[107] Dreikurs, Rudolf: Kinder lernen aus den Folgen, Herder Bd.612, Freiburg im Breisgau 1973, S. 140.

werden. Man könnte mit den Kindern Lebensfragen durchdenken, ohne allwissend zu erscheinen.

Die Erzieher sollen aber die Führung beibehalten und versuchen die Kinder stets einzubinden, um vernünftige Verhaltensweisen zu vertiefen. Das soll nicht in Form einer Theorie passieren, sondern dann, wenn sich die Situation ergibt. Ein Beispiel aus der Spielgruppe soll dies veranschaulichen:

Julian sagt zu *Sofia:* „Du bist ganz eine blöde Kuh."
Die Spielgruppenleiterin fragt: „Wieso bist du so wütend?"
J: „Sie hat mir einen Strich auf meine Zeichnung gemacht."
Sp.L.: Du kannst sie ja fragen, warum sie das gemacht hat."
J. „Warum hast du das gemacht?"
S.: „Ich weiss nicht."
Sp.L: „Wolltest du mit Julian zusammen das Bild malen?"
S.: „Ja."
Sp.L. „Dann frag' Julian, ob er damit einverstanden ist."

In der Folge malten die zwei ein Bild zusammen und hatten es sehr lustig dabei. Vielfach laufen solche Situationen so ab, dass man die Kindern reglementiert: „Blöde Kuh sagt man nicht zu einem Mädchen, das ist unanständig." Damit versäumt man die nötige Unterweisung, die dem Kind einen besseren Weg aufzeigt, wie man durch einen guten Umgang Freunde gewinnt. Ein Psychologe hat das schöne Beispiel des Gärtners gebracht, der um seine Pflanzen besorgt ist, sie hegt und pflegt, sie nicht einengt und auch nicht verwildern lässt. Gewöhnlich versuchen Kinder, missglückte Dinge besser zu machen, was der Erzieher würdigen sollte.

Drei Kinder vergnügen sich bei einem Würfelspiel und haben ihre eigenen Regeln:

Tim: „Eis, zwei, drü." Er fährt mit seinem Stein zur Zahl drei.
Nicole: „Lueg i chaa bis 100 zelle. Eis, zwei, drü,..." (die anderen zählen bis 100 mit).
Elias würfelt drei und fährt auf zehn weiter.
Tim, konsequent: „Du häsch nume drü ghaa - also fahr ich für di."

Regeln des Zusammenlebens können nicht als Forderungen aufgestellt werden, sondern sie müssen mit den Kindern besprochen werden. Der Erzieher versucht, sich mit ihnen zu einigen. Wenn Erzieher nur auf das Benehmen des Kindes reagieren, verstärken sie den Widerstand in seinem Verhalten. Auch ist es zu empfehlen, nicht nur zu reagieren, z.B. auf das Benehmen eines Kindes, sondern zu agieren, indem man ermutigt.

> *Dieter* kommt missgelaunt von der Spielgruppe nach Hause. Reagiert die Mutter mit Angst oder Mitleid, wird sich seine Verhaltensweise verstärken. Er kann der Mutter nicht normal berichten, was vorgefallen ist. Um die Handlung des Kindes verstehen zu können, muss man sein Verhalten, auch im Zusammenhang mit der Reaktion der Mutter sehen.

Ebenso kann ein Pädagoge die bedrückte Mimik eines Kindes nur richtig deuten, wenn er sie in Zusammenhang mit sich und der Spielgruppe deutet. Was passt dem Kind nicht, wovor hat es Angst?

> *Bea,* jüngstes Kind von dreien, hat manchmal Mühe in die Spielgruppe zu kommen. Was ist an diesen Tagen anders als sonst? An diesem Vormittag ist der Vater zu Hause. Sie hat ihn ganz für sich, sonst muss sie ihn mit ihren zwei Geschwistern teilen. In der Spielgruppe ist sie eine unter vielen.

Wenn wir das Kind in Bezug zu seiner Umwelt sehen, verstehen wir eher die Bedeutung seiner Handlung. Grenzen setzen hilft demnach nicht, sondern verstehen können und neue Möglichkeiten suchen ist der bessere Weg. Für Bea war es hilfreich, dass es zu Hause für sie langweilig wurde. Druck als Erziehungsmethode hat heute seine Wirksamkeit verloren und ruft höchstens Opposition hervor. Auch Lob und Belohnung haben den Beigeschmack von Bestechung und führen eher zu Abhängigkeiten.

Hier weist Rudolf Dreikurs auf das Grundprinzip hin, „miteinander als Gleiche umzugehen, eine Beziehung herzustellen, die auf gegenseitiger Achtung beruht. Unsere Kinder wollen als uns Gleiche anerkannt werden, nicht an Grösse, Geschicklichkeit und Erfahrung, sondern in ihrem Recht und ihrer Fähigkeit, selbst zu entscheiden, statt einer höheren Macht statt zu geben.“[108] Kinder können eine Aversion gegenüber Büchern und Bibliotheken entwickeln, wenn sie zum Sinnbild ihrer Unfähigkeit geworden sind. Ein dauernder Widerwille kann sich gegen jedes formale Wissen als Folge von entmutigen-

[108] Ebd., S. 36.

den Erfahrungen einstellen.

Unterschiede in Interessen, Gedanken und Wünschen sind unvermeidlich, wo Menschen sich begegnen. In einer demokratischen und freiheitlichen Gesellschaft gelten andere Massstäbe. „Kämpfen verletzt die Achtung vor dem Gegner; Nachgeben die Achtung vor einem selbst", sagt Dreikurs. Da bei Konflikten bei jedem Teilnehmer seine Persönlichkeit in Frage gestellt wird, ist es ratsam, nicht Partei zu ergreifen, sondern eine gemeinsame Lösung zu suchen. Wie beim Kind die Angst besteht, ungerecht behandelt zu werden und die Achtung zu verlieren, so geht es auch den Erwachsenen, wenn sie streiten. Im Streit beleidigen sich die Menschen, jeder versucht die Oberhand zu gewinnen, statt bei Konflikten eine Verständigung anzustreben. Für den Einzelnen ist es wichtig zu überlegen, was er tun kann, um den Konflikt zu lösen. Da Konflikte immer durch Meinungsverschiedenheiten entstehen, die einen Bezug zu jemand oder etwas haben, ist es ratsam, diese zu klären. Eine Übereinstimmung zu erreichen ist verhältnismässig leicht, wenn beide bereit sind, ihr Verhalten zu ändern, das heisst, sich zu Gunsten des Friedens statt des Krieges zu entscheiden. Erwachsene können hierbei ein gutes Vorbild für ihre Kinder sein.

Die Spielgruppenleiterin wird zur festen Bezugsperson für das Kind ausserhalb der Familie. Damit übernimmt sie eine verantwortungsvolle Aufgabe, die sie nur mit Geduld, Toleranz und Einfühlung bewerkstelligen kann. Oft ist sie die erste Bezugsperson ausserhalb der Familie, zu der das Kind Vertrauen aufbauen muss. Die Ablösung von den Eltern und von der bekannten Umgebung kann manchmal schmerzlich und mit Schwierigkeiten verbunden sein. Darum muss die Beziehung zu den Familienmitgliedern auf der Basis des Vertrauens, des Respektes und der Kommunikation gegründet werden. Aber wie entsteht Vertrauen?

Nicht nur das Kind kann Schwierigkeiten haben wegzugehen, sondern auch bei den Eltern können Probleme entstehen, das Kind gehen zu lassen. Sorge kann einer Mutter am Anfang bereiten, dass sie plötzlich ihr geliebtes Kind nicht mehr so oft bei sich hat und sie sich ihrer bisherigen Aufgabe enthoben glaubt. Eine Mutter gesteht, dass sie Angst vor einer negativen Beurteilung ihres Kindes hat. Ein Vater findet es verfrüht, das Kind mit drei Jahren schon in andere Hände zu geben. Er fürchtet den Eingriff in seine Erziehung. Verwöhnende Eltern sorgen sich darum, ob ihrem Kind eventuell Unrecht getan wird. Andere sind froh, mehr Freizeit für sich zu haben und wünschen sich die Betreuung ihrer Kinder vier Mal wöchentlich, statt nur zwei Mal.

Die ausgebildete Spielgruppenleiterin sorgt für eine einfühlsame Beziehung unter den Kindern, mit welcher sie ihnen Mitgefühl und Anteilnahme am anderen vorlebt. Nebenbei pflegt sie die Beziehung zu den Eltern, indem sie diese ins Erziehungsgeschehen einbezieht, sie über wichtige Vorgänge informiert und durch Offenheit und Spontanität ein Klima des Dialogs schafft.

7) Elterngespräche

Die Erkenntnisse der Kommunikationsforschung ergaben, dass Eltern mit guten Beziehungen zu anderen Familien merklich weniger Erziehungsprobleme haben. Der gesellige Umgang, der Austausch und die Begegnung sind Zeugnis für die soziale Haltung der Menschen untereinander. Paul Watzlawick (1921-2007), Kommunikationswissenschaftler, bezeichnete als Kommunikation alles was in der Interaktion von Menschen geschieht. Jedes Familiensystem hat seine individuelle Art zu kommunizieren. Verschiedene Familiensysteme können sich ergänzen, wenn ein Austausch stattfindet. Wo das nicht geschieht, wo Furcht vor Prestigeverlust oder andere Vorbehalte eine Rolle spielen, treten schnell Verengungen im Verhalten der Eltern gegenüber den Kindern auf. Elternverhalten ist aber stets für die Kinder Vorbild, d.h. sie lernen den Umgang mit den anderen von ihren Eltern und erhalten durch sie ein Bild vom Mitmenschen.

Für die Spielgruppenleiterinnen ergeben sich daraus interessante Möglichkeiten, die Kommunikation und die Beziehung unter Eltern und nicht nur unter Kindern zu fördern. Bedeutsam ist die Tatsache, dass Kinder in einem Abhängigkeitsverhältnis zu den Erwachsenen stehen und über ihr Fortkommen nicht selbst entscheiden können. Die Eltern müssen bereit sein, das Kind kontinuierlich in die Spielgruppe zu bringen. Widerstände und Konkurrenzgefühle gegenüber den Erziehern lassen sich in Elterngesprächen klären. Da ist es auch möglich, über sich und die Beziehung zu ihrem Kind nachzudenken.

Ich hatte meine Spielgruppenleiterausbildung am Alfred Adler-Institut in Zürich absolviert. Es war daher naheliegend, neben der Spielgruppe auch für Eltern eine Gesprächsrunde einzurichten. Diese entstand auf gegenseitigen Wunsch und Interesse und unter dem Aspekt der Offenheit für neue Ideen. In den Gesprächen ging es nur selten um das einzelne Kind und um das individuelle Erziehungsgeschehen, sondern um allgemeine Erziehungsfragen der Eltern. Diese konnten durch gemeinsames Zusammentragen und Überlegen diskutiert werden, da Eltern oft ähnliche Probleme beschäftigten. Bei Erziehungsproblemen geht es nicht um Ratschläge oder Analysen, sondern um Einfühlung und Spiegelung.

Indem die Eltern sich selber weiterentwickeln, sich selber wieder als Lernende begreifen, werden sie zu einem echten Vorbild für ihre Kinder. Dadurch wird ein neues Erziehungsklima geschaffen, eine neue Atmosphäre des Austauschs in der Familie unter gegenseitiger Achtung. In der Gruppe erfahren die Eltern, dass ein Zusammenhang zwischen dem Verhalten ihrer Kinder und ihrer eigenen Haltung besteht. Oftmals ist beispielsweise das Kind ein Streitobjekt der Ehepartner. So wird den Eltern das Erlebnis ermöglicht, dass ihre Schwierigkeiten keine „private Angelegenheit" sind, sondern ein Gemeinschaftsproblem. Indem man die Sicht des anderen auch ins Auge fassen lernt, wird die eigene überschaubar. In einem Klima der Lernfreudigkeit bei der Weiterentwicklung und Bildung bringen Eltern Artikel über Erziehungsprobleme mit, erzählen von Vorträgen über Erziehung, die sie besucht haben oder stellen ein Buch zu diesem Thema in der Gruppe vor. Durch bessere Einsichten in das Erziehungsgeschehen sind sie in der Lage, mehr Verständnis für sich und ihre Kinder aufzubringen.

Auch die Spielgruppenleiterin ist immer wieder gefordert, Neues dazu zu lernen und ihr Vorgehen in der Spielgruppe zu überdenken. Gedankenaustausch unter den Beteiligten ist demnach sehr wichtig. Allgemeine Themen wie Eifersucht unter Geschwistern, Umgang mit Gewalt und Streit, Lob und Tadel, Ermutigung und Entmutigung, Ordnung und Mithilfe u.a. können ebenso zur Sprache kommen. Wenn wir über Probleme sprechen können, ist das schon die halbe Lösung. Es hat sich gezeigt, dass Kinder erziehen eine Selbsterziehung voraussetzt. Alfred Adler gründete schon um 1920 in Wien zahlreiche Beratungsstellen und Ausbildungsgruppen für Pädagogen und Eltern.

Meistens treffen die Kinder den Punkt bei uns, wo wir unsere Empfindlichkeiten haben. Das machen die Kinder nicht aus Bösartigkeit, sondern aus dem Wunsch nach Aufmerksamkeit. Grundsätzlich gehen wir davon aus, dass Erziehung und Bildung möglich werden, weil der Mensch lernen kann. Wie Bildungswissenschaftler sagen gelingt der Lernprozess dann am besten, wenn keine Angst, keine Bevormundung und ähnliche einschränkenden Massnahmen eine Rolle spielen. Ein freundlicher und verständnisvoller Umgang ermutigt Kinder am meisten. So nimmt auch das gegenseitige Vertrauen und

Zutrauen zu sich selbst zu.

Als Spielgruppenleiterin hielt ich mich an den Leitspruch: „Halte dich zurück, weniger ist mehr, nimm dir Zeit, sei nicht zu schnell in deinen Reaktionen."

In der Individualpsychologie ist man nicht der Auffassung,

> „... dass bei der Erziehung von Kindern entweder strenge oder milde Methoden eingesetzt werden sollen. Notwendig sind Verständnis, Vermeidung von Fehlern und fortwährende Ermutigung des Kindes, sich seinen Problemen zu stellen und sie zu lösen sowie Gemeinschaftsgefühl zu entwickeln. Eltern, die an ihren Kindern herumnörgeln, fügen ihnen Schaden zu, denn sie entmutigen die Kinder völlig. Eine verzärtelnde Erziehung führt zu einer Haltung der Abhängigkeit und zu einer Tendenz, sich an eine Person zu klammern. Der beste Weg, einem Kind Wissen beizubringen, besteht darin, ihm zu gestatten, durch Erfahrung zu lernen - freilich innerhalb vernünftiger Grenzen - denn auf diese Weise wird sein Betragen nicht durch Einschränkung gelenkt, die andere ihm auferlegt haben, sondern durch die Logik der Tatsachen."[109]

Elternarbeit kann als eine prophylaktische Hilfe angesehen werden, indem Eltern, Kinder und Spielgruppenleiterinnen versuchen, einen gemeinsamen Weg der Veränderung zu begehen.

Es gibt viele Möglichkeiten, wie man einen humanen Weg zum Kind finden kann. Man fängt erst einmal an, gibt ihm Zuwendung, Interesse und Freundlichkeit, so wie man eine Pflanze mit Wärme, Licht und Wasser zum Wachsen bringt. Da muss man Geduld haben. Hauptsache ist, dass man das Kind beschützt und ihm Raum für seine Entwicklung gibt. Wie ein Gärtner, der nicht ständig kontrolliert und an den „Pflanzen" zupft, sondern wartet, wie sie sind und wie sie sich entwickeln, so muss der Erzieher viel Vertrauen in die Entfaltung der Individualität des Kindes legen.

In der Familie oder Spielgruppe darf das Kind mitreden, zusehen oder zuhören. Der Erzieher zeigt sein Interesse an ihm, indem er es pflegt, lehrt, mit ihm redet und lacht. Mit Forderungen ist da nichts zu wollen, man bietet ihm

---

[109] Adler, Alfred: Kindererziehung, Fischer TB 1976, Frankfurt a.M., S. 66.

etwas an und wird nicht ungeduldig. Diese Beziehung der freundlichen Zuwendung und Aufklärung ist auf die Zeit beschränkt, bis das Menschenkind erwachsen ist. Danach muss jeder Mensch seinen Weg in die Gemeinschaft selber weitersuchen. Der Erzieher muss es locker nehmen, er kann nur günstige Voraussetzungen schaffen und dem Heranwachsenden behilflich sein. Die Spielgruppe ist dabei eine grosse Hilfe, weil das Kind die Isolierung aufgibt und sich mit anderen Kindern auseinandersetzt. In ihrer kleinen Welt trainieren sie dann für die grosse Welt.

8) Ausblick

Wie sieht das heutige Bildungs- und Betreuungssystem für Kleinkinder in der Schweiz im Vergleich zu anderen Ländern aus?

In den letzten Jahren ist die vorschulische Betreuung, Bildung und Erziehung in den einzelnen europäischen Ländern thematisiert worden. Viele kennen das antike Sprichwort: „Um ein Kind zu erziehen, braucht es ein ganzes Dorf." Früher war man sich bewusst, dass elterlicher Einfluss nicht ausreicht, um ein Kind zu einem erfolgreichen, zufriedenen und sozialen Menschen zu erziehen. Im Dorfleben war der Einzelne und die Familie eingebettet in eine Gemeinschaft, und die Bewohner halfen sich gegenseitig.

Der Schweizer Kinderarzt, Remo Largo gibt zu bedenken, dass das Angebot an familienergänzender Betreuung in der Schweiz leider nach wie vor unzureichend ist. Die Gesellschaft hat sich geändert, viele Frauen gehen arbeiten, Familien leben ohne Grosseltern, 50 Prozent der Ehen werden geschieden, daraus ergeben sich verschiedene Lebensgemeinschaften: Patchwork-Familien, alleinerziehende Mütter und Väter nehmen zu. Die Kinder brauchen aber für ihre Entwicklung verlässliche Bezugspersonen, die für ihr Wohlergehen und ihre Förderung Sorge tragen. Erfahrungen mit Gleichaltrigen sind ebenfalls wichtig, wie die Beziehung zu älteren Personen, die ihnen Vorbild sein können. Wichtig ist auch die materielle Sicherheit. Armut führt zu Einschränkungen in der Entfaltung eines Kindes.

Erziehungsberatungsstellen könnten bei Schwierigkeiten weiterhelfen und eine Ausbildung der Eltern bezüglich des Umgangs mit den Kindern anbieten und damit die Selbsterkenntnis der Erzieher fördern; sprachliche Frühförderung soll Kindern mit Defiziten zukommen; ein pädagogisches Konzept soll für Kindertagesstätten entwickelt werden. Da nur 50 Prozent der Kinder im Kanton Zürich von Grosseltern und Verwandten betreut werden, wäre also ein Ausbau der frühkindlichen Förderung legitim und folgerichtig.[110] Heute

[110] Bildungsdirektion: Frühförderung im Kanton Zürich.

gilt die Unterstützung weniger der Bildung und Betreuung der Kinder, als präventiven, medizinischen Zielen (Heilpädagogik, Sonderpädagogik).

Beispiele von Kinderbetreuung im 20. Jahrhundert

1983 wurde das Kindergartengesetz eingeführt und der Kindergarten zur staatlichen Institution erklärt. Heute sieht die Rechtsgrundlage bezüglich der Kindergärten in den verschiedenen europäischen Ländern unterschiedlich aus.

In *Österreich* gibt es keinen Rechtsanspruch. Die Kindergärten sind Sache der Bundesländer. Ab 2009 wurde der Kindergartenbesuch für Fünf- bis Sechsjährige zur Pflicht.

In *Schweden* wird für den Beruf der Kindergärtnerin ein Abiturabschluss gefordert. Einen Anspruch auf einen Platz haben Kinder, wenn beide Eltern arbeiten müssen. Im Kindergarten wird gesungen, gebastelt, vorgelesen und die Sprache geschult. Bewusst werden Fotos von kulturell bedeutenden Menschen aufgehängt, keine Strichmännchen oder Häschen.

In *Finnland,* dem Land, welches bei der PISA-Studie am besten wegkommt, ist die Grösse der Gruppe auf 14 Kinder beschränkt. Es werden Fremdsprachen und naturwissenschaftliche Fächer miteinbezogen.

In *Deutschland* gehen 77–99 Prozent der Dreijährigen in den Kindergarten, und man will das Bildungs- und Betreuungsangebot auf Zweijährige ausweiten, fokussiert auf die Integration benachteiligter Familien und deren Sprachkultur, die gefördert werden soll.

Wie in anderen europäischen Ländern verfolgt man in *Neuseeland* seit zwei Jahrzehnten die frühkindliche Bildung. 95 Prozent aller Drei- und Vierjährigen besuchen wegen der kulturellen Vielfalt des Landes eine Tageseinrichtung mit vielfältigen pädagogischen Angeboten.

In der *Schweiz* folgte 2002 mit der Einführung der Maturapflicht eine weitere Änderung für den Beruf der Kindergärtnerin. Pflicht und Aufgaben wurden klar definiert. Seit 2006 muss jedes Kind ab dem vierten Lebensjahr obligatorisch einen Kindergarten besuchen, je nach Kanton gibt es aber unterschiedliche Regelungen. Ab 2013 können Gemeinden auf freiwilliger Basis die „Kindergärtler“ im 1. und 2. Schuljahr in einem Team von Lehrern und Kindergärtner/innen mit Erst- und Zweitklässlern zusammen unterrichten, um einen natürlichen Übergang vom spielerischen zum systematischen Lernen zu ermöglichen. (Wikipedia)

Die ersten Spielgruppen wurden in den 70er Jahren eingeführt und sind heute sehr beliebt. Spielgruppen gelten als Bildungsinstitute, die Kleinkinder in ihrer sprachlichen, motorischen, sozialen Entwicklung fördern sollen. Im Zentrum steht das freie Spiel: Das Kind lernt im Spiel und spielt beim Lernen. Die Spielgruppenleiterin begibt sich in einen gemeinsamen Lernprozess, indem sie das Kind begleitet, unterstützt und fördert. Mein Anliegen war es, Spielgruppenleiterinnen, Eltern und pädagogisch Interessierten Anregung zu bieten und über die Erziehung nachzudenken.

Der Beruf des Erziehers hat bis heute nicht die Bedeutung, die ihm aufgrund der enormen Wichtigkeit für die Entwicklung unserer Kinder zukommen muss. Erziehung erfordert viel Wissen über die Natur des Menschen, das Werden in der Kindheit, die Lernfähigkeit, den Aspekt der Freiheit und Freiwilligkeit im Spiel und in der Erziehung. Die Einsicht in veraltete Vorstellungen und Meinungen führen zu neuen Erkenntnissen, die dem Gemeinwohl in jeder Beziehung zu Gute kommen.

In der Zusammenarbeit wird zwischen Kindern, Eltern und Erziehern durch das Miteinander ein Verstehensprozess eingeleitet, der in der Familie und in der Kindergruppe die Kooperationsbereitschaft fördert. Die Spielgruppe kann so neben der Familienerziehung eine gesellschaftliche Bedeutung als soziale Bildungseinrichtung einnehmen.

Alfred Adler schreibt:

> „Wissenschaft und Praxis der Kindererziehung sind nur bei gemeinsamer Tätigkeit wachstumsfähig... Individualpsychologie ist für uns jenes künstlerische Bestreben, das uns instand setzt, alle Ausdrucksbewegungen im Zusammenhang eines einheitlichen Werdens anzuschauen ... Und so ergibt sich für die Praxis der Erziehung als wichtigste Voraussetzung: durch Aufhellung des unerkannten Lebensplanes und Revision desselben den Sinn für die Wirklichkeit zu schärfen, krankhafte, unsoziale Ausartungen durch Änderung des selbstgeschaf-

fenen Systems zu beseitigen und eine Versöhnung anzubahnen."[111]

Erziehung, Bildung und Aufklärung gehören zur Tradition des Humanismus. Sie müssen mit Freiheit, Vernunft und Zuversicht verbunden sein. Um die Zukunft besser gestalten zu können, brauchen wir die Erinnerung an die Vergangenheit. Die Auswirkungen einer unsachgemässen Erziehung auf die kindliche Entwicklung wurden lange Zeit unterschätzt, wodurch Störungen im Kindes- und Jungendalter falsch gedeutet und behandelt wurden. Durch philosophische, medizinische, anthropologische, pädagogische und psychologische Forschung haben sich dank besserer Erkenntnisse der Natur des Menschen und seiner Grundbedürfnisse neue Erziehungs- und Beziehungsmodelle heraus kristallisiert, die vorbeugen können, dass Kinder in Zukunft mit weniger Ängsten, Unsicherheiten, mangelndem Selbstwertgefühl, Mutlosigkeit oder körperlichen Beschwerden heranwachsen werden.

111 Adler, Alfred: Heilen und Bilden, Fischer 1973, Frankfurt am Main, S. 382.

Bibliographie

Adler, Alexandra: Individualpsychologie, Fischer 1990, Frankfurt a.M.

Adler, Alfred: Kindererziehung, Fischer 1967, Frankfurt a.M.

Adler, Alfred: Heilen u. Bilden, Fischer1973, Frankfurt a.M.

Adler, Kurt: Interview zu Alfred Adler, SCIPA 1995, Zürich.

Adrian, Friedhelm: Schile und Bildung, VTA 2017, Berlin.

Aebli, Hans: Grundlage des Lehrens, Ernst Klett 1987, Stuttgart.

Ansbacher, H.L: A. Adler Individualpsychologie, Reinhardt 1972, München.

Ariès, Philippe: Geschichte der Kindheit, dtv. 2014, München.

Bauer, Joachim: Prinzip der Menschlichkeit, Hoffmann und Campe 2006, Hamburg.

Bildungsdirektion: Frühförderung im Kanton Zürich 19..

Branke, W.: Gemeinschaftsgefühl, Zeitschrift, Individualpsy., 40.Jg./4/2015.

Bühler, Charlotte: Psychologie im Leben unserer Zeit, Droemer Knaur 1962, München/Zürich.

Danzer, Gerhard: Vorlesung 24.10.2016, Manuskript, Berlin.

Dreikurs, R.: Kinder lernen aus den Folgen, Herder 1973, Bd.612, Freiburg im Breisgau.

Eckstaedt, Anita: Der Ursprung des Schöpferischen bei Paul Klee, Psychosozial 2015, Giessen.

Erikson, Erik H.: Kindheit und Gesellschaft, Ernst Klett 1971, Stuttgart.

Felley, Gerda: Friedrich Liebling, Peter Lang 1997, Bern/Sitten.

Frick, Jürg: Menschenbild und Erziehungsziel, Haupt 1990, Bern und Stuttgart.

Fromm, Erich: Die Furcht vor der Freiheit, dtv 1998, München.

Fromm, Erich: Psychoanalyse und Ethik, Diana 1954, Zürich.

Ghaemmaghami, A.: Ganzheitliches Drogentherapiemodell und Präventiv-Erziehung, Zentralst. Studentenschaft 1986, Zürich.

Günther, Karl-Heinz: Geschichte der Erziehung, Volkseigener Verlag 1966, Berlin.

Hainstock, Elisabeth: Montessori zu Hause 1971, Freiburg im Breisgau.

Hölzer, Klaus: Geistige Produktivität im Leben und Werk, Tiefenpsychologie 2009, Berlin.

Hüther, Gerald: Mit Freude lernen, Vandenhoeck & Ruprecht 2016, Göttingen.

Huizinga, Johan: Homo Ludens, Pantheon 2007, Köln.

Kästner, Erich: Als ich ein kleiner Junge war, Atrium 1957, Zürich.

Kästner, Erich: Die kleine Freiheit, dtv. 1989, München.

Key, Ellen: Das Jahrhundert des Kindes, Beltz TB 1992, Weinheim und Basel.

Kern, Maria T.: Zeitschrift für Individualpsychologie, V&R 2010, Göttingen.

Kobler, Seraina: Artikel in NZZ, Jesper Juul Gesellschaft, 12.2.2016.

Kohn, Alfie: Der Mythos des verwöhnten Kindes, Beltz 2015, Weinheim und Basel.

Orgler, Herta: Alfred Adler, Kindler TB 1971, München.

Pestalozzi, J. H.: Lienhard und Gertrud, Julius Klinkhardts Quellentexte 1933, Bad Heilbrunn/OBB.

Rattner, J. / Danzer, G.: Kunst und Psychoanalyse, K&N 2010, Würzburg.

Rattner, J. / Mackenthun, G.: Kulturanalyse + Psychotherapie, Tiefenpsychologie 2015, Berlin.

Rattner, Josef: Lebensphilosophie und Tiefenpsychologie, Tiefenpsychologie 2012, Berlin.

Richter, Jean Paul: Levana oder Erziehungslehre, Velhagen & Klasing 1922, Bielefeld und Leipzig.

Richter, Jean Paul: Leben des Quintus Fixlein, SW 1796, 1.Abt., Bd.V.

Rühle, Otto: Zur Psychologie des proletarischen Kindes, Fischer 1975, Frankfurt am Main.

Rutschky, Katharina: Schwarze Pädagogik, Ullstein 1977, Frankfurt/M.

Safranski, Rüdiger: Schiller, dtv 2014, München.

Siems, Martina: Sofie Larzarsfeld, V&R unipress 2015, Göttingen.

Spitzer, Manfred: Lernen, Spektrum 2006, Heidelberg.

Spitzer, Manfred: Cyberkrank, Droemer 2015, München.

Staiger, Emil: Deutsche Geschichte, Atlantis 1948, Zürich.

Sternburg von, Wilhelm: Gotthold Ephraim Lessing, rororo 2010, Reinbek bei Hamburg.

Target, M.: Zeitschrift für Individualpsychologie, V&R 39Jg./3/ 2014.

Tolstoj, Lew N.: Kindheit und Jugend, insel TB 203, 1967, Frankfurt a.M.

Wehr, Gerhard: Martin Buber, rororo 1986, Reinbek bei Hamburg.

Wexberg, Erwin: Individualpsychologie, Hirzel 1987, Stuttgart.

Wölfle, Roland: Wo ich war, soll Gemeinschaft werden, Waxmann 2015, Münster.

Neuerscheinung Juli 2017

Reinhold Köpke

Keine Angst vor Goethe

Eine Annäherung in 23 Kapiteln

234 S., Hardcover

ISBN: 978-3-946130-12-3

24,00 €

Bestellungen portofrei über den https://www.bod.de/buchshop/ sowie über alle Buchhandlungen und Online-Plattformen (Amazon etc.)

Über den Inhalt:

Reinhold Köpkes Reiseerlebnisse, seine Vorträge und Aufsätze bringen uns Goethe und die anderen Personen des klassischen Weimars auf unaufgeregte und informative Weise nahe. Wir lesen von Goethes Genie und Schaffenskraft, seiner Arbeit und seiner Geselligkeit, von seinem Liebesleben und von seinem Umgang mit Muße und Stille.

Seit 1980 hat der Berliner Psychologe Köpke mehr als 100 Mal Weimar und damit Goethe besucht. Diese Beschäftigung war ein Tor in die Welt des menschlichen Seelenlebens, denn die Person Goethes wirft ein vielfältiges Licht auf die menschliche Existenz im Allgemeinen.

Das Buch mit seinen 23 Aufsätzen und Vorträgen eignet sich hervorragend zur Vorbereitung auf eine Weimarreise und kann ebenso angenehmes Erinnerungsstück eines Besuchs dieser kulturell so anregenden Stadt sein.

Über den Autor:

Reinhold Köpke, geboren 1940, lernte zunächst Büromaschinen-Mechaniker, dann wurde er Installateur- und Klempnermeister. Nebenher studierte er Psychologie an der Freien Universität Berlin. 1999 gab er seine Handwerkertätigkeit auf; seither arbeitet er als niedergelassener Psychotherapeut in Berlin. Daneben hielt er Dutzende Kurse an Berliner Volkshochschulen, schulte Mitarbeiter in Firmen, leitete Seminare an der Berliner Lessing-Hochschule und in einem Duisburger Arbeitskreis für Tiefenpsychologie. Weimar hat er seit 1980 mehr als 100 Mal besucht.

vta